中国古典哲学名著研读书系

学术顾问 陈 来　　总主编 孙熙国 张加才

经世治国的谋略
《韩非子》

宋立卿 ◎著

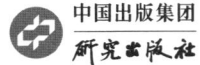

中国出版集团
研究出版社

图书在版编目 (CIP) 数据

经世治国的谋略：《韩非子》/ 宋立卿著. -- 北京：研究出版社, 2022.4
　　ISBN 978-7-5199-1103-4

Ⅰ.①经… Ⅱ.①宋… Ⅲ.①法家②《韩非子》—研究 Ⅳ.①B226.55

中国版本图书馆CIP数据核字(2021)第239567号

出 品 人：陈建军
出版统筹：丁　波
责任编辑：范存刚

经世治国的谋略：《韩非子》

JINGSHI ZHIGUO DE MOULUE：HANFEIZI

宋立卿　著

研究出版社 出版发行

（100006　北京市东城区灯市口大街100号华腾商务楼）
北京中科印刷有限公司印刷　新华书店经销
2022年4月第1版　2024年4月第2次印刷
开本：710毫米×1000毫米　1/16　印张：29.75
字数：384千字
ISBN 978-7-5199-1103-4　定价：79.00元
电话（010）64217619　64217652（发行部）

版权所有•侵权必究
凡购买本社图书，如有印制质量问题，我社负责调换。

中国古典哲学名著研读书系
编委会名单

学术顾问： 陈　来

总　主　编： 孙熙国　张加才

编　　委（以姓氏笔画为序）：

　　　　王英杰　化　涛　白　奚　朱　岚　刘成有

　　　　李　琳　李良田　李道湘　肖　雁　宋立卿

　　　　张旭平　张艳清　林存光　董　艺

总序

著名哲学家、哲学史家
清华大学国学研究院院长

中华优秀传统文化是中华民族的"根"和"魂",是中华民族的精神命脉,是涵养社会主义核心价值观的重要源泉,也是我们在世界文化激荡中站稳脚跟的坚实根基。在这一意义上说,丢弃了中华优秀传统文化就等于割断了我们的精神命脉。党的十八大以来,习近平总书记多次强调中华优秀传统文化之于中华民族的重要意义,强调中华优秀传统文化积淀着中华民族最深沉的精神追求,包含着中华民族根本的精神基因,代表着中华民族独特的精神标识。

"文以载道,文以化人。当代中国是历史中国的延续和发展,当代中国思想文化也是中国传统思想文化的传承和升华,要认识今天的中国、今天的中国人,就要深入了解中国的文化血脉,准确把握滋养中国人的文化土壤。"这是 2014 年 9 月 24 日习近平总书记在纪念孔子诞辰 2565 周年国际学术研讨会暨国际儒学联合会第五届会员大会开幕会上的讲话中提出的一个重要论断。千百年来,中华优秀传统文化已深深地植根在中国人的内心和血液之中,潜移默化地影响着中国人的思想方式和行为方式。因此,要了解中国,做

总序

一个真正意义上的中国人,必须学习中华优秀传统文化,明白我们从哪里来,将来要到哪里去。

学习中华优秀传统文化,最有效的方式就是读中华文化经典,学中华文化原文,悟中华文化原理。但是,中华文化典籍浩如烟海,究竟应该读哪些典籍,从哪些典籍入手学习中华优秀传统文化呢?德国哲学家雅斯贝尔斯在《历史的起源与目标》一书中提出,公元前800年至公元前200年是人类文明的"轴心时代",是人类文明精神的重大突破时期。这一时期产生于古代希腊、古代中国、古代印度等国的伟大思想家的著述和思想塑造了人类文化的不同传统,直到今天还影响着人类的生活和实践。因此,本丛书选取了中华文明"轴心时代"具有重要代表意义的典籍《易经》《老子》《论语》《孙子兵法》《墨子》《大学·中庸》《孟子》《庄子》《荀子》《韩非子》,请相关专家进行注释、梳理和阐释,最后形成了《中华文化的源头:〈易经〉》《道法自然的境界:〈老子〉》《儒家思想的奠基:〈论语〉》《兵家圣典的智慧:〈孙子兵法〉》《兼爱天下的情怀:〈墨子〉》《止于至善的诠释:〈大学·中庸〉》《内圣外王的追寻:〈孟子〉》《天地精神的融通:〈庄子〉》《礼法并举的方略:〈荀子〉》《经世治国的谋略:〈韩非子〉》等十项成果。

我理解,本套丛书所做的这一工作,不仅仅是让读者读懂和了解中国先秦时期的思想和文化,还希望读者在学习和阅读的过程中,领会中华优秀传统文化的主要内容和独特创造,思考中华优秀传统文化的价值理念和鲜明特色,把握中华文化的历史渊源、发展脉络、基本走向。正如恩格斯所说:"在希腊哲学的多种多样的形式中,差不多可以找到以后各种观点的胚胎、萌芽。"中国也是一样。在中国先秦哲学的多种多样的形式中,差不多可以找到后来中

国哲学演变发展的各种观点的胚胎、萌芽。只有学习了解和把握了先秦哲学，才能进一步了解和把握汉唐以来的中国哲学乃至整个中华文化的演变和发展。

参加本套丛书撰写的作者都是中国哲学专业的博士、有多年教学和研究经验的专家学者。我在阅读他们的初稿时，感受到他们有强烈的社会责任感、民族自信心和文化自豪感。他们的工作力图达到两个目的，一是让读者通过阅读中国古典哲学名著学习中华优秀传统文化，了解中华优秀传统文化是我们这个古老民族的"根"和"魂"，二是力图用当代中国的生活和实践激活中国古典哲学名著中所蕴含的思想智慧与合理内容，实现中华优秀传统文化的创造性转化和创新性发展，从而服务于当代中国的文化建设和文化发展。

不忘本来才能开辟未来，善于继承才能更好创新。我愿意向各位读者郑重推荐本套丛书，并期待着本套丛书能够为各位读者了解中华优秀传统文化，增强文化自觉和文化自信，坚定道路自信、理论自信、制度自信，发挥应有的作用。

2022 年 3 月于清华园

目 录

导言 ········ 01
第一 初见秦 ········ 001
第二 存 韩 ········ 007
第三 难 言 ········ 013
第四 爱 臣 ········ 023
第五 主 道 ········ 031
第六 有 度 ········ 041
第七 二 柄 ········ 049
第八 扬 权 ········ 059
第九 八 奸 ········ 069
第十 十 过 ········ 077
第十一 孤 愤 ········ 083
第十二 说 难 ········ 091
第十三 和 氏 ········ 103
第十四 奸劫弑臣 ········ 109
第十五 亡 征 ········ 119
第十六 三 守 ········ 129
第十七 备 内 ········ 135

第十八　南　面 …………………………… 143

第十九　饰　邪 …………………………… 149

第二十　解　老 …………………………… 155

第二十一　喻　老 ………………………… 169

第二十二　说　林［上］ ………………… 179

第二十三　说　林［下］ ………………… 187

第二十四　观　行 ………………………… 195

第二十五　安　危 ………………………… 201

第二十六　守　道 ………………………… 207

第二十七　用　人 ………………………… 215

第二十八　功　名 ………………………… 225

第二十九　大　体 ………………………… 231

第三十　内储说［上］　七术 …………… 239

第三十一　内储说［下］　六微 ………… 245

第三十二　外储说［左上］ ……………… 251

第三十三　外储说［左下］ ……………… 259

第三十四　外储说［右上］ ……………… 265

第三十五	外储说［右下］	273
第三十六	难　一	279
第三十七	难　二	287
第三十八	难　三	293
第三十九	难　四	299
第四十	难　势	305
第四十一	问　辩	313
第四十二	问　田	319
第四十三	定　法	325
第四十四	说　疑	333
第四十五	诡　使	341
第四十六	六　反	349
第四十七	八　说	359
第四十八	八　经	367
第四十九	五　蠹	375
第五十	显　学	393
第五十一	忠　孝	401

第五十二	人　主	409
第五十三	饬　令	417
第五十四	心　度	423
第五十五	制　分	429
参考书目		437
后记		439

导言

宋时赵普半部《论语》治天下的典故众所周知，而半部《韩非子》治天下的说法则往往令人不知所云，甚至一头雾水。据说此言出自近代大学者章太炎之口。《论语》这部中国人的"圣经"，其重要性自然不必赘述，那《韩非子》何以能与孔老夫子的《论语》相提并论呢？的确有些令人费解。其实只要深入了解中国传统文化，特别是儒、法治国思想在历代统治者治理国家中的实际地位和作用便也不难理解。汉初尊崇"黄老之学"，继而又"独尊儒术"，到了汉宣帝时，汉宣帝曾直言不讳地宣称"汉家自有制度，本以霸王道杂之，奈何纯任德教"！一语道破历代统治者的统治谋略。正如当代学者周勋初在《韩非子校注》中所说，自汉以来，后起的各朝各代的统治者，表面上虽然都尊崇儒家，用仁义礼教治国，对法家的学说加以贬斥，实际上却总是采取"外儒内法"的措施，软硬两手交替使用，来巩固他们的统治。可谓是半部《论语》加半部《韩非子》治天下了。近代学者谭嗣同先生曾说："二千年来之政，秦政也，皆大盗也；两千年来之学，荀学也，皆乡愿也！"（《仁学》）此言固然不免有些武断。且不论其对错，但此言却肯定都与韩非子扯得上关系。因为，一来韩非子之学来自其老师荀卿之荀学；二来其毕生所学所用皆为秦政也。因此，后人若要理解中国几千年封建社会的历史文化，是不能越过《韩非子》的。而且,《韩非子》向来被称为"帝王之书",想必也决非是浪得虚名,其站位之高、析理之透,令人震撼!其中之雄才大略和细微至极的管理智慧,至今读来仍令人深感惊愕甚至是惊恐。你无论是想要成为一名优秀的管理者,还是想让自己有一个智慧而通透的人生,只要你想在人群中混得明白,就不得不去了解一下真实的人性。看看韩非子给了帝王和世人怎样触目惊心的警示和忠告吧!去了解一下这个在中国文化思想史上名气虽不足够大,却被世人误读足够多的思想家韩非子吧。

韩非子的生平

韩非是我国战国末期著名的哲学家和法家学说的集大成者。这一时期,诸侯争霸,战争不断,全国仍处于分裂割据状态,但大一统的发展趋势已经十分明显。随着奴隶制的逐步崩溃,新的封建生产关系开始产生,阶级关系发生了很大的变化,中国社会处于剧烈的动荡变革中。这一时期在学术思想方面也发生了极大的变化,各个诸侯国的国君和贵族,都招揽大批的知识分子为自己服务,礼贤下士成为社会风尚。各国知识分子可以各持一说,在诸侯之间奔走游说,"合则留,不合则去",具有相对的自由。他们著书立说、高谈阔论,各家之间的相互论战,促进了思想的活跃和学术的繁荣,使文化、学术获得了空前的发展。当时除儒、墨两大显学之外,还有道、法、名、阴阳诸家。诸子百家都抱着以其学易天下的宗旨,而他们确实皆有所长,对当时政治、文化的发展做出了很大的贡献。战国晚期,伴随着实现封建统一条件的日趋成熟,诸子百家的相互影响表现得更为突出,有些学者力图批判、总结、综合其他学派,构筑地主阶级的统一思想,"百家争鸣"渐渐进入了总结阶段。儒家著名代表人物荀子便是总结诸子百家学说的第一人。他的《非十二子》《解蔽》《天论》等篇，正是他总结诸子百家学说的代表作。他善于批判地吸收诸子百家的优秀成果，因此，他的天道观、认识论、逻辑学等都达到了先秦学术思想的最高水平。其亲传弟子韩非更是杂道、法，合名、墨，使诸子百家融于一体，集法家学说之大成，为中国第一个统一、专制的中央集权制国家的诞生提供了理论依据。

出身显贵　师出名门　韩非（公元前280—前233年），战国末韩国人，出身于韩国贵族世家。《史记·老子韩非子列传》称："韩非子，韩之诸公子也。"韩非自幼聪明好学，志向远大。弱冠之年，他学有所成，独自一人游历天下，后投身于著名思想家荀子门下，与后为秦相的李斯是同学，李斯曾公开承认自己的才能不及韩非。韩非为人正直，勤学不怠，深受荀子喜爱。荀子曾说："帝王之术非韩非不能大，法家之思非韩非不能广。"韩非果然不负众望，他不仅继承了荀子的唯物主义自然观、认识论和辩证的思想方法，而且深受荀子人性论的影响，并在荀子援法入儒的基础上，批判地继承了前期法家的主要思想，创立了以"法""术""势"三位一体为核心内容的宏大的理论体系。法家学说正是在他的手中发展成熟，成为能与儒家分庭抗礼的政治和哲学流派。正如冯友兰先生所说："其能集此三派之大成，以老学荀学为根据，而能自成一家之言者，则韩非是也。"（《中国哲学史（上）》）

不难看出，韩非显贵的社会地位和接近权力中心的生活环境对他的思想和学说的形成产生了很大的影响，正是因为他独特的生长环境和生活阅历，决定了他的学说很难有与他同时代的儒家、墨家、农家等那样显而易见的民本倾向和平民色彩。他的气度不凡和居高临下，无一不显示出其服务的唯一对象只能是君王，所思所想也不外是维护君王地位的巩固和权势的独尊。

旷世奇才　报国无门　韩非是战国末期杰出的思想家和政治理论家，其政治见解的独到之处可谓无人能及，然而，他的祖国韩国却历来都是战国七雄中最弱的一个。到战国末期，韩国已处于秦国的三面包围之中，没有任何抵御能力。韩桓惠王（公元前272—前239年）长期在位，毫无作为，公元前254年称臣于秦。公元前239年韩王安即位，在位9年间，韩国形势危如累卵，处于灭亡的边缘。公元前231年，秦军大兵压境，韩王安被迫割让南阳地区给秦国，韩国得以暂时喘息。可以说，其存亡的命运完全取决于秦国对它的态度和秦国的战略需要。作为王公贵族的韩非，目睹韩国日趋衰弱，曾多次向韩王上书进谏，寄希望于韩王励精图治、变法图强，他提出了多种使国家富强的方略计策，但韩王置若罔闻，始终都未采纳。韩非满腔热情，却报国无门。当时，韩国有位老先生曾经劝他："聪明之人应当善于隐藏才智，保全自身。而你现在却向国君显示你的才能，这是很危险的。难道你希望当初吴起被肢解、商鞅被车裂的悲剧在你身上重演吗？"韩非回答："先生的意思我明白，但我之所以力劝国君废弃旧的礼制实行变法，是因为这么做对广大民众有利。我认为不怕昏君的迫害，只求为民众谋利，这才是聪明的行为。如果害怕祸害，只考虑个人生死，而置民众利益于不顾，那倒是十分可耻的……"韩非进谏不成，退而著书立说，他悲廉直不容于邪枉之臣，观往者得失之变，故作《孤愤》《五蠹》《内外储》《说林》《说难》十余万言。他提出了一整套富国强兵的治国方略，奠定了中国几千年封建专制主义的理论基础。

孤愤一生　命丧同门　韩非的这些政治见解在韩国得不到韩王的重视，却传到了秦国，并且大受秦王的欣赏。秦王甚至说："寡人得见此人与之游，死不恨矣。"据说为了得到韩非，秦王不惜举兵攻打韩国。韩王派遣韩非出使秦国求和，秦王留下他并准备重用他。当时任秦国丞相的李斯作为韩非的同学，对其才能了如指掌，由于在秦统一六国等重大问题上有不同政见，同时也可能担心韩非会动摇自己在秦王心中的地位，于是伙同姚贾利用韩非建议秦王"存韩"以为藩国的机会，向秦王进谗言诬陷他。韩非曾向秦王揭发姚贾的不良身世和恶行，姚贾因此怀恨在心。姚贾向秦王进谗说："韩非，韩之诸公子也。今王欲并诸侯，非终为韩不为秦也，此人之情也。今王不用，久留而归之，此自遗患也，不如以过法诛之。"他的意思是说，韩非内心肯定为韩国着想，实际上是不肯为秦国出力的，这也是人之常情。大王要是不用他，他必定设法回韩国去，这可是放虎归山，后患无穷啊！不如寻找个理由，以法处置了事。秦王听信谗言，抓韩非下狱。在狱中，韩非多次请求面见秦王，却未能如愿。李斯等人担心秦王改变主意而重新起用韩非，遂派人送毒酒给韩非，逼其自尽。及秦王后悔，"使人赦之，非已死矣"。就这样，韩非结束了自己的孤愤人生，年仅48岁。韩非进《存韩》而韩亡，著《说难》而以说身死，这绝非韩非的个人悲剧。

韩非子的著作

《史记》本传说韩非"为人口吃，不能道说，而善著书"。钱锺书先生把这种口吃而善著书的现象称为心理学上的"补偿反应"。他认为，一个天资聪颖、观察深刻、思想敏锐的人偏偏要遭受"不能道说"之苦，这种生理上的压抑长期得不到有效的释放和排遣，必然会加重韩非本已无法承受的"说难""孤愤"，强化他人生的凝重、苦涩感和对现实世界的疑惧，动摇乃至丧失他对人性的最低限度的信任。韩非一生留下了十余万言的政治理论、治国方略，后人辑为《韩非子》。

《韩非子》是一部博大精深的政治学巨著，一部帝王书。全书共有55

篇，从内容上看，大体可分为三部分：第一部分共29篇，主要是韩非以法治国的基本方略，主要包括君道、臣道、安危之道、用人之道，君主独裁的政治原则、功利主义思想原则以及韩非"法""术"思想的哲学基础和理论渊源；第二部分共10篇，主要是运用大量的史料、寓言、典故系统地阐明其"法""术""势"的法治理论；第三部分共16篇，论述如何改革政治，并在批判世俗观念的同时进一步论述其政治思想。

韩非的文章构思精巧，语言幽默，言辞犀利，气势不凡，析理清晰，议论透辟，哲理深邃，耐人寻味，道人之所不敢道，言人之所未尝言，所谓"论事入髓，为文刺心"，带有鲜明的论战特点，具有极强的感染力。韩非还善于运用浅显的寓言典故和历史知识来说明抽象的道理，于平实中见奇妙，具有警策世人的艺术效果。在他文章中出现的诸多寓言故事，因其内涵丰富，表述生动，成为脍炙人口的成语典故，至今深受人们的喜爱。最著名的有自相矛盾、守株待兔、讳疾忌医、滥竽充数、老马识途、画鬼最易、啖以余桃等。《韩非子》是一部充满理性和智慧的经典，蕴涵着深邃的哲学道理，其中提出的一系列政治权谋之大胆、犀利和手腕高明，令人叹为观止。《韩非子》对这些政治权谋直截了当又入木三分的描述和极具穿透力的概括，在古今中外的典籍中实属罕见，对于充满统治和权势欲的统治者来说，无疑极具震撼力和诱惑力。

据《汉书·艺文志》，"《韩子》五十五篇"，《隋书·经籍志》说《韩非子》共录二十卷，张守节《史记正义》引阮孝绪《七录》（或以为刘向《七录》）也说《韩子》二十卷"，篇数、卷数皆与今本相符，可见今本并无残缺。关于《韩非子》的注释，清有王先慎的《韩非子集解》，近有陈奇猷的《韩非子集释》、梁启雄的《韩子浅解》。《史记》所说的"十万余言"的《韩非子》一书，以前称《韩子》，到宋以后，因学者尊称唐代大文学家韩愈为韩子，《韩子》遂改名为《韩非子》。

本书以诸子集成《韩非子集解》为底本，并参考张觉等撰《韩非子译注》、陈秉才译注《韩非子》及其他版本校勘，所选篇目依然采用通行本的编排顺序编目，内容多为节选。

韩非子的学术思想

韩非的思想博大精深，涉及领域较多，但核心是政治思想。战国末年，群雄割据的政治局面已向大一统的君主集权制发展，韩非正是顺应了这一历史潮流，总结了先秦诸子的思想成果，提出了一整套适应时势的政治理论，为中国第一个统一、专制的中央集权制国家的诞生提供了理论依据，促进了历史的划时代转变。

一、韩非思想的学术渊源

韩非是战国思想家中的一位后起人物，他的思想渊源相当复杂，源于战国前期法家如申不害、商鞅、慎到者有之，源于墨家、名家、老、庄者有之，源于其师荀子者更有之。韩非"观往者得失之变"，批判地吸收儒、法、道、墨、名各家学说，建构起了一个以法治为中心的君主专制的政治理论体系，创立了独具特色的法家学说。

韩非作为荀子的弟子，虽然并没有完全接受老师的观点，但荀子的唯物主义自然观和思想方法对韩非思想的形成产生了很大的影响。而且荀子的人性论和积习说，已与功利主义十分接近，可以说韩非的功利思想正是对荀子思想的继承和发展。荀子的《非十二子》《解蔽》等名篇关于当时各家学说弊端的论述，也对韩非的文化专制思想产生了很大的影响。但韩非的学术思想和政治主张与其老师却大相径庭。如果说荀子是援法入儒的话，那么韩非则沿着荀子的路线走得更远，他完全抛弃了荀学对儒家思想的继承和发展，片面发展了荀子学说中的法治思想，并与战国前期法家"法""术""势"思想融为一体，成为法家思想的集大成者。

韩非作为一个法家人物，自然受到战国前期法家思想的影响最大，他综合商鞅、慎到、申不害三人分别提倡"法""势""术"的理论，认为商鞅、申不害"二子之于法术，皆未尽善也"（《韩非子·定法》，以下引《韩非子》只注篇名），创立了以"法"为中心的"法""术""势"三者合一的政治思想体系。他强调君主必须行法、执术、恃势，以法为本，使法、术、势三者密切结合，提出了"抱法处势则治"的思想。所谓"法"，是指国家的法律、法令、规章制度。"法"必须编著成文，设置在官府，公布于百姓，让所有人都知道，都遵守。所谓"术"，是指君主考察、举拔、控制群臣的一整套方法，包括一些具体的考核、参验的程序，也包括一些藏于心中、不可告人的秘密心术。所谓"势"，是指君主的权势，权势对于君主来说，就好比飞龙必须乘云而飞，蛟蛇必须驾雾而游一样，不可缺少，而且也决不可外借他人。这三个方面，"法"是根本，人主考察任用官员，施行赏罚，都必须以"法"为准绳。同时，只有"法""术"兼用，抱法处势，才能更好地使"法"发挥作用。韩非把"法""术""势"综合成为一个有机的统一整体，从而使他的政治思想超越战国前期法家而成为影响中国数千年的帝王之学。

韩非的哲学思想源于道家。《老子》哲学中，最根本的概念是"道"，韩非也把"道"作为自己哲学的最高范畴。但与老子不同的是，老子更侧重强调"道生万物"，韩非则强调"道"是宇宙万物的普遍法则。韩非论述"道"的主要目的并不是想阐述其哲学思想，而是想从理论上论证君主独一无二的至上性。他说："道无双，故曰一，是故明君贵独道之容。"（《扬权》）他把老子的"道"引入现实政治领域，把"道"与"君"联系起来，等同起来，提出了"道君同体"说。韩非使"道"更为现实化的目的在于提升"君"的地位。因此,在韩非那里,老子的"无为而治",转而为"中主守法而治";老子的"去私抱朴",转而为"去私""抱法";老子玄学的方法论,被韩非倒转过来用于明功求利。最妙的是他把老子所谓的"国之利器不可示人",转而为颂扬利器,所谓"势重者,人主之渊也","权势不可以借人"。从韩非的《解老》《喻老》等篇,我们可以清晰地看出他对老子哲学思想的继承和改造。

韩非对墨家思想的改造和吸收。韩非思想对墨家思想的继承和改造,不仅在于对名理之学的继承和改造,更重要的是,韩非接受了墨家"兴利除害"与"富国利民"的学说。韩非从墨家思想中总结出一个中心论点——非命强力,贵贱无常。韩非将墨子只是教义式的宣传,发展为实际运动的政策,例如韩非说:"力多则人朝,力寡则朝于人,故明君务力。"韩非接受了墨子"非命"的观点,而否定了其"非攻"的主张。在墨家看来,命定论的危害在于由于人们相信"命固如此",因而国家无从以赏劝善、以罚禁恶。只有彻底否定了命定论,人们才可能致力于追求富贵,为政者才会致力于追求国家安定。韩非使民追求富贵的思想很大部分来源于墨家学说。另外,韩非对墨家一切以是否于民有利的功利观进行了彻底的改造,墨家讲"兼相爱,交相利",是以"兼爱"为前提的,但韩非彻底否定了这种仁爱思想,他从人性自利出发,认为君主只有利用人性的自利,充分调动民众的自为心才可以成就王霸大业。因此,他一方面主张君主制定政策要密切关注民众的私利,同时,又主张君主之利高于一切,所以又必须设法使民众逐利产生的力量转化为君利,从而形成了一切以是否于君有利的功利观。

太史公说韩非"喜刑名法术之学,而其归本于黄老"。从《史记》将老庄申韩同传,亦可见其思想渊源。郭沫若先生在其《十批判书》中考察韩非思想的继承递变关系时指出:"韩非子个人在思想上的成就,最重要的似乎就在把老子的形而上观,接上了墨子的政治独裁这一点。"在此,我们也可以看出韩非学术思想渊源的复杂性和整合性,这也正是战国末期的时代特征在学术思想上的一种反映,更是政治上由封建割据走向全国统一的趋势在意识形态领域的反映。

二、韩非思想的理论基础:"世异则事异""事异则备变"的社会进化论

韩非继承了战国前期法家的历史进化论,用进化的历史观点把人类历史分为上古、中古、近古、当今几个阶段。认为古代人口少,自然资源多,"丈夫不耕,草木之实足食也;妇人不织,禽兽之皮足衣也"。所以,在那个时代,人们不用争夺财利,"是以厚赏不行,重罚不用,而民自治"(《五蠹》)。然而,随着人口呈几何级数地增长,呈算术级数增长的财货供应就变得相对不足。他说:"今人有五子不为多,子又有五子,大父未死而有二十五孙。是以人民众而货财寡,事力劳而供养薄,故民争,虽倍赏累罚而不免于乱。"(《五蠹》)所以,他认为历史发展变化主要是由于人口增殖、财货不足引发的。正是由于人口越来越多,自然资源相对越来越供不应求,社会情况也就随之发生了改变,社会风俗变了,政治制度亦会发生相应的变化,因此解决问题的方法也要随之改变。所以,不同时代有不同时代的问题和解决问题的方法。他提出"上古竞于道德,中古逐于智谋,当今争于气力"。所谓"当今争于气力"就是说春秋战国以来出现的社会问题只有通过暴力才能解决。在诸侯割据、群雄争霸、社会急剧变化的形势下,古代的道德和儒家的仁义说教都已不合时宜,只能以严刑峻法来治理"急世之民"。所以,那些根本不了解古今治乱变化的人,反而竭力讴歌先王之法,颂扬先王之书,这只会加剧今世的动乱,绝不会带来任何益处。他说:"明据先王,必定尧、舜者,非愚则诬也。""今欲以先王之政,治当世之民,皆守株之类也。"因此,他

反对复古和保守，提出"是以圣人不期修古，不法常可""世异则事异""事异则备变"（《五蠹》）。主张要根据当今社会的现实情况来制定治国方略。

韩非在对社会历史变化的原因作了深入的分析探讨之后，进而又从社会历史的角度论述了国家、法律的起源。与此同时，他又提出，根据时代的变化，国家的法律也应当相应地随之改变，以适应新的时代要求。他说："故治民无常，唯治为法。法与时转则治，治与世宜则有功……时移而治不易者乱。"（《心度》）可见，韩非提出这种历史进化论，是在为当时法家所推行的以法治国的政策制造理论根据。

三、韩非思想的逻辑起点："好利恶害"的人性论

先秦诸子在设计其政治主张时，无一不以对人性的判断和假设为逻辑起点。正是由于对人性的不同理解，诸子百家对统治政策、手段和政治理想的设计也截然不同。儒家认为人性善，故政治上主张实行"仁政"，提倡道德教化，强调用礼来规范人的行为。法家认为人性好利，不可以教育，因此要用强权和刑罚来控制人们的行为，他们否定一切伦理道德。也正是基于对人性的认识不同，儒家强调限制人欲，而法家则主张在承认人的欲望的基础上，用赏和罚约束、引导人的欲望。韩非深受其老师荀子人性论的影响，但两人所得出的结论却完全不同。荀子把人的生理和心理欲望当作人的原初本性，提出了人性恶学说。同时荀子认为"善者伪也"，认为"善"是后天人为的，所以他主张要用礼教和法制"化性起伪"。韩非也把人的生理和心理欲望当作人的原初本性，但他并不认为人性好利一定就是恶，他沿着战国前期法家人物商鞅"人生有好恶，故民可治也"的思路，主张要利用人的本性。他认为"人皆挟自为心""好利恶害，夫人之所有也""喜利畏罪，人莫不然"。既然人人都有"好利恶害""就利避害"的本性，而且这种自私自利的本性根本不可

能通过后天人为的教化而改变，即不可能"化性起伪"，那么就不应去压抑和控制人的本性，而是要"因情"和"利导"。他说："凡治天下，必因人情。人情者，有好恶，故赏罚可用；赏罚可用，则禁令可立而治道具矣。"（《八经》）所以，"善用人者，必循天顺人而明赏罚"。即顺其人性之所好而赏，顺其人性之恶而罚，人性好利，统治者可用奖赏的办法鼓励人趋利；人性恶刑罚，统治者就可以用重罚来使民避之。可见，韩非所谓的因情顺人并不是顺应民心民意，而是要摸透人的利欲，在承认人性好利的基础上，根据人性好利的本性来制定统治政策。因此，他说："夫圣人之治国，不恃人之为吾善也，而用其不得为非也。"（《显学》）

在"父子不相亲，兄弟不相安，夫妇离散，莫保其命"的战国时代，韩非以"人人为利"作为自己的政治理论的社会学基础，与儒家以"性善论"为逻辑起点相比，显得更为深刻，也更贴近时代特点。他突破了他的老师荀子"化性起伪"，认为礼和教育能够使人为善的思路，认为靠自觉性来约束人的行为是不可靠的，只能通过顺应人的本性，采取厚赏重罚的手段。他说："赏莫如厚，使民利之；誉莫如美，使民荣之；诛莫如重，使民畏之；毁莫如恶，使民耻之。"韩非的人性论较之荀子的性恶论更为深刻，更为现实。他并不是简单地假设人性的善恶，而是认为，好利恶害出自人的本性，追求欲望是人之常情，从而主张利用人的本性。在他看来，人的一切活动的动机与目的都源于一种赤裸裸的利害比较，人与人之间的关系本质上属于一种双方计较利益而进行的买卖关系。他以舆人和匠人为例："舆人成舆，则欲人之富贵；匠人成棺，则欲人之夭死也。非舆人仁而匠人贼也，人不贵，则舆不售；人不死，则棺不买。情非憎人也，利在人之死也。"（《备内》）不仅如此，韩非认为即使是亲子之间，也是"以计算之心相待"，"且父母之于子也，产男则相贺，产女则杀之。此俱出父母之怀衽，然男子受贺，女子杀之者，虑其后便，计之长利也。故父母之于子也，犹用计算之心以相待也，而况无父子之泽乎！"（《六反》）"夫以妻之近与子之亲而犹不可信，则其余无可信者也。"（《备内》）灾荒之年的春天，因为青黄不接，就连自己的弟弟来了，也不肯管他饭吃；在丰年的收获季节，即使是疏远的过客也要招待他吃喝。这并不是有意疏远自家骨肉兄弟，而偏爱客人，而是因为家有存粮的多少不同，影响自己生活的条件不同。既然人间最亲密的父子关系、夫妻关系、兄弟关系都是与利害联结的，那么，人世间还有什么关系值得信任呢？雇主置备好吃的，不是因为爱佣工，而是为了土地耕得深，锄得精细。佣工努力耕耘，整治沟畦，不是因为爱主人，而是为了得到美食和工钱，人人都是从自己的利益出发考虑问题的。"故王良爱马，越王勾践爱人，为战与驰。医善吮人之伤，含人之血，非骨肉之亲也，利所加也。"（《备内》）

在君与臣的关系上则更是如此，韩非直截了当地指出君臣之间是赤裸裸的买卖关系、虎狼关系。君臣之间的关系就像市场上的交易关系，"臣尽死力以与君市，君垂爵禄以与臣市。君臣之际，非父子之亲也，计数之所出也"（《难一》）"主卖官爵，臣卖智力"，相互交换而已。如此，君臣之间纯属利害关系更不必多言，君臣之间没有什么道德可言，更不存在什么信任。

在韩非看来，所有的人都处于"利"的关系网中，所有的关系都是利益关系。既然如此，君主在控制臣民时，决不能用道德教化，"不养恩爱之心"，而是要用法律来调整，用毁誉来制约，用权势来驾驭，用数术来操纵。所以他主张要把统治者的需要与臣民的需要结合起来，再设法使臣民逐利产生的力量转化为君利。从而达到一个所谓"强不凌弱，众不暴寡，耆老得遂，幼孤得长，边境不侵，君臣相亲，父子相保，而无死亡系虏之患"（《奸劫弑臣》）的法治社会。

四、韩非思想的主要内容："法""术""势"三位一体的治国方略

韩非从其社会历史观和人性自利的人性论出发，认为在诸侯混战、弱肉强食的战国时代，君主想借着个人的感召力统治人民是行不通的。君主应建立完善的统治体系，严密地控制大权，这样即使是平庸的君主无所作为，也可以把国家治理好。这个有系统的治国方法就是"法术"。韩非认为，法治是国家强盛的根本保障，是统治者治国的最大利器。他提出"国无常强，无常弱。奉法者强，则国强；奉法者弱，则国弱"（《有度》）。他在《亡征》一文中，通过列举四十七种导致国家危亡的征兆，进一步强调了及时奉法执术，才能使国家转乱为治、转弱为强、转亡为兴的思想。

韩非不仅强调治国必须"奉法"，而且特别注重用"术"。他认为，只讲"法治"而不知用"术"，是难以治理好国家的。韩非写道："法者，编著之图籍，设之于官府，而布之于百姓者也。"（《难三》）"术者，因任而授官，循名而责实，操生杀之柄，课群臣之能者也。此人主之所执也。"（《定法》）韩非认为，"术"与"法"的形态和作用各不相同，"法"是一个统治阶级政权所规定、公布的法令、条例，即法律，"法"应清楚明白地昭示天下，使百姓明确无误地理解；但"术"是君主藏于心中的手段和方法，即阴谋诡计，"术"是君对臣的防御术，所以要在人们不易觉察时使用，一旦被人洞悉，计谋就会一无成效。他在《定法》篇中把"法"与"术"比作人们生活中的衣与食，并认为此"皆帝王之具"，缺一不可。韩非特别强调"凡术也者，主之所执也；法也者，官之所以师也"（《说疑》），并告诫君主"君无术则弊于上，臣无法则乱于下"（《定法》）。

韩非认为，只知"法""术"，而不知用"势"，仍不能使国家统一和

巩固。在韩非的治国思想中,"势"占有十分重要的地位。他在许多篇中不厌其烦地说:"国者,君之车也,势者,君之马也。夫不处势以禁诛擅爱之臣,而必德厚以与天下齐行以争民,是皆不乘君之车,不因马之利,释车而下走者也"。"有材而无势,虽贤不能制不肖","虎豹之所以能胜人执百兽者,以其爪牙也,当使虎豹失其爪牙,则人必制之矣。今势重者,人主之爪牙也"。(《人主》)这些形象的比喻表明,韩非所说的"势"就是权势,权势对于君主来说是至关重要的。

韩非还特别强调"处势"与"抱法""用术"的关系。"抱法"与"用术",必须以"处势"为前提,没有权势作基础,就难以推行"法""术",而"抱法"与"用术"的目的是进一步使"势"由小到大,由弱到强。从韩非的论述中可以看出:"势"是"法"与"术"发挥作用的基础,掌握政权,才谈得上立法、行法和用术;同时"法"与"术"的作用发挥的程度,又与是否有足够的"势"有着密切的关系;"法"与"术"对"势"的得失、强弱存在着反作用,"抱法""用术",则能夺取政权,巩固政权。在"法""术""势"三者之间,"法"是根本,"势"是前提,"术"是执"法"的必要手段,三者相辅相成,缺一不可,韩非的这一治国方略达到了先秦法家理论的最高峰。

韩非子思想对后世的影响

韩非作为战国末期秦统一中国之前百家争鸣中的最后一位思想家,其思想无疑是那个时代的必然产物,战国时期诸子之学和各国的变法实践为其提供了丰富的理论来源和实践基础。战国末期统一之前的历史过渡性特征,无疑也构成了韩非思想及其理论明显的特征。他所倡导的君主独裁论,即所谓的"帝王之学",具体而言,就是"法""术""势"兼治的专制论，顺应了由群雄割据的政治局面向大一统君主集权制发展的这一历史潮流。秦国也正是因为遵循了韩非所倡导的法家思想而国力日增，最后完成了统一六国的伟业。韩非的政治思想对中国封建统一大业的完成起了积极的推动作用。同时必须看到，韩非法治理论有严重的局限性和片面性，在实施过程中必然会加速阶级矛盾的激化，反过来也必然会危及封建制度的巩固。从某种意义上说，秦王朝的迅速灭亡，同样与韩非的法治理论片面夸大法治的作用是分不开的。历代封建王朝无不惊惧秦的速亡，因而一致声讨韩非的法治理论，但在实行封建专制统治时，又在自觉不自觉地运用法家思想。这就形成了千百年来我国封建政治中"外儒内法""王霸道杂用之"的特殊统治模式。韩非的一整套君主专制主义的政治策略始终是历代君主独裁政治的理论基础。

秦后的汉代，法家思想的传播十分活跃。不仅法家学说的某些思想已融入在成为统治阶级主导思想的新儒学中，而且他们设计的以地缘政治为基础的封建官僚模式也冲破了血缘政治文化，在中国扎下了根。所以，即使崇儒的一些皇帝，如"罢黜百家、独尊儒术"的汉武帝刘彻，其施政方略也是外儒内法。汉宣帝更是直言不讳地指出："汉家自有制度，本以霸王道杂之。"这里所说的霸道，即指法家学说。法家政治学说的根本就是以法治民，用术来督责官吏。汉宣帝"信赏必罚，综核名实"，"以刑名绳下"，可谓深得法家思想之精髓。汉以后研习法家者亦不乏其人，在随后的一段历史时期，虽然韩非的法治思想随着各个朝代的利用逐渐被吸收改造，并和儒家思想结合形成了"外儒内法"的结合体，但是推行法家思想的人还是会时时出现并发挥着重要的作用，如唐代的柳宗元批判儒家复古倒退的历史观，积极推行法治思想；宋代著名的"王安石变法"也是一个用法家的革新理论反对儒家的复古理论的伟大实践。虽然他们的变法运动都以失败告终，但是都在一定程度推动了社会的向前发展，并使得韩非法治思想得到了证明。而法家思想的最大实践者当推明太祖。朱元璋虽然声称"行先圣之道"，大量起用儒生，"尊宠之逾于勋戚"，科举考试也以程朱理学为准，但其行事，则以"重典治国"，颁布了大量严苛的法令，所著《大诰》《大诰续编》《大诰三编》《大诰武臣》中，所列凌迟、枭首、种诛有几千案，弃市以下有一万多案。其儿子朱棣不顾"天下读书种子绝矣"的劝告，将方孝孺门生数人同其九族群杀，计八百余人，史称诛连十族。即使非汉文化的清王朝也不例外，其科举考试虽以朱熹对《四书》《五经》的注释作为准则，对言不合流者，"鸣鼓而攻之"。但其文字狱与酷吏、酷刑的盛行程度超过了中国历史上的任何朝代。可见，从汉尊儒以来，历代无一不是外儒内法，即打着儒家的旗号，而实行法家思想所倡导的"刑杀"手段，统治者向来没有放弃法家思想，也没有放弃法家的刑罚手段。为了掩盖统治者的残酷和平抑百姓的心理，统治者大肆宣扬儒家思想，逐渐形成了外儒内法并行不悖的统治手段。其中的奥妙尽人皆知。正如谭嗣同所言："二千年来之政，秦政也，皆大盗也；二千年来之学，荀学也，皆乡愿也。惟大盗利用乡愿，惟乡愿媚大盗。二者交相资，而罔不托之于孔。"(《仁学·二十九》)翻开二十五史，扫视一下有关帝王的相关记载，字里行间，无不显示出君臣之间的阴谋与反阴谋。韩非的权术思想被翻来覆去地使用，花样翻新，层出不穷。

除了对历代统治者和一些政治家具有很大影响以外，《韩非子》对现代管理学也具有很大的影响。美国哈佛大学企管博士后、著名培训师余世雄在他的管理讲座中谈道："两千多年前，中国在春秋战国时代就有了不起的鼻祖韩非子，美国哈佛大学把《韩非子》全部翻译为了英文，全世界都非常崇尚我们中国的哲学思想，所以我们把祖先的话好好地体验一下，就是一部管理学。"美国芝加哥大学博士后许倬云在《从历史看管理》一书中向企业管理者推荐历史书籍时说："《韩非子》的内容基本上涵盖了今天政治学、管理学的主要观点和主要论证方法。"他还说，韩非子综合了"势""法"和"术"，任何一个好的组织、企业都应该是这三者的结合。中国企业家联合会副会长、海尔集团董事局主席张瑞敏先生也十分喜爱中国古典书籍，他在谈到管理时说："我认为把中国传统文化运用好就不错，用孔子的思想做事，用老子的思想做人，用韩非子的思想做企业管理。"张瑞敏和海尔集团在国际上的成功已经充分说明，韩非子的思想在今天对我们仍有启发和借鉴意义。

《韩非子》与《君主论》

《韩非子》是中国封建君主专制主义统一国家形成之前，韩非精心撰写的一部专门探讨帝王统治术的著作，为建立封建君主专制主义政权提供了理论依据。无独有偶，《君主论》是意大利政治思想家马基雅弗利对君主统治术进行专门研究的论著。马基雅弗利(1469—1527年)，意大利佛罗伦萨人，曾被派往一些国家担当外交使节。正是尖锐复杂的国际国内政治生活激发了他对君主统治术进行研究的热情。《君主论》(又译为《霸术》或《君王论》)完成于1513年，是作者献给佛罗伦萨大贵族罗伦佐·美第奇的策论，于1532年正式在罗马印刷，后被列为禁书。列奥·斯特劳斯称他为"罪恶的导师"，莎士比亚称他为"凶残的马基雅弗利"，如今"马基雅弗利主义"已经成为商业中不守信用、不讲道德的代名词。不过，恩格斯称赞马基雅弗利为"巨人"，马克思认为马基雅弗利为近代政治学的先驱。《君主论》被认为是资产阶级政治学的第一部著作。

《韩非子》与《君主论》相差1700多年，前者是作者为封建君主专制主义统治制造理论根据，后者是为即将登台的资产阶级摇旗呐喊。两部著作不约而同地以君主的统治术作为研究重点，因此，在内容上有着惊人的相似。

一、其出发点和目的具有一致性，都是为君主专制提供理论根据。韩非初见秦王即为秦王出谋划策，劝告秦王不可再丧失称王称霸的良机，不仅为其献上统一天下的妙计，而且提出了一整套的"法""术""势"治国方略。《君主论》则狂热鼓吹君主制。认为"目前让意大利最后出现其救世主的机会是千载难逢的，万万不应错过"。马基雅弗利认为，意大利的市民，德性颓废，秩序紊乱，在这样的国家，唯一的出路是建立绝对君主独裁制，通过强有力的君主统治来克服分裂，重塑人民的德性，恢复社会的秩序，繁荣经济，使国家走向强盛。

二、其理论基础和逻辑起点有着惊人的类似，二者都是以人性的自私为依据展开论述的。韩非从人性自利出发，认为德政尚贤无论在理论，还是在实践上都是有害的。仁义慈惠以同情心为基础，表现在君主的行为上就是"好施与"和"不忍诛罚"，从而导致"奸私之臣愈众，而暴乱之徒愈胜"，国家必亡无疑。所以他主张"不养恩爱之心"，"不恃人之为吾善也，而用其不得为非也"。马基雅弗利认为："慈悲心是危险的，人类爱足以灭国。"因为人类总有填不满的欲望和膨胀的野心，总是受利害关系的左右，趋利避害，自私自利。即使最优秀的人也容易腐化堕落，因为做恶事更有利于自己，讲假话更能取悦别人。人民有屈从权力的天性，君主需要的是残酷，而不是爱。君主不必因为残酷的行为受人指责而烦恼。

三、在对待近臣的态度上，二者也是相当默契。韩非认为，"人主之患在于信人，信人则制于人"，"爱臣太亲，必危其身；人臣太贵，必易主位"。为了政权的稳定，君主必须遵循三项政治原则：即深藏不露、大权独揽和亲理朝政。统治者要掌握绝对的权力,为了防止他人侵权窥位,要做到"独听""独视""独断";为了增加君主的威严,君主不可与大臣太亲近,而是需要保持一定的距离,而且要"去好去恶,群臣见素",做到"明君无为于上,群臣竦惧乎下"。马基雅弗利认为:"最危险莫过于意气相投的人。"君主为了保持权力的自主性,绝不可相信任何人;不可对别人吐露真心,不可指望别人对你诚实,更不可把命运系于别人身上。君主要经得起孤独的煎熬。所以,应当怀疑一切人,组织耳目对社会暗中监视,网罗党羽排除异己,设置职权相互牵制。

四、在对待百姓的态度上,二者也是不谋而合。韩非认为,"民者,固服于势,寡能怀于义"。所以,君主对百姓应当"用法之相忍,以弃仁之相怜"。他曾举例说:"今有不才之子,父母怒之弗为改,乡人谯之弗为动,师长教之弗为变。夫以父母之爱、乡人之行、师长之智,三美加焉,而终不动,其胫毛不改。州部之吏,操官兵,推公法,而求索奸人,然后恐惧,变其节,易其行矣。故父母之爱不足以教子,必待州部之严刑者,民固骄于爱、听于威矣。"(《五蠹》)所以,他主张"则圣人之治国也,固有使人不得不爱我之道,而不恃人之以爱为我也"。马基雅弗利认为,一个君主最好是被人民认为仁慈,而不是残酷,但要注意不能过分仁慈,必要时要不怕承担残酷的恶名。"对君主来说,也许是令人畏惧比受人爱戴更安全。"人民爱戴是基于他们自己的自由意志,而感到畏惧则基于君主的意志。明智的君主应该依靠自己的权力,而不是依靠他人的意志。

五、在手段与目的的关系上,二者同样具有惊人的一致性。韩非认为,为了维护专制独裁统治,君主必须要学会运用阴谋诡计,他建议君主要利用一切权术,隐藏自己的意见和情感,故意放出虚假信息,试探臣下,要像狐狸一样狡猾。韩非主张实行赤裸裸的暴力统治,宣扬重刑主义,轻罪重罚,以刑去刑,实行恐怖统治,要像猛虎、雄狮。韩非认为驾驭群臣必须依靠自己的威势,权势对于君主来说,犹如猛虎、雄狮的爪牙,失去了权势,就失去了爪牙。主张权势不可假人,必要时要不择手段,甚至主张"势不足以化则除之",即对于那些赏罚不起作用的大臣,要坚决镇压,有罪名的按罪杀掉,没有罪名的就暗杀。马基雅弗利同样认为,君主应该效法狐狸和狮子。应当像狮子那样残忍,像狐狸那样狡诈。他说:"因为狮子不能够防止自己落入陷阱,而狐狸则不能够抵御豺狼。因此一位君主必须是狐狸,以便认出那些陷阱;同时又是狮子,以便使豺狼恐惧。"他认为治理国家应以功效为准则,凡是有利于达到政治目的的手段,都是正当的。比如,与邻国结盟,条约必须有利于自己。假如这个条约在履行过程中,变得不利于自己,就应当随时撕毁它。在他看来,"目的总是证明手段是正确的"。君主为完成大业,巩固统治,可以不讲信义,随时撕毁条约。而且,君主要巩固自己的统治,就必须采用暴力与欺骗相结合的方法,学会软硬兼施,只有娴熟地交替使用软硬手段,使各种力量相互牵制,才能操纵和控制各种力量。

六、《韩非子》与《君主论》的命运也很相似。《韩非子》在秦朝实践的失败,使韩非、李斯、秦始皇、秦二世、赵高等人成为残暴统治的代名词,受到人们唾弃。但历代专制君主虽然表面上不再以韩非的思想作为统治的依据,但在"黄老之学"和"独尊儒术"的掩护下,实则暗度陈仓,"外儒内法",继续把韩非的君人南面术奉为秘宝私下精心研读,反复实践并发挥得淋漓尽致。同样,《君主论》一问世就遭到教俗统治者的责骂,在国内被列为禁书。而事实上,大大小小的专制君主却无一不把它当成"为君之道"的教科书,恭恭敬敬地捧读。而且,《君主论》亦早已传出国界,被翻译成拉丁语,在欧洲广泛传播。

第一

初见秦

　　初见秦，即韩非初次见秦王。实际上是韩非给秦王的一篇上书。其主旨是想通过上书，劝说秦王用战争统一天下，并求得秦王的接见和任用。题目显然是后来编者加的。

　　文章从分析山东六国的短板和秦国的优势入手，先言秦地之强，必可以谋天下，但却"兵甲顿，士民病，蓄积索，田畴荒，囷仓虚，四邻诸侯不服，霸王之名不成"。说明秦国虽已具备了兼并六国、统一天下的条件，但却多次丧失称王称霸的良机。作者进而分析了原因所在："此无异故，其谋臣皆不尽其忠也。"在分析了秦国未能统一天下的原因并贬斥秦国的谋臣之后，便为其痛抒己见创造了条件。韩非认为秦国仍可兼并天下，并希望能见到秦王，从而献上统一天下的妙计。此篇虽为《韩非子》的首篇，但也有学者认为并非韩非之作，其理由主要有二：一是本文所述亡韩的观点与第二篇《存韩》的主张相悖；二是本文所述为六国合纵时的形势，与韩非入秦时的韩国形势不符。其实所谓存韩只不过是韩非的一个缓兵之计。他深知，韩国不可能长期存在下去。

【原文】

臣闻："不知而言，不智；知而不言，不忠。"为人臣不忠，当死；言而不当，亦当死。虽然，臣愿悉言所闻，唯大王裁其罪。

臣闻：天下阴燕阳魏，连荆固齐①，收韩而成从②，将西面以与强秦为难。臣窃笑之。世有三亡，而天下得之，其此之谓乎！臣闻之曰："以乱攻治者亡，以邪攻正者亡，以逆攻顺者亡。"今天下之府库不盈，囷仓空虚③，悉其士民，张军数十百万，其顿首戴羽为将军断死于前不至千人，皆以言死。白刃在前，斧锧在后④，而却走不能死也。非其士民不能死也，上不能故也。言赏则不与，言罚则不行，赏罚不信，故士民不死也。今秦出号令而行赏罚，有功无功相事也。出其父母怀衽之中，生未尝见寇耳。闻战，顿足徒裼⑤，犯白刃，蹈炉炭，断死于前者，皆是也。夫断死与断生者不同，而民为之者，是贵奋死也。夫一人奋死可以对十，十可以对百，百可以对千，千可以对万，万可以克天下矣。今秦地折长补短，方数千里⑥，名师数十百万⑦。秦之号令赏罚，地形利害，天下莫若也。以此与天下，天下不足兼而有也。是故秦战未尝不克，攻未尝不取，所当未尝不破，开地数千里，此其大功也。然而兵甲顿，士民病，蓄积索，田畴荒，囷仓虚，四邻诸侯不服，霸王之名不成。此无异故，其谋臣皆不尽其忠也。

【注释】

① 荆：楚国的别称。

② 从：通"纵"，南北为纵，这里指合纵。战国时苏秦主张齐、楚、燕、韩、赵、魏六国结成联盟对抗秦国，由于六国在地理位置上成南北向，所以称合纵。

③ 囷（qūn）：囷仓，贮藏粮食的仓库，圆形的叫囷，方形的叫仓。

④ 锧（zhì）：铁砧。斧锧，这里指腰斩时所用的一种刑具。

⑤ 裼（xī）：脱去上衣露出身体的一部分。此句写士兵上战场的勇武之状。

⑥ 方：即"方圆"的省略。

⑦ 名师：指名震天下的精锐部队。

【译文】

我听说："不知道就乱讲，是不明智；知道了却不肯讲，是不忠诚。"作为臣子不忠诚，该死；讲话不合宜，也该死。即使这样，我还是愿意全部说出自己的见解，请大王裁断我之罪。

我听说：天下北燕南魏，又联合楚国并加固与齐国的关系，纠合韩国而形成南北合纵之势，打算向西来同强秦作对。我私下讥笑他们。世上有三种灭亡的途径，而天下各国都占有了，说的大概就是合纵攻秦这种情形吧。我听说过："用混乱的国家进攻安定的国家将会灭亡，用邪恶的国家进攻正义的国家将会灭亡，用倒行逆施的国家进攻顺乎天理的国家将会灭亡。"如今六国的财库不充足，粮仓里空空荡荡，征集了全国的百姓，扩军数十百万，其中在将军面前磕头发誓、愿意头戴羽毛替将军到前线决一死战的不止上千，他们口头上都说要去拼死。但当利刃在前，刑具在后时，他们还是退却逃跑不能拼死。不是这些士兵不能死战，而是他们的君主不能使他们死战的缘故啊。他们的君主说要奖赏却不兑现，说要惩罚却不执行，赏罚失信，所以士兵不愿死战。如今秦国公布法令而实行赏罚，有功无功都通过事实来论定。百姓自从脱离父母怀抱，生来也不曾见过敌人，但一听说打仗，便勇敢地跺脚赤膊，迎着利刃，踏着炭火，上前拼死的比比皆是。决心拼死和苟且贪生是不一样的，而民众之所以愿意死战，这是因为秦国人崇尚舍生忘死的精神。一人奋力死战可以抵挡十个敌人，十人奋力死战可以抵挡百个敌人，百人奋力死战可以抵挡千个敌人，千人奋力死战可以抵挡万个敌人，万人奋力死战可以征服天下。如今秦国领土截长补短，方圆数千里，名震天下的精锐部队有上百万之多。秦国的法令赏罚严明，地理位置十分有利，天下没有一个国家能比得上。凭这些去攻取天下，天下无需费力就可兼并占有。因此秦国作战没有不获胜的，攻城没有不占取的，阻击的敌人没有不被击败的，开辟封疆数千里，这是秦国的丰功伟绩啊。但是现在的秦国兵器铠甲破败、士兵疲惫、百姓困乏、积蓄用尽、田地荒芜、谷仓空虚、四邻诸侯不服，称王称霸的功名不成，这没有别的缘故，只是因为秦国的谋臣都没有竭尽他们的忠诚啊。

【品鉴】

言赏则不与，言罚则不行，赏罚不信，故士民不死也。

信赏必罚——民可尽死。作为先秦法家的集大成者，韩非十分强调刑赏的作用，认为"法治"必以"刑""赏"作保证，他把"刑"和"赏"视为治国的两大法宝，即所谓"二柄者，刑德也"。"故先王明赏以劝之，严刑以威之。赏刑明，则民尽死；民尽死，则兵强主尊。"并针对人性趋利避害的特点，提出了"重刑厚赏"的观点，主张厚赏以导民，重刑以禁奸。在主张重刑厚赏的基础上，韩非还特别强调"信赏必罚"。他认为明智的君主治国必从守信开始，即奖赏必兑现，刑罚必执行。强调统治者必须保证：如有人做出了法律规定应予奖赏的行为，就一定要确保那人得到规定的奖赏；如有人做出了法律规定应予惩罚的行为，就必须受到应有的惩罚。这样才能取信于民，法律指导民众行为的功能才能发挥。统治者只有说到做到、雷厉风行兑现奖惩的诺言，才能激励士兵奋勇作战。如果统治者承诺了奖赏，到时候却不能兑现，规定了必须受罚，到时候却不执行，赏罚不讲信用，民众则不肯拼死。

战国时，**魏**国的**魏武侯**在位时，吴起曾担任西河这个地方的太守。西河西边就是秦国，秦国有个岗亭靠近魏边境。驻守岗亭的士兵经常来西河骚扰，西河百姓深受其害。吴起下决心拔掉这个钉子，可是兵力不足，于是，他想出了一个主意。一天，吴起叫人把一根车辕子搬到北门外面，旁边张贴告示：如果有人能将这根车辕子搬到南门外，太守将赏给他良田二十亩，上等住宅一套。消息传开了，大家议论纷纷，但就是没有人动手去搬动。一天傍晚，有一个小伙子看到了告示将信将疑地把车辕子搬到南门外，他果然得到了告示上所说的奖励。第二天，吴起又叫人把一石豆子放在东门外，出告示说：如果有人把这石豆子送到西门外，本太守将像昨天一样给予奖赏。结果人们争相去搬豆子，搬运的人同样得到了奖赏。自此以后，西河百姓都知道了新来的西河太守言出必践，很守信用。吴起看到时机已经成熟，就出了第三张告示：本太守明天将领兵攻打秦国的岗亭，为西河百姓除害。现在大量征收壮丁，希望大家积极参军。攻打岗亭时，首先攻上去的，将封为国家的大夫，赏给上等的住宅和田地。百姓见了告示，都争着报名参军，很快就有了足够的兵力。第二天，吴起率领人马向秦国的岗亭发起攻击，将士们个个奋勇争先，一个早晨就把秦国的岗亭夺下来了。

三国时，诸葛亮第一次出祁山，连取三城，战场形势十分有利。这时，魏主曹睿派司马懿率兵前来帮助曹真。街亭是进出汉中的咽喉。若为司马懿所得，蜀军不仅进无所得，而且难以撤退。面对这一严峻的形势，诸葛亮决定死守街亭。马谡自荐并立下军令状。诸葛亮惟恐有失，叮嘱马谡一定要在要道上设立军寨，并派大将王平相助。马谡照搬兵法条文，不考虑实际情况，不遵从诸葛亮的军令，不听王平谏阻，导致街亭失守，使诸葛亮出祁山所创造的有利形势出现了逆转。马谡在荆州时就追随诸葛亮，他们可谓是情深意厚，但诸葛亮为了明正军律，以服众人，强忍内心的痛苦，坚决对其处以极刑。诸葛亮挥泪斩马谡之后，又以误用马谡而引罪，自作表文申奏后主刘禅，请求自贬丞相之职。

奖赏与惩罚不仅是古代治理国家的重要手段，更是现代管理中的基本原则。用现代的话来讲，奖赏与惩罚是要求法律、法规和制度的操作和执行有高度的可预见性，使人们可以清楚预见到自己或别人的行为所产生的实际后果。在现代企业管理中，管理者也必须做到赏罚分明。比如，员工如果做出了贡献就应该给予及时的奖励；做了不利于企业的事，就应该给予及时的惩罚。这样才能激励员工士气，提高执行力。所以赏罚的时效性也是不可忽略的。稳定人心，不可有任何怠慢。项羽失去韩信的教训可谓引人深思。另外，还要特别注意的就是公平与公正，做到所憎者，有功必赏，所爱者，有"罪"必罚。同时也要注意坚持适度性，避免适得其反。切记孔老夫子"过犹不及"的古训。

第二

存 韩

所谓存韩,即保存韩国,使之免于强秦的侵犯。本文是韩非给秦王的上书。主旨是劝秦王应先攻打赵国,暂时保存韩国的。但事与愿违,韩非的上书不仅没有达到存韩的目的,反而被李斯等人以"非之来也,未必不以其能存韩也为重于韩也""非终为韩不为秦"等不实之词诬陷入狱,惨遭毒害。

【原文】

今贱臣之愚计：使人使荆，重币用事之臣①，明赵之所以欺秦者；与魏质以安其心②，从韩而伐赵，赵虽与齐为一，不足患也。二国事毕③，则韩可以移书定也④。是我一举二国有亡形，则荆、魏又必自服矣。故曰："兵者，凶器也。不可不审用也⑤。"以秦与赵敌衡，加以齐，今又背韩，而未有以坚荆、魏之心。夫一战而不胜，则祸构矣。计者，所以定事也，不可不察也。韩秦强弱，在今年耳。且赵与诸侯阴谋久矣。夫一动而弱于诸侯，危事也；为计而使诸侯有意伐之心⑥，至殆也；见二疏⑦，非所以强于诸侯也。臣窃愿陛下之幸熟图之⑧！夫攻伐而使从者间焉⑨，不可悔也。

【注释】

① 重币：丰厚的礼品，这里作动词，意为用厚礼收买。用事之臣：指权臣。

② 质：人质。

③ 二国：赵、齐。

④ 移书：发送一封文书。

⑤ 审：同"慎"。

⑥ 意：算计。

⑦ 见：同"现"。

⑧ 熟图：深思熟虑。

⑨ 从：通"纵"。

【译文】

现在我的计策是：派人出使楚国，厚赂收买执政大臣，讲明赵国欺骗秦国的情况；派出大王的亲人去魏国做人质以稳住他们，使韩国跟随我们去攻打赵国。即使赵国与齐国联合，也不必担忧。攻打赵、齐之后，给韩国发一道文书就可以平定。这样，秦一举而两国成灭亡之势，而楚、魏也一定自动顺服了。所以说："战争是一种凶暴的工具，是不可不慎用的。"拿秦和赵抗衡，加上齐国为敌，今又排斥韩国，而且也没有采取什么措施用来坚定楚国和魏国联合秦国的决心。攻打韩国这一仗如果打不胜，就构成了秦国的祸患。计谋是用来决定事情的，是不能不深察的。究竟赵、秦谁强谁弱，不出今年就见分晓。再说赵国和其他诸侯暗地谋划已久。一次行动就示弱于诸侯，是危险的事；定计而使诸侯起心算计秦国，是最大的危险；出现两种漏洞，绝不是在诸侯面前称强的办法。我希望陛下周密考虑这种情形！攻伐韩国而使合纵者钻了空子，后悔就来不及了。

【品鉴】

计者，所以定事也，不可不察也。

心计谋略，事关成败。重视谋略是中国古代思想家的一大传统，特别是诸侯混战、百家争鸣的春秋战国时期，谋略是立身、立国必不可少的手段。计谋在韩非的思想中占有相当重要的地位。韩非认为，计谋是决定事情成功与否的重要条件，不能不认真考虑。《存韩》正是韩非为挽救韩国危亡，抱着力挽狂澜的决心向秦王所献之计，他试图利用秦王对自己的赏识劝说其改变攻打韩国的打算，使韩国从首当其冲的战祸威胁之下解脱出来。在这份以保存韩国为宗旨的上书中，韩非苦心孤诣地做出处处为秦国利益着想的姿态，分析列国斗争的形势，向秦王晓以利害。

他指出，在赵、齐等强国加紧"合纵"以对抗秦国的情况下，秦却把多年来一直亲秦的韩国作为进攻的首要目标，这无疑是一个战略性的错误，其结果是将自己放在了"天下兵质"、众矢之的位置上，从而丧失了对于各诸侯国的主动权。上书建议秦王：一面与楚、魏拉拢关系，使其保持中立；一面率领韩国全力攻伐赵国，这样就能一举实现摧垮赵、齐联盟，使楚、魏望风慑服的多重目标。至于韩国，韩非认为它本来就很弱小，三十年来追随秦国并未得到什么好处，却招致各国的怨恨，四面受敌，因此君臣上下能长期忧患与共，在强敌进攻面前也必将拼死抵抗。如果秦先把赵、齐等国解决了，那时韩国在形势的逼迫下别无选择，秦只须发去一封书信，即可不费一兵一卒，不战而取之。

这篇上书充分反映了韩非求成心切，但又进退两难，乞求两全的矛盾心理。生性多疑的秦王政看后，不仅没有采纳韩非的这一建议，反而对这位韩国公子出使秦国的企图起了警惕。尽管他对韩非的学说十分赏识，但在吞并六国、建立帝业这件大事上，韩非的分量毕竟不能与秦国眼前的政治利益相抗衡。而且，正是这一建议直接导致了李斯等人对韩非的诽议和陷害。李斯对秦王讲，韩非作为韩国宗室的公子，终究将帮助韩而不为秦出力，这也是人之常情。如今大王既不能用他，如过后又让他回国，这就等于给自己留下了祸根，还不如找个借口把他除掉的好。秦王觉得不无道理，便下令把韩非关进了云阳大狱。韩非献计不成，报国无门，在狱中又被剥夺了上书申辩的权利，在极端苦闷、绝望的情绪中悲愤地喝下了老同学李斯送来的毒酒。这里正应了韩非自己的那句话："计者，所以定事也，不可不察也。"

作为一代"智圣"的诸葛亮，可谓将计谋发挥到了极致。诸葛亮入东吴商量孙刘联合抗曹，要想说服东吴抗曹，首先必须要说服东吴的实权派人物周瑜。一天晚上，鲁肃引诸葛亮会见周瑜。鲁肃问周瑜："如今曹操驱兵南侵，是战是和，将军欲如何？"周瑜在分析了各种因素后说道："我的意见和为上策。"鲁肃大惊道："将军之言错矣！江东三世基业，岂可一朝白白送给他人？"周瑜说道："江东六郡，千百万生命财产，如遭到战祸之毁，大家都会责备我的。因此，我决心讲和。"

诸葛亮听完东吴两大臣的这段对话，觉得周瑜若不是抗曹的决心未定，就是在有意试探。此时如果只讲一通孙刘联合抗曹的意义，或是夸耀周瑜盖世英雄，东吴地形险要，战则必胜的道理，肯定不会奏效，不如另辟蹊径。于是，他巧用周瑜执意求和的"机缘"，无中生有地编出一段故事，来激怒周瑜。诸葛亮说道："我有一条妙计，只需差一名特使，驾一叶扁舟，送两个人过江，曹操得到那两个人，百万大军必然卷旗而撤。"周瑜急问是哪两个人，诸葛亮说道："曹操本是一名好色之徒，打听到江东乔公有两位千金小姐，大乔和小乔，长得美丽动人，曹操曾发誓说'我有两个志向，一是要扫平四海，创立帝业，流芳百世；二是要得到江东二乔，以娱晚年'。目前曹操虽然领兵百万，直逼江南，其实就是为乔家的两位千金小姐而来的。将军何不找到乔公，花上千两黄金买到那两个女子，差人送给曹操？江东失去这两个人，就像大树飘落一两片黄叶，如同大海减少一两滴水珠，丝毫无损大局；而曹操得到两人必然心满意足，欢欢喜喜班师回朝。"周瑜说道："曹操想得二乔，有什么证据可说明这一点？"诸葛亮答道："有诗为证。曹操的小儿子曹植，十分会写文章，曹操在漳河岸上建造了一座铜雀台，雕梁画栋，十分壮丽，并挑选许多美女安置其中，又令曹植作了一篇《铜雀台赋》，文中之意就是说他会做天子，立誓要娶'二乔'。"周瑜问："那篇赋是怎么写的，你可记得？"诸葛亮说道："因为那篇赋文笔华丽，所以我十分喜爱，曾偷偷地背熟了。"周瑜请诸葛亮背诵。赋略云："从明后以嬉游兮，登层台以娱情……临漳水之长流兮，望园果之滋荣。立双台于左右兮，有玉龙与金凤。揽'二乔'于东南兮，乐朝夕之与共……"周瑜听罢，勃然大怒，霍地站立起来指着北方大骂道："曹操老贼欺我太甚！"诸葛亮只是略施小计便使孙、刘结成抗曹联盟，赢得了赤壁之战的重大胜利。诸葛亮看准机会，编造一段无中生有的故事来刺激周瑜，取得了预想的效果。再次验证了韩非"计者，所以定事也"这一永恒不变的规则。

俗话说：灵机一动，计上心来。这里的"灵机"指灵敏、机智，但绝不是一般意义上的机灵，而是一种大智慧。看似不经意地用计，实则需要广博而深厚的知识储备和异乎寻常的思维突破。这里最重要的是在深谙思维本能的前提下，跳出思维常规，突破思维定式。中国军事史上这样神机妙算的例子不胜枚举，关于计谋智慧的典籍诸如《六韬》《鬼谷子》《孙子兵法》《三十六计》等，也都早已成为了现代管理精英们的必备宝典，特别是《孙子兵法》中说的"上兵伐谋""不战而屈人之兵"更是被视为智谋之最高境界。

当然，这种军事谋略还远不能与现代管理中的竞争谋略相提并论，在现代管理的谋略中，最关键的是制定管理的策略，策略不只是一种管理哲学，而且具有实用价值。从长远的管理目标出发，要具有持久的竞争优势，就必须在竞争性定位上进行选择，其策略越是得当，竞争优势也就越是显著。

第三

难　言

　　难言，即陈述臣下向君主进言的艰难。文章首先描述了向君主进言可能遭遇的种种窘迫境况，认为进言无论采取哪一种方式，都有利有弊，而君主往往只从其不利之处做出评价。所以韩非认为向君主进言是一件十分为难的事情。他不厌其烦地列举大量"度量虽正，未必听也；义理虽全，未必用也"的史实，希望能引起君主的高度注意，从而能倾听逆耳忠言。而后列举出历史上臣下向君主进言不成反遭杀身之祸的例子，用事实陈述了进言之艰难。

【原文】

臣非非难言也①，所以难言者：言顺比滑泽，洋洋纚纚然②，则见以为华而不实；敦祗恭厚③，鲠固慎完④，则见以为掘而不伦⑤；多言繁称，连类比物，则见以为虚而无用；总微说约，径省而不饰，则见以为刿而不辩⑥；激急亲近，探知人情，则见以为谮而不让⑦；闳大广博⑧，妙远不测，则见以为夸而无用；家计小谈，以具数言，则见以为陋；言而近世，辞不悖逆，则见以为贪生而谀上；言而远俗，诡躁人间⑨，则见以为诞；捷敏辩给，繁于文采，则见以为史；殊释文学，以质信言，则见以为鄙；时称诗书，道法往古，则见以为诵。此臣非之所以难言而重患也。

【注释】

① 臣非：韩非自称。难言：以言为难，认为向君上进言是件难事。

② 纚纚（sǎ sǎ），有条理。洋洋洒洒，又井然有序。

③ 敦：通"惇"，义同"厚"。祗（zhī）：义同"恭"，恭厚。

④ 鲠：耿直。

⑤ 掘：通"拙"。

⑥ 刿（guì）：刺伤。

⑦ 谮（zèn）：中伤而不让，谗毁他人，言辞不够礼让。

⑧ 闳：通"宏"，广博。

⑨ 躁：同"噪"。

【译文】

　　韩非我并不是认为进言本身有困难,我之所以说难于进言,是因为:言辞和顺流畅,洋洋洒洒,有条不紊,就被认为是华而不实;老实恭厚,恭敬诚恳,耿直周全,就被认为是笨拙而不伦不类;广征博引,类推旁比,就被认为是虚浮空洞而无用;如果是义微言约,直率简略而不加修饰,就被认为是出口伤人而不善辩说;激烈明快而无所顾忌,触犯了君主的亲信,或触及了他人隐情,就被认为是谗毁他人而不加谦让;宏大广博,玄妙深远,高深莫测,就被认为是浮夸而不切实用;谈论日常生活小事,琐碎陈说,就被认为是浅薄;言辞切近世俗,遵循常规,就被认为是贪生而奉承君主;言辞异于世俗,怪异不同众人,就被认为是荒诞不经;口才敏捷,对答如流,富于文采,就被认为是华丽而不质朴;弃绝文献,平铺直叙,诚朴陈说,就被认为是鄙陋粗俗;动辄援引《诗》《书》,称道效法古代,就被认为是死记硬背。这些就是我难于进言并深感忧虑的原因。

【原文】

　　故度量虽正,未必听也;义理虽全,未必用也。大王若以此不信,则小者以为毁訾诽谤①,大者患祸灾害死亡及其身。故子胥善谋而吴戮之,仲尼善说而匡围之②,管夷吾实贤而鲁囚之。故此三大夫岂不贤哉?而三君不明也。上古有汤,至圣也;伊尹,至智也。夫至智说至圣,然且七十说而不受,身执鼎俎为庖宰③,昵近习亲,而汤乃仅知其贤而用之。故曰:以至智说至圣,未必至而见受,伊尹说汤是也;以智说愚必不听,文王说纣是也。故文王说纣而纣囚之;翼侯炙;鬼侯腊;比干剖心;梅伯醢④;夷吾束缚;而曹羁奔陈;伯里子道乞⑤;傅说转鬻⑥;孙子膑脚于魏;吴起扶泣于岸门，痛西河之为秦，卒枝解于楚⑦；公叔痤言国器反为悖⑧，公孙鞅奔秦；关龙逢斩；苌弘分胣⑨；尹子阱于棘⑩；司马子期死而浮于江；田明辜射⑪；宓子贱、西门豹不斗而死人手；董安于死而陈于市；宰予不免于田常；范雎折胁于魏。此十数人者，皆世之仁贤忠良有道术之士也，不幸而遇悖乱暗惑之主而死。然则虽贤圣不能逃死亡避戮辱者，何也？则愚者难说也，故君子难言也。且至言忤于耳而倒于心，非贤圣莫能听，愿大王熟察之也。

【注释】

① 訾（zǐ）：说人坏话。

② 匡：春秋时宋国地名，位于今河南省境内。孔子周游列国，到匡，因酷似阳虎，而阳虎曾在匡施暴，孔子李代桃僵，被匡人围困。

③ 鼎俎（zǔ）：厨房用具。俎，切肉用的砧板。庖宰：厨师。

④ 醢（hǎi）：肉酱，这里作动词。梅伯，纣王大臣，相传因多次劝谏纣王而被杀。

⑤ 伯里子：即百里奚，春秋时虞国大夫。晋灭虞，百里奚被俘，充作奴隶，随晋献公女儿出嫁来到秦国，途中外逃，被楚人所虏，秦穆公闻知他有才能，用五张羊皮将他赎回，并授以国政，百里奚后助穆公建立霸业。

⑥ 傅说（yuè）转鬻（yù）：傅说，名说，因做苦力于傅而称傅说。鬻：卖。傅说转鬻，这里泛指前贤成功的背后都有一段极为艰难的历程。

⑦ 枝：通"肢"。

⑧ 公叔痤（cuó）：《史记》作公叔座，战国时魏国大臣，曾连任魏武侯、魏惠王相国。

⑨ 苌弘分脏（chǐ）：苌弘，周灵王、景王、敬王时的大夫。周人听信谗言，将其杀害，传说其血三年化为碧玉。分脏，裂腹剖肠。

⑩ 阱于棘：埋尸于荆棘丛中，系其时一种酷刑。

⑪ 辜射：古代一种分尸示众的酷刑。

【译文】

所以法则虽然正确，未必被听取；道理虽然完美，未必被采用。大王若认为这些话不可信，轻则看作是诋毁诽谤，重则使进言者遭到祸患、死亡。所以伍子胥善于谋划而吴王杀了他，孔子善于游说而匡人围攻他，管仲确实贤能而鲁国囚禁了他。这三个大夫难道不贤吗？是三个君主不明智啊。在上古有商汤，极其圣明；有伊尹，极富智慧。极富智慧的去进说极其圣明的，这样尚且七十多次进说仍不被采纳，还要亲自拿着炊具为其做厨师，待亲近熟悉后，汤才知道他并重用了他。所以说：以最聪明的去进说最圣明的君主，也未必马上就被接受，伊尹说汤就是这种情况；以聪明的去进说愚蠢的就一定不会被接受，周文王进说商纣就是这种情况。所以文王进说纣而纣囚禁了他；翼侯劝说商纣王而被烤死；鬼侯劝说商纣王而被做成干肉；比干劝说商纣王而被剖心；梅伯劝说商纣王而被剁成肉酱；管仲被捆绑；曹羁劝说曹伯不听而逃奔陈国；百里奚沿路乞讨；傅说做奴隶被转卖；孙膑在魏国因庞涓的谗毁而遭受酷刑；吴起痛心西河将成为秦地在岸门拭泪，最后在楚国因为变法而被五马分尸；公叔痤病重之时向魏惠王推荐奇才公孙鞅反被认为是神志错乱，公孙鞅只好出奔到秦国；关龙逢向夏桀进谏而被斩；苌弘因周人谗毁而被剖腹；尹子被抛尸在荆棘丛中；司马子期死后尸首浮在江上；田明被分尸；宓子贱、西门豹不与人争斗却被人杀害；董安于死后被陈尸示众；宰予不能逃避被田常杀害；范雎在魏国时被打断肋骨。这十几个人，都是仁义、贤能、忠良而有本领的人，不幸遇到荒谬昏庸的君主而死去。那么即使贤圣也不能逃避死亡和刑辱，这是为什么呢？就是因为昏君难以劝谏啊，所以君子难以进言。况且最真实的话往往又是逆耳而不顺心的，除非贤君圣人没有人能听进去的，希望大王仔细考虑一下我的这些话吧。

【品鉴】

故度量虽正，未必听也；义理虽全，未必用也。

忠言逆耳——进言需有技巧。韩非的此番感慨当属有感而发的肺腑之言。原则虽然正确，但君主未必会听从；道理虽然完美，但君主未必会采用。作为韩国贵族的韩非眼见韩国危弱，痛心疾首，屡次上书韩王，提出救国的方案，并向国君自荐，希望能得到任用。然而，先是因权贵大臣的阻挠，韩王虽然接见了他，也并没有录用他到重要的岗位上。韩非满腹的治国方略和满腔的报国热情，却得不到国君的赏识和接受。于是他对说话进言的学问进行了认真而周详的研究，描述了说话处事的各种形态和臣子们动辄得咎、左右为难的窘迫境况，他不厌其烦地列举了大量"故度量虽正，未必听也；义理虽全，未必用也"的史实，希望能引起君主的注意，倾听逆耳忠言。同时也告诫进言者掌握必要的讲话技巧。

历史上直言劝谏的大臣比比皆是，但真正虚心接纳谏言的君主却屈指可数。许多君主听不得大臣的谏言，甚至因此而杀害大臣，终使国家灭亡。商代的贤臣比干，因为对荒淫无道的纣王进谏而被杀。春秋时，吴国的贤臣伍子胥因为屡谏吴王夫差，夫差恼羞成怒，逼伍子胥自杀，伍子胥被抛尸江中。韩非正是看到了历史上许多君主的这一弊端，所以大胆劝谏。在他看来，不能对君主直言劝谏的大臣，不是贤明的大臣；

而不能虚心接受大臣劝谏的君主，也不是贤明的君主。人人都明白"良药苦口利于病，忠言逆耳利于行"的道理，但人总是喜欢听甜言蜜语，越是诚恳的话语，越是逆耳越不愿采纳。所以韩非特别强调进言要讲究技巧。因为如果不讲究一定的技巧，即使道理再完美，别人也未必会接受。而掌握了技巧和方法，常常能达到事半功倍的效果。

宋朝时有个官员叫张咏，听说寇准当上了宰相，对其部下说："寇公奇才，惜学术不足尔。"这句话一语中的。张咏与寇准是多年的至交，他很想找个机会劝劝这位老友多读些书。因为身为宰相，关系到天下的兴衰，应该有更为丰富的学识。时隔不久，恰巧寇准因事来到陕西，刚刚卸任的张咏也从成都来到这里。老友相会，格外高兴，寇准设宴款待张咏，在郊外送别时，寇准问张咏："何以教准？"张咏对此早有考虑，正想趁机劝寇公多读书。可是转念一想，寇准已是堂堂的宰相，居一人之下，万人之上，不能直截了当地说他没学问。张咏略微思考了一下，便慢条斯理地说了一句："《霍光传》不可不读。"当时寇准弄不明白张咏这话是什么意思，可是老友不愿再多说一句，言讫而别。回到相府，寇准赶紧找出《汉书·霍光传》，他从头仔细阅读，当他读到"光不学无术，谏于大理"时，恍然大悟，自言自语地说："此张公谓我矣！"《霍光传》中所描述的霍光，当年任过大司马、大将军等要职，地位相当于宋朝的宰相，他辅佐汉朝立有大功，但是居功自傲，不好学习，不明事理。这与寇准有某些相似之处。寇准读了《霍光传》，很快明白了张咏的用意，深感受益匪浅。

寇准是北宋时期著名的政治家，为人刚毅正直，思维敏捷，张咏赞许他为当世"奇才"。所谓"学术不足"，正是指寇准不大注重学习，知识面不宽，这就会极大地限制寇准才能的发挥，因此，张咏对寇准要多读书以加深学问的批评既客观又中肯。然而，如果说得太直，对于刚刚当上宰相的寇准来说，面子上不好看，而且传出去还影响其形象。张咏知道寇准是个聪明人，给了一句"《霍光传》不可不读"的赠言让其自悟，而"不学无术"这个连常人都难以接受的批评，通过一种委婉方式，使当朝宰相愉快地接受了。张咏这一"借书言事"的妙招着实让人敬佩，他不但保护了身为宰相的寇准的尊严，也使老朋友能够从批评中醒悟，从而获益良多。寇准作为北宋名相与张咏的这一劝谏不无关系。

1937年10月11日，罗斯福总统的私人顾问萨克斯受爱因斯坦等科学家的委托，约见了罗斯福，要求总统重视原子能的研究，抢在德国之前制造出原子弹。尽管他谈得口干舌燥，罗斯福还是听不懂那些枯燥的科学论述，只是淡淡地说："这些都很有趣，不过政府若在现阶段干预此事，似乎还为时过早。"罗斯福以十分冷淡的态度回绝了萨克斯的一腔热情，萨克斯心中又着急，又生气。但罗斯福是一位颇具威信的总统，他决定的事，萨克斯作为下属不能硬顶，也顶不住。事后，罗斯福为表歉意，邀请萨克斯共进早餐。萨克斯决定利用这个难得的好机会，说服罗斯福采纳爱因斯坦等科学家们提出的这一对美国命运攸关的建议——研制原子弹。为此，他在公园里徘徊了一夜。

第二天一早，萨克斯刚落座，罗斯福就直言不讳地告诫他，不准谈原子弹的事。博学多智的萨克斯灵机一动，知道罗斯福虽不懂物理学，对历史肯定感兴趣。"我想谈一点历史，"他的攻势就此开始，"英法战争期间，拿破仑在陆战中一往无前，海战却不尽如人意。一天，轮船的发明者——美国人富尔敦来到了拿破仑面前，建议他把法国战舰的桅杆砍断，装上蒸汽机，把木板换成钢板。他向拿破仑保证，这样改装的法国舰队肯定所向无敌。拿破仑却认为，船没有风帆不能航行，木板换成钢板必然会沉。他认为富尔敦肯定疯了，将其赶了出去。历史学家在评述这段历史时认为，如果拿破仑采纳富尔敦的建议，19世纪的历史将重写。"罗斯福的脸色变得十分严肃，沉默了几分钟之后，他斟满一杯酒递给萨克斯说："你赢了！"萨克斯虽然没直接谈研制原子弹，但他在类比中表明罗斯福与拿破仑有着极为相似的共同特点：都是战争期间，都不懂物理，都面临着对一项与自己军队命运攸关的新技术的选择。其用意也不言而喻：是像拿破仑那样，将新技术拒之门外而自取失败，还是与之相反？通过这一与当前形势极为类似的历史事实，不懂物理学的罗斯福很容易地理解了研制原子弹的重要性，终于采纳了爱因斯坦等科学家的建议。

萨克斯向罗斯福的谏言开始并不被采纳，但他巧妙地利用一个典故说服了总统。可见说服别人是件不大容易的事情，但只要掌握了方法和技巧，便能变不可能为可能。说服别人的困难在于明明道理非常明确，别人未必会接受，这时是放弃还是坚持，如何坚持与抗争，方法和技巧则至关重要。

大凡正直之人，总会向上司进献忠言。然而进言不仅有难度，还有风险。搞不好，言论不被采纳，还会惹恼上司，自找苦吃，自断前程，甚至会赔掉性命。向国君谏言难，向领导进言难，向朋友和同事提意见同样难，从古到今，莫不如此。所以，善进言者，首先一定要学会进献忠言的技巧，要充分考虑对方能否接受，要尽量注意自己的说话方式和技巧。给领导提建议是一门深奥的学问，有时建议本身的价值往往会因为建议者的身份或态度甚至技巧而不同。我们要多花些心思，深思熟虑后方可进言，切不可贸然行事，万不可再重蹈韩非的覆辙。

说话方式和技巧也是生活在社会中的每一个人的必修课，可惜并不是所有人都真正明白这一点。有很多人认为只要是真诚的人，就必须无论什么场合永远都要说真话。说真话当然是必须的，但说真话的方式是需要技巧的，绝不能直来直去不看场合不计后果。这里也存在一个"道"

和"术"的问题。心理学家曾说:"情感如同肥沃的土地,道理好比种子。没有情感的沃土,道理的种子再好,也发不了芽。"可惜我们大多数的人在进言时,往往由于助人心切,在证明自己正直的同时,而忘记了进言的真正目的。如果能始终做到永远"把你放在心上",就一定能避免口出狂言或被人误解而招致不测。司马迁曾无不感慨:"余独悲韩子为《说难》而不能自脱耳。"(参阅第十二《说难》)

第四

爱 臣

本文题为《爱臣》，即宠爱臣下，实为替专制君主设计的制臣之策。主要目的在于提醒君主过分宠爱臣下会招致种种危害。韩非清醒地认识到君权旁落对君主专制的威胁，于是他向君主提出了一系列削弱臣下势力、防止犯上作乱的措施，显示了韩非丰富的历史经验，同时也暴露了他的"惨礉少恩"。他告诫君主，必须警惕君权旁落，严防大臣篡权。

【原文】

爱臣太亲，必危其身；人臣太贵，必易主位；主妾无等，必危嫡子；兄弟不服，必危社稷。臣闻：千乘之君无备^①，必有百乘之臣在其侧，以徙其民而倾其国^②；万乘之君无备^③，必有千乘之家在其侧，以徙其威而倾其国。是以奸臣蕃息^④，主道衰亡。是故诸侯之博大^⑤，天子之害也；群臣之太富，君主之败也。将相之管主而隆家，此君人者所外也。万物莫如身之至贵也，位之至尊也，主威之重，主势之隆也。此四美者^⑥，不求诸外，不请于人，议之而得之矣。故曰：人主不能用其富，则终于外也。此君人者之所识也。

【注释】

① 千乘之君：代指中等国家的君主。
② 徙其民：夺取君主统治下的民众。倾其国：倾覆其国家。
③ 万乘之君：指天子。
④ 蕃息：滋生。
⑤ 博大：强大、强盛。
⑥ 四美：指上文之身贵、位尊、威重、势隆。

【译文】

宠臣过于亲近，必定危及君身；臣子地位太高，必定取代君位；妻妾等级不分，必定危及嫡子；君主兄弟不服，必定危害国家。我听说千乘小国的国君没有防备，必定有拥有百乘兵车的臣子窥视在侧，准备夺取他的百姓，颠覆他的国家；万乘大国的国君没有防备，必定有中等国家的大夫窥视在侧，准备夺取他的权势，颠覆他的国家。因此奸臣势力扩张，君主权势就会消亡。因此诸侯强大是天子的祸害；群臣太富是君主的失败。将相控制君主使私家兴盛，这是君主应排斥的。万事万物中，没有比君身更高贵、比君位更尊崇、比君威更强大、比君权更隆盛的。这四种美好的东西，不借助于外界，不求助于他人，处理恰当就都得到了。所以说如果君主不能利用其财富，最终将会被奸臣排斥在外。这是君主要牢记的。

【原文】

昔者纣之亡，周之卑，皆从诸侯之博大也；晋之分也，齐之夺也，皆以群臣之太富也。夫燕、宋之所以弑其君者，皆以类也。故上比之殷、周，中比之燕、宋，莫不从此术也。是故明君之蓄其臣也，尽之以法，质之以备①。故不赦死，不宥刑②，赦死宥刑，是谓威淫。社稷将危，国家偏威。是故大臣之禄虽大，不得借威城市；党与虽众，不得臣士卒。故人臣处国无私朝③，居军无私交，其府库不得私贷于家。此明君之所以禁其邪。是故不得四从，不载奇兵④；非传非遽，载奇兵革，罪死不赦。此明君之所以备不虞者也⑤。

【注释】

①蓄：同"畜"，豢养。韩非站在专制君主的立场上，贱视臣子，故用"畜"字。质：《广雅·释诂》："质，正也。"作动词。谓用各种

措施督责大臣，杜绝其奸邪之心。

② 宥：宽宥。谓赦免死罪、减轻刑罚。

③ 私朝：指群臣间私下的聚会。

④ 此句指不能乘坐四匹马拉的有随从的车子，车上不得载任何一件兵器。四：通"驷"，四匹马拉的车。

⑤ 不虞：不测之事，这里指大臣的反叛。

【译文】

过去商纣的灭亡，周朝的衰败，都是因诸侯的强大；晋国被三分，齐国被篡权，都是因群臣太富有。燕、宋臣子杀掉国君的原因，都属这一类。所以在上对照商、周，中间对照燕、宋，没有一个不是用的这种方法。因此高明的君主蓄养他的臣下，完全依照法律办事，立足于防备。所以不赦免死囚，不宽宥罪犯。赦免死囚，宽宥罪犯，这叫作威势散失，国家将危，君权旁落。因此大臣的俸禄即使很多，也不能凭借城市建立自己的威势；党羽即使很多，也不能拥有私人武装。所以臣子在国内不准有私人朝会，在军中不准有私人外交，国库的财物不能私自借给私家。这是明君用来禁止奸邪的办法。因此大臣出外不准有许多人马随从，不准在车上携带任何兵器；如果不是传递紧急文件，车上带有一件兵器的，判处死刑，决不赦免。这是明君用来防备意外的办法。

【品鉴】

爱臣太亲，必危其身；人臣太贵，必易主位。

爱臣太亲，必危其身。韩非认为：君主对臣子太过亲近，必定会危害自身的利益；做臣子的太过尊贵，必定会取代统治者的地位；王后与王妃不分等级，必定会使嫡子处于危险的境地；王子兄弟互相不服，必定不利于国家的安定。历史上臣欺君的现象并不少见。商纣的灭亡，周朝的衰落，都因诸侯的强大；晋国被三分，齐国被篡权，都因群臣太显贵。

韩非清醒地认识到君权旁落对君主专制的威胁，于是他向专制者提出了一系列削弱臣下势力、防止犯上作乱的措施。就如何防止大权旁落，韩非明确提出：万事万物中，没有比君身更高贵、比君位更尊崇、比君威更强大、比君权更隆盛的。并一再强调加强君主集权的四个关键：身贵、位尊、威重、势隆。他说：如果君主能用好这四样东西，就能制于人而不是受制于人。韩非直接道出了其中的真谛，残酷地揭开了君臣关系之间温情的面纱，展示了法家残酷的驭臣之道。

爱臣太亲，必危其身，不仅指国家政权的旁落会危及其身，对家臣太亲也同样会危及其身。鲁襄公、昭公之际，叔孙豹取得了相位，专权独断。当时有一种很奇怪的现象，就是大夫把持着国家政权，而大夫的家政则又被家臣把持。叔孙豹宠信的家臣名叫竖牛，竖牛经常擅用叔孙豹的名义发号施令。叔孙豹不但不加以制止，反而很赞赏他，认为竖牛有能力。叔孙豹的这种行为大大助长了竖牛的野心，他希望有朝一日也能像叔孙豹那样，把整个鲁国置于自己的控制之下。叔孙豹有两个儿子，大的叫孟丙，小的叫仲壬。竖牛想要除去孟丙和仲壬。一次，竖牛带着仲壬去见鲁君，鲁君很喜欢仲壬，赐给他一个佩带的玉环。按照礼节，必须征得父亲的同意，仲壬才能将玉环佩带在身上。仲壬于是就让竖牛去替自己向叔孙豹请示。可竖牛并没有去同叔孙豹说这件事，却骗仲壬说已经请示过了。仲壬信以为真，就把玉环佩在身上。过了几天，竖牛对叔孙豹说，仲壬已经见过国君多次了，国君还赐给他一个玉环，已经佩带在身上了。叔孙豹看到仲壬身上佩带玉环，急怒之下，就把仲壬杀了。后来，竖牛又用其他办法破坏叔孙豹和儿子孟丙的关系，致使孟丙逃到齐国。鲁昭公四年，叔孙豹得了重病，知道自己不行了，就让竖牛把孟丙召回来，准备传位给孟丙。竖牛假意到外面去了一段时间，回来骗叔孙豹说，孟丙不肯回来。叔孙豹大怒，派人将孟丙杀了。竖牛认为时机已到，把服侍叔孙豹的人都支走，并派人把住门口，不让任何人进来探视，又断了叔孙豹的饮食，没几天叔孙豹就死了。

当年唐玄宗感叹："朕今老矣，朝事付之宰相，边事付之诸将，夫复何忧！"当时就有人力劝："……臣恐一旦祸发，不可复救，何得谓无忧也。"然而唐玄宗并不以为然。到了后期，更是重用口蜜腹剑的奸相李林甫，致使其把持朝政长达十九年之久。李林甫长期培植党羽，排斥异己，骄纵跋扈，不可一世。加之杨贵妃专宠安禄山更是到了无以复加的地步，杨贵妃之兄杨国忠，更是一个"不顾天下成败"，只顾循私误国之人。当时，各种矛盾一触即发，尤其是杨国忠与安禄山争权夺利，直接成为安史之乱的导火线，终成大患。

人们常说，距离产生美。事实上，距离也可以产生权威。当人们彼此都不熟悉的时候，说话行事都会保持一定的距离，彼此也非常礼貌，一旦接触时间长了，就会无话不说了。管理者与下级的距离太近，或者给予下属的地位过高，就会直接危及到领导的权威，甚至领导的位置。所以领导者要有意识地与下属保持一定的距离，使下属认识到权力等级的存在，感受到领导的支配力和权威。这种权威对于领导者巩固其地位、推行其政策和主张是绝对必需的。如果领导过分随和，不注意树立权威，下属很可能就会轻慢领导。有些管理者认为应该和下属打成一片，认为领导同下级过于亲近是平易近人的表现，这种观点有一定的道理，但一定的等级和秩序也是必需的，所以领导和下级都应当各居其位，不超逾自己的职权和名分。即使是普通人，边界意识也要随时保持。俗话说，远离或许是一种遗憾，但过度交往则往往是一种灾难。所谓"熟不苟礼"

和"礼多人不怪"只有限定在一定"度"的范围内才是可行的。朋友亲人也一样,如马未都先生曾反复强调亲人要生,生人要熟,熟人要亲的交往原则,这是非常有道理的。所以,对任何人保持应有的界限意识,既是一种修养,更是减少不必要麻烦甚至避免伤害和灾祸的有效措施。

主　道

　　主道，即君主之道。本文较为全面地阐述了韩非政治思想的主要观点。韩非继承了黄老学派的思想，批判地改造了道家的学说，并把道家"虚静无为"的哲学思想运用到政治生活之中。全文的主旨在于以道家的道理，阐述君主以术治国驭臣的原则和方法，主要目的在于加强君主集权统治，以防范和打击臣下的篡权活动。

　　韩非阐明了君主统治术的理论来源和哲学基础。他把老子哲学思想中最为核心的"道""虚静"等改造成了法家的政治思想原则，用来指导君主的统治。老子所说的"道"，是一种先于天地而存在的假设实体，它是产生天地万物的总根源。韩非对此加以引发，认为"道"既然产生万物，那么"道"也就是万物运行的准则，这一准则反映在政治生活中，就是根据顺其自然之道而立的反映社会现实要求的常规法纪。这也是韩非主张法治的哲学基础。

【原文】

道者,万物之始,是非之纪也①。是以明君守始以知万物之源,治纪以知善败之端。故虚静以待令,令名自命也,令事自定也。虚则知实之情,静则知动者正。有言者自为名,有事者自为形,形名参同②,君乃无事焉,归之其情。故曰:君无见其所欲③,君见其所欲,臣自将雕琢;君无见其意,君见其意,臣将自表异。故曰:去好去恶,臣乃见素;去旧去智,臣乃自备④。故有智而不以虑,使万物知其处;有贤而不以行,观臣下之所因⑤;有勇而不以怒,使群臣尽其武。是故去智而有明,去贤而有功,去勇而有强。群臣守职,百官有常,因能而使之,是谓习常。故曰:寂乎其无位而处,漻乎莫得其所⑥。明君无为于上,群臣竦惧乎下⑦。明君之道,使智者尽其虑,而君因以断事,故君不穷于智;贤者敕其材⑧,君因而任之,故君不穷于能;有功则君有其贤,有过则臣任其罪,故君不穷于名。是故不贤而为贤者师,不智而为智者正。臣有其劳,君有其成功,此之谓贤主之经也。

【注释】

① 始:本原。纪:纲纪,准则。

② 参:验证。同:契合。

③ 无:通"毋"。

④ 素:本色,真情。备:戒备、防范,自备。

⑤ 因：因循、依凭。

⑥ 漻：同"寥"，与"寂"同义。

⑦ 竦：惶恐。

⑧ 敕 (chì)：通"饬"，整饬，这里相当于发挥、施展。材：通"才"，才干。

【译文】

　　道是万物的本原，是非的准则。因此，英明的君主把握本原来了解万物的起源，研究准则来了解成败的起因。所以虚无冷静地对待一切，让名称自然命定，让事情自然确定。达到虚无，才能知道实在的真相；冷静下来，才知道行为的准则。进言者自会形成主张，办事者自会形成效果，效果和主张验证相合，君主就能无所作为，而使事物呈现出真相。所以说：君主不要显露其欲望，君主显露其欲望，臣下将自我粉饰；君主不要显露其意图，君主显露其意图，臣下将自我伪装。所以说：君主去除爱好，去除厌恶，臣下就会表现实情；君主去除成见，去除智慧，臣下就会防范自己。所以君主有智慧也不用来思考，使万物处在它各自所处的位置上；有贤能也不表现为行动，以便察看臣下的依据；有勇力也不用来逞威风，使臣下充分发挥他们的勇武。因此君主离开智慧却仍能明察，离开贤能却仍有功绩，离开勇力却仍有力量。群臣恪守职责，百官守有常法，君主根据才能使用他们，这叫遵循常规。所以说：空寂啊！君主好像没有处在君位；虚静啊！臣下不知道君主在哪里。明君在上面无为而治，群臣在下面诚惶诚恐。明君的原则就是，使聪明人竭尽思虑，君主据此决断事情，所以君主的智力取之不尽；鼓励贤者发挥才干，君主据此任用他们，所以君主的能力用之不竭；有功劳则君主据其贤名，有过失则臣下承担罪责，所以君主的名声不会穷尽。因此不贤者却是贤者的老师，不智者却是智者的君长。臣下承担劳苦，君主享受功成，这就叫贤明君主的常法。

【原文】

道在不可见①，用在不可知；虚静无事，以暗见疵。见而不见，闻而不闻，知而不知。知其言以往，勿变勿更，以参合阅焉。官有一人，勿令通言，则万物皆尽。函掩其迹②，匿其端，下不能原；去其智，绝其能，下不能意③。保吾所以往而稽同之④，谨执其柄而固握之。绝其望，破其意，毋使人欲之。不谨其闭⑤，不固其门，虎乃将存⑥。不慎其事，不掩其情，贼乃将生。弑其主，代其所，人莫不与，故谓之虎。处其主之侧为奸臣，闻其主之忒⑦，故谓之贼。散其党，收其余，闭其门，夺其辅，国乃无虎。大不可量，深不可测，同合刑名，审验法式⑧，擅为者诛，国乃无贼。是故人主有五壅⑨：臣闭其主曰壅，臣制财利曰壅，臣擅行令曰壅，臣得行义曰壅，臣得树人曰壅。臣闭其主，则主失位；臣制财利，则主失德；臣擅行令，则主失制；臣得行义，则主失明；臣得树人，则主失党。此人主之所以独擅也，非人臣之所以得操也。

【注释】

① 道：指君主之道。

② 函掩其迹：当为"函其迹"，即包含不露。

③ 意：揣摩。

④ 稽：考。

⑤ 闭：这里指门闩。

⑥ 虎：喻窥窃君权的奸臣。

⑦ 忒（tè）：差错，过失。
⑧ 法式：即法度。
⑨ 壅：蒙蔽，阻塞。

【译文】

君主的原则在于不能被臣下看透，君主的作用在于不能被臣下了解；君主虚静无为，在暗中观察臣下的过失。看见了好像没看见，听到了好像没听到，知道了好像不知道。了解臣下言行后，要不动声色，用验证的办法来考察他。每个官职只有一人，不要让他们相互串通，那样一切事情的真相都会显露出来。君主掩盖行迹，隐藏念头，臣下就无法探测其心意；君主去掉智慧，不用才能，臣下就无法揣度其真情。保守自我意图而验证臣下，谨慎地抓住权柄而牢牢地掌握它。杜绝臣下的窥探，破除臣下的揣测，不要让人贪求君位。如果不小心门闩，不紧闭门户，老虎就将闯入。如果不慎重从事，不掩盖真情，贼子就将产生。敢于杀死君主，篡夺君位的人，人们没有不畏惧而归附的，所以称他为恶虎。在君主身边做奸臣，知晓君主的过失，所以称他为贼子。解散他的朋党，收拾他的余孽，封闭他的门户，铲除他的帮凶，国家就没有恶虎了。君道大不可量，深不可测，同一名实，检验法度，擅自行动的诛灭，国家就没有奸贼了。因此君主有五种受蒙蔽的情况：臣下使君主闭塞是蒙蔽，臣下控制财利是蒙蔽，臣下擅自发令是蒙蔽，臣下私自给人好处是蒙蔽，臣下得以扶植党羽是蒙蔽。臣下使君主闭塞，君主就失去君位；臣下控制财利，君主就失去恩德；臣下擅自发令，君主就失去控制权；臣下私自给人好处，君主就失去英明；臣下得以扶植党羽，君主就失去支持者。这就是君主要独自把权、不能让臣下把持的原因。

【原文】

人主之道，静退以为宝①。不自操事而知拙与巧，不自计虑而知福与咎②。是以不言而善应，不约而善增。言已应，则执其契③；事已增，则操其符。符契之所合，赏罚之所生也。故群臣陈其言，君以其言授其事，事以责其功。功当其事④，事当其言，则赏；功不当其事，事不当其言，则诛。明君之道，臣不得陈言而不当。是故明君之行赏也，暧乎如时雨⑤，百姓利其泽；其行罚也，畏乎如雷霆⑥，神圣不能解也。故明君无偷赏⑦，无赦罚。赏偷，则功臣堕其业⑧；赦罚，则奸臣易为非。是故诚有功，则虽疏贱必赏；诚有过，则虽近爱必诛。疏贱必赏，近爱必诛，则疏贱者不怠，而近爱者不骄也。

【注释】

① 静退：虚静以待、不为人先。以为宝：《老子》六十七章："我有三宝，持而保之：一曰慈，二曰俭，三曰不敢为天下先。"

② 咎：灾殃。

③ 契：符契，古代一种凭证，分为两半，双方各执一半，验证时将两半相合。

④ 功当（dàng）：相称。

⑤ 暧：温润。

⑥ 畏：通"威"，威严。

⑦ 偷：苟且，随便。

⑧ 堕：通"惰"，懈怠。

【译文】

　　君主的原则，以静退为贵。不亲自操持事务而知道臣下办事的拙和巧，不亲自考虑事情而知道臣下谋事的福和祸。因此君主不多说话而臣下就能很好地谋事，不作规定而臣下就知道该怎么做。臣下已经提出了政见，君主就拿来作为凭证；臣下已经作出了事情，君主就拿来作为验证。拿了凭证进行验核，就是赏罚产生的根据。所以群臣陈述他们的主张，君主根据他们的主张授予他们职事，依照职事责求他们的功效。功效符合职事，职事符合主张，就赏；功效不符合职事，职事不符合主张，就罚。明君的原则，要求臣下不可以陈述不当之言。因此明君行赏，像及时雨那么温润，百姓都能受到他的恩惠；君主行罚，像雷霆那么可怕，即使是"神圣"也不能获免。所以明君不随便赏赐，不赦免惩罚。赏赐太随意了，功臣就懈怠他的事业；惩罚赦免了，奸臣就容易为非作歹。因此确实有功，即使疏远卑贱的人也一定赏赐；确实有罪，即使亲近喜爱的人也一定惩罚。疏贱必赏，近爱必罚，那么疏远卑贱的人就不会懈怠，而亲近喜爱的人就不会骄横了。

【品鉴】

　　明君之道，使智者尽其虑，而君因以断事，故君不穷于智；贤者敕其材，君因而任之，故君不穷于能；有功则君有其贤，有过则臣任其罪，故君不穷于名。是故不贤而为贤者师，不智而为智者正。臣有其劳，君有其成功，此之谓贤主之经也。

　　明君之道——使智者尽其虑。韩非认为，英明君主的治国之道，就是要使有智慧的人尽其谋虑，君主根据他们的谋虑决断政事，所以君主的智慧是无穷的；使有才能的人进献他们的才能，君主根据他们的才能任用他们，所以君主的才能是无穷的；有成就君主就获得贤名，有过错臣下就承担罪责，所以君主的名望是无穷的。因此，君主不贤能却可以做贤人的老师，不聪明却可以做智者的君长。臣下付出劳苦，君主享受成就，这就是贤明君主治国的常法。君主的智慧不在于事必躬亲，而在于善于运用群臣的智慧，以达到"有功则君有其贤，有过则臣任其罪"的效果。

要做到"使智者尽其虑"，并不是一件十分容易的事情，君主必须保持虚静无为的态度。在此，韩非把老子哲学的"道"引入政治领域，他在本篇开宗明义："道者，万物之始，是非之纪也。"目的在于将"君"与"道"联系起来，等同起来。强调君主应该似"道"一样高深莫测。君主要保持自己的权势和对臣下的威慑力，就应该表现得神秘莫测，与臣下保持一定距离，使其无机可乘。他说："道在不可见，用在不可知；虚静无事，以暗见疵。见而不见，闻而不闻，知而不知。"君主掌握的道，不能被臣下观测，运用道的时候，也不能被臣下察觉；君主要保持虚静无为的态度，以隐蔽的方法察看群臣的过失。看到了好像没看到，听到了好像没听到，知道了装作不知道，即要做到"无为而治"。

韩非把老子的"无为而治"解释为君主驾驭臣下的一种特殊手段，即君主运用"无为之术"驾驭臣下时，要处在虚、静的地位，以虚制实，以静制动，大智若愚，以无为而达到无不为。君主对任何事情都不要事先表态，不要流露出自己的意向。只要君主有任何意向性的表示，臣下都会钻空子，或乘机使诈，这样一来，君主就难免受到迷惑。君主应该尽量让臣下发表意见，让他们尽力去做，自己则冷眼旁观，不露声色，不置可否，在暗中观察臣下的一举一动。君主除了保持高深莫测的神秘感来显示威慑力之外，还要把握上下级之间的距离，有必要制造一定的距离感。而且，英明的君主要懂得掌控全局，而不是事必躬亲。只有这样，才算真正懂得了君道。他说："人主之道，静退以为宝。不自操事而知拙与巧，不自计虑而知福与咎。是以不言而善应，不约而善增。"君主以静退为宝，并不亲自操持事务而知道臣下办事的拙与巧，并不亲自考虑事情而知道臣下谋事的福与祸。因此，君主不多说话而臣下就能很好地谋事，不作规定而臣下就能很好地办事。他认为，君主如果显露其欲望，臣下将自我粉饰；君主如果显露其意图，臣下将自我伪装。君主不显示自己的欲望和意图，群臣就无从探测君主的意图，从而杜绝群臣顺从君主的心意而作伪装，防范臣下窃国篡权。所以，君主的统治术在于隐蔽，使臣下无法测度。君主要"大不可量，深不可测，同合刑名，审验法式"，即君主要不动声色，掩饰自己的念头和真情，以防臣下的图谋。同时，君主还要正确运用赏罚。君主要验证臣下言、行是否相符，事、功是否相符。做到赏罚分明。"明君之行赏也，暖乎如时雨，百姓利其泽；其行罚也，畏乎如雷霆，神圣不能解也"。臣下有功，即使是卑贱的人也必赏，臣下有罪，即使是亲近宠爱的人也必须受罚。

我们在韩非谈及阳于臣与老子的问答中，可以更深刻地理解韩非说的人主之道。有一次，阳于臣问老子："假如一个人，同时具有果断敏捷的行动与精深透彻的洞察力，并且勤于学道，这样就可以称为理想的官吏吗？"老子摇摇头回答说："这样的人只不过像个小官吏罢了！一个人具备有限的才能却反被才能所绑缚，结果使自己身心俱乏，如同猎豹因身上美丽的斑纹才招致猎人的捕杀，猴子因身体灵活，狗因擅长捕猎，所以才被人抓去，用绳子捆起来。有了优点反而招致灾祸，这样的人能说是理想的官吏吗？"阳于臣又问："那么，请问理想的官吏是怎样的呢？"老子回答："一个理想的官吏功德普及众人，但似乎一切功德都不与他有直接关系；其教化惠及周围事物，但人们却丝毫感觉不到他的教化。当他治理天下时不会留下任何施政的痕迹，但对万物却具有潜移默化的影响力。"这才是英明的领导者。

现代的管理者应当从《主道》中领悟智慧。"明君之道，使智者尽其虑，而君因以断事"；"贤者敕其材，君因而任之"。这种无为而治的思想与当今管理学之"管理的最高境界就是去除管理"的理念不谋而合。

一个高明的领导者，他的才能就在于善于运用他人的才智来完成自己的事业。一个喜欢事事亲历亲为，喜欢大包大揽的管理者，必定是一个拙劣的管理者。管理者领导下属，不能以自己的智慧取代下属的智慧，否则，下属始终处于被动的地位，就会缺乏个性，失去了积极性。

有的领导整日事务繁多，事必躬亲，但效率未必理想。其实，掌控全局不一定要控制每一个人或每一件事。很多时候，真正起作用的也就是几个关键人物，只要控制住这些关键人物，就等于控制了全局。英明的管理者善于授权，授权是现代领导的"分身术"。领导者学会了"分身术"，不仅可以轻轻松松地做领导，更重要的是让下属感激你的重用，从而创造更大更多的价值。管理者既要授权更要放权，要根据不同职务，使每个人都各司其职，各负其责，各行其权，各得其利，职责权利相结合。这样领导者才能摆脱繁杂事务，有更多的时间和精力来解决带有全局性的问题。正如冯仑所言："领导者要看到别人看不见的地方，就是看未来的发展趋势，另外就是看机会、风险，还要看人才。这就是先见之明。做别人不做的事情，算别人算不清的账。领导者最难做的一件事情是算别人算不清的账。因为你看见了别人看不见的机遇，就要作决定，这就牵扯到了算不清的账，因为你是投资未来，而很多人只要现在。而你要去做前瞻性的工作，必须要做战略性决策，从而还要承担相应的责任。敢于担责，同样是一个好的领导者必备的素质。"

第六

有　度

有度，即有法度。本文系统地阐述了韩非的法治思想。韩非从社会历史的经验教训中认识到国家有法和君主有术的重要性。基于此，他对儒家仁、义、忠、廉等道德范畴持完全否定的态度；他从道家无为学说中得到启发，认为君主只要"因法数"即"任势"，就能达到"独制""独断""上尊而不侵"的目的。所以，君主能否坚决推行法治，是决定国家强弱的关键。推行法治，就要"动无非法""使法量功"，这样，臣下才会忠心不二地尊奉君主。否则，君主仅凭虚名择臣，臣下就会废法行私，用虚伪的道德来沽名钓誉，结党营私，侵害君主。只有坚决以法办事，"法不阿贵，绳不挠曲"，国家才能强盛，社会才能大治。韩非"法不阿贵"的思想被认为是中国古代法治思想史上的精华，具有进步意义。

【原文】

国无常强，无常弱。奉法者强①，则国强；奉法者弱，则国弱。荆庄王并国二十六②，开地三千里；庄王之氓社稷也③，而荆以亡。齐桓公并国三十，启地三千里；桓公之氓社稷也④，而齐以亡。燕襄王以河为境⑤，以蓟为国，袭涿、方城，残齐，平中山，有燕者重，无燕者轻；襄王之氓社稷也，而燕以亡。魏安釐王攻燕救赵⑥，取地河东，攻尽陶、魏之地⑦；加兵于齐，私平陆之都；攻韩拔管，胜于淇下；睢阳之事⑧，荆军老而走；蔡、召陵之事⑨，荆军破；兵四布于天下，威行于冠带之国⑩；安釐王死而魏以亡。故有荆庄、齐桓，则荆、齐可以霸；有燕襄、魏安釐，则燕、魏可以强。今皆亡国者，其群臣官吏皆务所以乱而不务所以治也。其国乱弱矣，又皆释国法而私其外⑪，则是负薪而救火也，乱弱甚矣！

【注释】

① 奉法者：指执法的官吏，从下文看，特指君王。奉：持也。

② 荆庄王：即楚庄王，在位期间任孙叔敖为令尹，改革法制，整顿军队，开疆拓土，成为春秋五霸之一。

③ 氓：通"亡"，失去社稷。

④ 齐桓公：公元前685年至前643年在位，春秋五霸之一。

⑤ 燕襄王：即燕昭王，名职，公元前311年至前279年在位，其间改革政治，招徕人才，联合五国攻齐，派将军乐毅攻破齐国，占领

齐国七十余城，在位期间是燕国历史上最强盛时期。

⑥ 安釐（xī）王：战国时魏国君主，公元前276至前243年在位。

⑦ 魏：这里指卫。卫长期依附于魏国，后被魏所灭。

⑧ 睢（suī）阳：宋国地名，位于今河南省商丘县南。

⑨ 召（shào）陵：地名，位于今河南省境内。

⑩ 冠带之国：与披发文身的周边少数民族相对照，指戴帽子束腰带的各国，即崇尚礼乐文明的中原各国。

⑪ 释：丢掉。

【译文】

国家没有永久的强，也没有永久的弱。执法者强国家就强，执法者弱国家就弱。楚庄王并吞二十六个国家，开拓三千里疆土；庄王死后，楚也就衰弱了。齐桓公吞并三十个国家，开辟三千里疆土；桓公死后，齐也就衰弱了。燕昭襄王把黄河作为国界，把蓟城作为国都，攻占涿和方城，攻破齐国，平定中山，有燕国支持的就被人重视，无燕国支持的就被人轻看；燕昭王死后，燕也就衰弱了。魏安釐王攻打燕国，救援赵国，夺取河东地，全部攻占陶、卫领土；对齐用兵，占领平陆；攻韩，拿下管地，一直打到淇水岸边；睢阳交战，楚军疲敝而退；上蔡、召陵之战，楚军败；魏军遍布天下，威振中原各国；安釐王死，魏随即衰弱。所以有庄王、桓公在，楚、齐就可以称霸；有昭襄王、安釐王在，燕、魏就可以强盛。如今这些国家都成了弱国，是因为它们的群臣官吏都专务乱国之事，而不谋治国之事。这些国家混乱衰弱了，又都丢掉国法去营私舞弊，这好比背着干柴去救火，混乱衰弱只会加剧。

【原文】

夫为人主而身察百官①，则日不足，力不给。且上用目，则下饰观②；上用耳，则下饰声；上用虑，则下繁辞③。先王以三者为不足，故舍己能而因法数④，审赏罚。先王之所守要，故法省而不侵。独制四海之内，聪智不得用其诈，险躁不得关其佞⑤，奸邪无所依。远在千里外，不敢易其辞；势在郎中⑥，不敢蔽善饰非；朝廷群下，直凑单微⑦，不敢相逾越。故治不足而日有余，上之任势使然也。

【注释】

① 身：亲自。
② 饰：文饰。
③ 繁辞：花言巧语。
④ 因法数：遵循法度。因：遵循；法数：法度。
⑤ 关其佞：犹兜售其口才。佞：口才。
⑥ 势：通"暬"，近也。郎中：君王左右亲近的高级官职，这里代左右。
⑦ 直凑单微：指臣下把各自微薄的力量直接会聚到君王那里。

【译文】

做君主的如果要亲自考察百官，就会时间不够，精力不足。而且君主用眼睛看，臣下就修饰外表；君主用耳朵听，臣下就修饰言辞；君主用脑子想，臣下就夸夸其谈。先王认为这三种器官不够，所以放弃自己的才能而依赖法术，严明赏罚。先王掌握着关键，所以法令简明而君权不受侵害。独自控制四海之内，聪明多智的人不能使用欺诈手段，阴险浮躁的人不能使用花言巧语，奸邪的人就没有什么可依赖。臣下远在千里之外，不敢改变说辞；地位处在郎中，不敢隐善饰非；朝廷的群臣，集中的或单独的，均不敢相互逾越职守。所以政事不烦而时间有余，是君主运用权势所得来的。

【原文】

夫人臣之侵其主也，如地形焉，即渐以往，使人主失端①，东西易面而不自知②。故先王立司南以端朝夕③。故明主使其群臣不游意于法之外，不为惠于法之内，动无非法。峻法，所以禁过外私也；严刑，所以遂令惩下也。威不贷错④，制不共门。威、制共，则众邪彰矣；法不信，则君行危矣；刑不断，则邪不胜矣。故曰：巧匠目意中绳，然必先以规矩为度；上智捷举中事⑤，必以先王之法为比。故绳直而枉木斫⑥，准夷而高科削⑦，权衡县而重益轻⑧，斗石设而多益少⑨。故以法治国，举措而已矣。法不阿贵，绳不挠曲。法之所加，智者弗能辞，勇者弗敢争。刑过不避大臣，赏善不遗匹夫。故矫上之失，诘下之邪，治乱决缪⑩，绌羡齐非⑪，一民之轨，莫如法。厉官威民，退淫殆⑫，止诈伪，莫如刑。刑重，则不敢以贵易贱；法审，则上尊而不侵。上尊而不侵，则主强而守要，故先王贵之而传之。人主释法用私，则上下不别矣。

【注释】

①端：正也。

②易面：改变方向。

③司南：古代用来辨别方向的仪器。

④错：通"措"，施行，威势和权力不能由君臣双方共享。

⑤中（zhòng）：符合。

⑥ 斫（zhuó）：砍削。

⑦ 高科：凹凸之处，这里是偏义复词，凸起之处。

⑧ 县：通"悬"。

⑨ 斗石：皆为容量单位。

⑩ 诘：追究。缪：通"谬"。治乱与决缪，都是动宾短语，谓平定纷乱，辨别谬误。

⑪ 绌：通"黜"，削减。

⑫ 殆：通"怠"。

【译文】

臣下侵害君主，就像行路时的地形一样，由近及远，地形渐变，使君主失去方向，东西方向改变了，自己却不知道。所以先王设置指南仪器来判断方向。因此明君不让他的群臣在法律之外乱打主意，在法令规定的范围内谋求利益，举动合于法令。严峻的法令是用来禁止犯罪、排除私欲的；严厉的刑罚是用来贯彻法令、惩办臣下的。威势不能分置，权力不能同享。威势、权力与别人同享，奸臣就会公然活动；法令不坚定，君主就会危险；刑罚不果断，就不能战胜奸邪。所以说：巧匠目测合乎墨线，但必定先用规矩作标准；智力高者办事敏捷合乎要求，必定用先王的法度作依据。所以墨线直了，曲木就要砍直；测准器平了，凸凹之处就要削平；称具拎起，就要减重补轻；量具设好，就要减多补少。所以用法令治国，不过是制定出来、推行下去罢了。法令不偏袒权贵，墨绳不迁就弯曲。法令该制裁的，智者不能逃避，勇者不敢抗争。惩罚罪过不回避大臣，奖赏功劳不遗漏平民。所以矫正上面的过失，追究下面的奸邪，治理纷乱，判断谬误，削减多余，纠正错误，统一民众的规范，没有什么比得上法令。整治官吏，威慑民众，除去淫乱怠惰，禁止欺诈虚伪，没有什么比得上刑罚。刑罚重了，就不敢因地位高而轻视地位低的人；法令严明，君主就尊贵不受侵害。尊贵不受侵害，君主就强劲而掌握要害。所以先王重法并传授下来，君主弃法用私，君臣之间就没有区别了。

【品鉴】

故以法治国，举措而已矣。法不阿贵，绳不挠曲。法之所加，智者弗能辞，勇者弗敢争。刑过不避大臣，赏善不遗匹夫。

法不阿贵——法律面前人人平等。本篇开宗明义："国无常强，无常弱。奉法者强，则国强；奉法者弱，则国弱。"韩非认为，能否以法度治国，是一个国家治乱和强弱的关键和根本，所以君主必须做到一切以法律为准绳。"故明主使其群臣不游意于法之外，不为惠于法之内，动无非法"。而以法治国的核心是"奉公法，去私意"。他说："能去私曲就公法者，民安而国治；能去私行行公法者，则兵强而敌弱。故审得失有法度之制者加以群臣之上，则主不可欺以诈伪；审得失有权衡之称者以听远事，则主不可欺以天下之轻重。"即所谓的"使法择人，使法量功"。相反如果"释公行，行私术"，"以誉进能，则臣离上而下比周"，"以党举官，则民务交而不求用于法"。其结果必然是"官之失能者其国乱"。韩非在这里明确提出了"以党举官"必然招致"忘主外交"，"外内朋党"，"此亡之本也"的观点。韩非对"朋党之乱"的深刻分析可谓力透纸背，致使"朋党"一词竟成为后世历代官场最令人不寒而栗的敏感字句。

更为可贵的是，韩非提出了"法不阿贵，绳不挠曲"这一在中国法律思想史上具有划时代意义的思想，它作为与三代盛行的"刑不上大夫，礼不下庶人"的传统思想的直接对立面而出现，将矛头直指贵族特权，不仅为后世反抗法外特权奠定了基本的理论基础，而且至今是一条重要的执法原则。韩非认为，以法治国就必须做到法令不偏袒权贵，墨绳不迁就弯曲，法令该制裁的，智者不能逃避，勇者不敢抗争，惩罚罪过不回避大臣，奖赏功劳不遗漏平民。也就是说法律必须具有公正性。在韩非看来，法律的公正性主要包括两个方面：

其一是法本身要公正。即法须成文，且明确公开。他说："法者，编著之图籍，设之于官府，而布之于百姓者也。"韩非认为，法律本身的公正须必备以下几个条件：一是法必须"编著图籍"，即法律必须形成条文；二是"布之于百姓"，人人知晓；三是"境内卑贱莫不闻知"，即公开、透明、明确、通俗、易知，人人都能了解；四是法律要有统一性；五是法不可朝令夕改，主张"法莫如一而固，使民知之"。

其二是执法者必须公正执法。韩非提出："治国者，不可失平也。"所以"吏者"必须公平执法，这就要求"能法之士必坚毅而劲直"，因为"不劲直，不能矫奸"。

韩非的这一思想，现在看来仍具有十分重要的意义。二十世纪美国著名法学家富勒在《法律的道德》一书中指出，法的事业是以规则来调控人们的行为，而如果法要达到这个目标，它必须在一定程度上满足以下八项要求（他称之为法的内在道德原则）：(1) 法须是有普遍适用性的规则；(2) 法须公布；(3) 法不应有溯及力；(4) 法须能为人明白；(5) 法不应有内在矛盾；(6) 法不应要求人们做其能力范围以外的事；(7) 法不应朝令夕改；(8) 法必须贯彻实施。富勒提出来的理论，与韩非对于法的认识，有惊人的不谋而合之处。但我们也必须注意到韩非的这一思想具有很大的历史局限性。这种局限性是指在当时的社会历史条件下"法不阿贵"的思想难以实现，他所强调的重点是君主用刑，其立足点在君，目的是以刑治吏治民。"法不阿贵"在韩非那里并不是民众的自发要求，而是君主使法用刑的一种法治手段，其突出的重点在于"刑"字，这一点在韩非的重刑思想中表现得更为清楚。

第七

二　柄

　　二柄，即两种权柄，就是刑罚与庆赏。韩非从人的畏威趋利心理出发，引用大量历史上的史实和教训，提出君主要"自用其刑德"的观点，而"刑德"二字又着重于禁奸和诛罚。韩非认为，人主将欲禁奸，必须"审合刑名"，而且即使"群臣其言小而功大者亦罚"，即"罚功不当也"也要受罚，又提出了"越官者死，不当则罪"等观点，处处透着残酷。为了不给臣下以可乘之机，君主需要"掩其情""匿其端"，这是韩非"术"治思想在君臣关系问题上的集中体现。

【原文】

明主之所导制其臣者，二柄而已矣①。二柄者，刑德也。何谓刑德？曰：杀戮之谓刑，庆赏之谓德②。为人臣者畏诛罚而利庆赏③，故人主自用其刑德，则群臣畏其威而归其利矣。故世之奸臣则不然，所恶，则能得之其主而罪之；所爱，则能得之其主而赏之。今人主非使赏罚之威利出于己也，听其臣而行其赏罚，则一国之人皆畏其臣而易其君④，归其臣而去其君矣。此人主失刑德之患也。夫虎之所以能服狗者⑤，爪牙也，使虎释其爪牙而使狗用之⑥，则虎反服于狗矣。人主者，以刑德制臣者也，今君人者释其刑德使臣用之，则君反制于臣矣。故田常上请爵禄而行之群臣，下大斗斛而施于百姓⑦，此简公失德而田常用之也，故简公见弑。子罕谓宋君曰："夫庆赏赐予者，民之所喜也，君自行之；杀戮刑罚者，民之所恶也，臣请当之。"于是宋君失刑而子罕用之，故宋君见劫。田常徒用德而简公弑，子罕徒用刑而宋君劫。故今世为人臣者兼刑德而用之，则是世主之危甚于简公、宋君也。故劫杀拥蔽之主⑧，兼失刑德而使臣用之，而不危亡者，则未尝有也。

【注释】

① 柄：权柄。

② 庆赏：奖励，奖赏。

③ 利：贪图，喜欢。

④ 易：轻慢。

⑤ 服狗：使狗畏服。

⑥ 释：丢弃不用。

⑦ 斗斛（hú）：古代量器，十斗为一斛。

⑧ 拥：通"壅"，堵塞、蒙蔽。

【译文】

　　明君用来控制臣下的，不过是两种权柄罢了。两种权柄就是刑和德。什么叫刑、德？回答是：杀戮叫作刑，奖赏叫作德。做臣子的害怕刑罚而贪图奖赏，所以君主亲自掌握刑赏权力，群臣就会害怕他的威势而追求他的奖励。而现在的奸臣却不是这样，他们对所憎恶的人，能够从君主那里取得权力予以惩罚；对所喜爱的人，能够从君主那里取得权力予以奖赏。假如君主不是把赏罚的威严和利益掌握在自己手里，而是听任他的臣下去施行赏罚，那么人们就都会害怕权臣而轻视君主，就都会归附权臣而背离君主了。这是君主失去刑赏大权的祸害。老虎能制服狗，靠的是爪牙；假使老虎去掉它的爪牙而让狗使用，那么老虎反而会被狗所制服。君主要靠刑德来制服臣下，如果做君主的丢掉刑赏大权而让臣下使用，那么君主反而会被臣下所控制了。所以田常向君主请求爵禄而赐给群臣，用大斗出小斗进的办法把粮食施舍给百姓，这就是齐简公失去奖赏大权而由田常掌握，简公因而遭到杀害。子罕告诉宋桓侯说："奖赏恩赐是百姓所喜欢的，君王自己施行；杀戮刑罚是百姓所憎恶的，请让我来掌管。"于是宋桓侯失去刑罚大权而由子罕掌管，宋桓侯因而遭到挟制。田常仅仅掌握了奖赏大权，齐简公就遭到了杀害；子罕仅仅掌握了刑罚大权，宋桓侯就遭到了挟制。所以当今做臣下的如果统摄了刑赏大权，那么君主将会遭受比齐简公、宋桓侯更大的危险。所以被劫杀被蒙蔽的君主,一旦同时失去刑赏大权而由臣下执掌,这样不导致危灭的情况,是从来没有过的。

【原文】

人主将欲禁奸,则审合刑名者,言与事也。为人臣者陈而言,君以其言授之事,专以其事责其功。功当其事①,事当其言,则赏;功不当其事,事不当其言,则罚。故群臣其言大而功小者则罚,非罚小功也,罚功不当名也;群臣其言小而功大者亦罚,非不说于大功也,以为不当名也害甚于有大功,故罚。昔者韩昭侯醉而寝②,典冠者见君之寒也③,故加衣于君之上,觉寝而说④,问左右曰:"谁加衣者?"左右对曰:"典冠。"君因兼罪典衣与典冠。其罪典衣,以为失其事也;其罪典冠,以为越其职也。非不恶寒也,以为侵官之害甚于寒。故明主之畜臣⑤,臣不得越官而有功,不得陈言而不当。越官则死,不当则罪。守业其官,所言者贞也⑥,则群臣不得朋党相为矣。

【注释】

① 当:相称。

② 韩昭侯:战国时韩国国君,曾任申不害为相,革新政治。

③ 典:主管,执掌。

④ 说(yuè):通"悦",高兴。

⑤ 畜:驾驭。

⑥ 贞:正,言行相符,无所掩饰。

【译文】

　　君主要想禁止奸邪，就要去审核形名。形名是指言论和职事。做臣下的陈述其言，君主根据其所言授予相应的职事，然后就其职事责求其功效。功效与职事符合，职事与言论符合，就赏；功效与职事不符，职事与言论不符，就罚。所以群臣言大功小的要罚，这不是要罚小功，而是要罚功效与言论不符；群臣言小功大的也要罚，这不是对大功不喜欢，而是认为功效与言论不符的危害超过了所建大功，所以也要罚。从前韩昭侯喝醉酒睡着了，掌帽官怕他受冷，就给他身上盖了衣服。韩昭侯醒后很高兴，问近侍说："盖衣服的是谁？"近侍回答说："掌帽官。"昭侯便同时处罚了掌衣官和掌帽官。处罚掌衣官，是认为掌衣官失职；处罚掌帽官，是认为掌帽官越权。不是他不怕受寒，而是认为越权的危害超过了受寒。所以明君驾驭臣下，臣下不能越权去立功，不能说话不恰当。超越职权就该处死，言行不一就该治罪。恪守本职，言而有信，群臣就不可能结党营私了。

【原文】

　　人主有二患：任贤，则臣将乘于贤以劫其君①；妄举，则事沮不胜②。故人主好贤，则群臣饰行以要君欲③，则是群臣之情不效；群臣之情不效，则人主无以异其臣矣④。故越王好勇而民多轻死；楚灵王好细腰而国中多饿人，齐桓公妒而好内⑤，故竖刁自宫以治内；桓公好味，易牙蒸其子首而进之；燕子哙好贤⑥，故子之明不受国。故君见恶，则群臣匿端；君见好，则群臣诬能⑦。人主欲见，则群臣之情态得其资矣。故子之托于贤以夺其君者也，竖刁、易牙因君之欲以侵其君者也。其卒，子哙以乱死，桓公虫流出户而不葬。此其故何也？人君以情借臣之患也。人臣之情非必能爱其君也，为重利之故也。今人主不掩其情，不匿其端，而使人臣有缘以侵其主⑧，则群臣为子之、田常不难矣。故曰："去好去恶，群臣见素⑨。"群臣见素，则大君不蔽矣。

【注释】

① 乘：凭借。

② 沮（jǔ）：毁败。

③ 饰行：粉饰自己的行为。要（yāo）：迎合，趋附。

④ 异：作动词，甄别。

⑤ 好内：宠幸后宫。

⑥ 燕子哙（kuài）：战国时燕国国君，慕尧、舜之禅让，在位三年让位于相国子之，其后太子等起兵叛乱，齐国乘机入侵燕国，他和子之都被杀害。

⑦ 诬能：弄虚作假，冒充有才能以求进用。

⑧ 缘：引申为途径。

⑨ 见素：显露出本来面目。

【译文】

君主有两种祸患：任用贤人，臣下就会倚仗贤能来威逼君主；随便推举，就会败坏事情而不能成功。所以君主喜好贤能，群臣就粉饰行为来迎合君主的欲望，这样群臣的实情便不会显露；群臣的实情不显露，君主便无法识别臣下。所以越王喜好勇敢，以致民众大都轻视死亡；楚灵王喜爱细腰，结果国内有许多甘愿挨饿的人；齐桓公心性妒忌而爱好女色，所以竖刁自行阉割以便掌管内宫。齐桓公爱好美味，易牙蒸了自己儿子的头去进献。燕王子哙喜欢贤名，所以子之表面上不接受君位。

所以君主流露出厌恶情绪的，群臣就会迅速掩盖；君主流露出喜好情绪的，群臣就会冒充有此才能。君主的欲望表现出来，群臣的情态表示就有了依托。所以子之假托贤名来篡夺君位，竖刁、易牙借着君主的欲望来侵害君主。其结果，子哙因兵乱而死，齐桓公死后直到蛆虫爬出门外也不得安葬。这是什么原因呢？是君主把真情流露给了臣下招致的祸害。臣下的真情不一定就是爱戴他的君主，而是因为重利的缘故。如今君主要是不掩盖自己的真情，不隐藏自己的意图，而使臣下有机会来侵害自己，那么群臣充当子之、田常这样的角色就不难了。所以说："去掉喜好厌恶，群臣就会暴露本色。"群臣暴露本色，国君就不会受蒙蔽了。

【品鉴】

明主之所道制其臣者，二柄而已矣。二柄者，刑德也。何谓刑德？曰：杀戮之谓刑，庆赏之谓德。为人臣者畏诛罚而利庆赏，故人主自用其刑德，则群臣畏其威而归其利矣。

赏罚之柄，失之必危。韩非从人性畏威趋利的心理出发，结合历史教训，提出了"国之大事，惟赏与罚"的观点。所以君主要"自用其刑德"，使用"厚赏重罚"两种手段来治理国家。那么，如何运用和贯彻赏罚呢？韩非提出了一些具体的原则和办法：

第一，赏罚严明，信赏必罚。韩非认为："明君之行赏也，暖乎如时雨，百姓利其泽；其行罚也，畏乎如雷霆，神圣不能解也。故明君无偷赏，无赦罚。赏偷，则功臣堕其业；赦罚，则奸臣易为非。是故诚有功，则虽疏贱必赏；诚有过，则虽近爱必诛。疏贱必赏，近爱必诛，则疏贱者不怠，而近爱者不骄也。"（《主道》）也就是说，贤明的君主不吝惜奖赏，也不免除处罚。吝惜奖赏则功臣就会懈怠，任意免除处罚奸臣就会为非作歹。如果确实有功劳，即便是疏远卑贱的人也一定要给予赏赐；

如果确实有过错，即使是亲近喜爱之人也一定要惩罚。这样就不会有人懈怠，也不会有人骄横。他甚至将信赏不明看作是国家灭亡的征兆，他说："藏怨而弗发，悬罪而弗诛，使群臣阴憎而愈忧惧，而久未可知者，可亡也。"（《亡征》）韩非认为，赏罚标准明确以后，该赏就赏，该罚就罚，即奖赏必兑现，刑罚必执行。否则，赏罚得不到严格贯彻，必然会亡国。

第二，厚赏重罚，必罚明威。因为"刑罚不必则禁令不行"，赏罚不中则易生欺瞒之心。行赏不宜太轻，太轻就没有激励作用，调动不起人的积极性。韩非对此有一个辩护，他说："今不知法者皆曰重刑伤民。轻刑可以止奸何必于重者？此不察于治者也。夫以重止者，未必以轻止也；以轻止者必以重止矣。是以上设重刑者而奸尽止，奸尽止，则奚伤于民也。"只有赏赐厚重，才能使群臣为自己肝脑涂地。同样，惩罚也必须严厉，使任何人不敢有侥幸之心。庆赏是利诱，惩罚是鞭策。赏、罚是君主手中的宝剑，失之，君制于臣；拥有，君制其臣。老虎之所以能够制服狗，是由于老虎拥有锋利的爪牙。老虎失去了爪牙，狗拥有了锋利的爪牙，老虎就要被狗制服。

第三，合乎刑名，赏罚有度。韩非说："刑名者，言与事也……功当其事，事当其言，则赏；功不当其事，事不当其言，则罚。故群臣其言大而功小者则罚，非罚小功也，罚功不当名也；群臣其言小而功大者亦罚，非不说于大功也，以为不当名也害甚于有大功，故罚。"所以他非常赞赏韩昭侯同时处罚掌衣官和掌帽官的做法。认为二者一是失职，一是越权。不是韩昭侯不怕受寒，而是认为越权的危害超过了受寒。所以明君驾驭臣下，臣下不能越权去立功，不能说话不恰当。超越职权就该处死，言行不一就该治罪。韩非认为，赏罚作为法治手段，必须使用恰当，才能达到奖善罚恶的目的，收到君主预期的效果。他说："无功者受赏则财匮而民望，财匮而民望则民不尽力矣。故用赏过者失民，用刑过者民不畏。"韩非主张赏罚有度，这主要是指不能随意运用赏罚，如果需要运用赏罚，韩非更强调厚赏重罚，因为在韩非看来："赏莫如厚，使民利之……诛莫如重，使民畏之。"

据说，宋朝有个官员立了功，按照宋朝的规定应升迁重用，可宋太祖赵匡胤平时对那个官员的印象很不好，于是升迁的事就被搁置起来。宰相赵普得知此事后，就对赵匡胤说："功绩是有凭据的，而您的好恶没有证据，如果仅凭个人的好恶去办事，往往会犯错误。"赵匡胤听了这番话很生气，他说："我是皇帝，我偏不提升他，你能怎么样？"赵普只好耐心劝说："自古以来，刑事用以惩罚，赏赐用于奖励，这是治理国家的公理，刑事和奖赏是国家的法律，并不是个人的呀，陛下怎么能以个人的好恶而废弃了国家的法律呢？"宋太祖沉吟良久，只好照章奖励了那个官员。

用现代的话来讲，就是管理者要以理性的态度对待身边的人和事。所谓理性的态度，就是不夹杂个人情感，以事实为依据，以制度为准绳来管理下属的行为，把个人的好恶排除在工作以外。如果管理者凭借个人的好恶做事，太过情绪化，很容易造成失误，不但会产生错误的决策，也会伤害员工的感情，造成很多不必要的麻烦。作为一个管理者如果经常喜形于色，也容易给工作带来负面影响。

第八

扬　权

　　扬权，即弘扬君权。韩非把老子的道家学说改造成为宣扬权术的政治学说，以世间的君王之道代替万物之母的常道，把道家的虚静无为思想转换成了君王政治斗争中的权术。从而将"君不同于群臣"与"道不同于万物"作类比，从"道无双"得出君王要"执要""用一""独道"的结论。为了保证君权不下移，威不外借，韩非提出君主要虚静无为、神秘莫测、装聋作哑、与臣下保持距离，使之无机可乘；要做到官不兼人，人不兼职，防止大臣专权，尾大不掉；要经常性地像删削树枝一样削减官吏队伍，防止臣下势力过大，比周欺上。

【原文】

天有大命①，人有大命。夫香美脆味，厚酒肥肉，甘口而疾形；曼理皓齿②，说情而捐精。故去甚去泰③，身乃无害。权不欲见，素无为也。事在四方，要在中央。圣人执要，四方来效。虚而待之，彼自以之。四海既藏，道阴见阳。左右既立，开门而当。勿变勿易，与二俱行。行之不已，是谓履理也。

【注释】

① 大命：客观规律。
② 曼理皓齿：代指美女。
③ 泰：同"太"。甚、泰都是过分之意，见《老子》二十九章"圣人去甚去奢去泰"。

【译文】

天有自然法则，人也有自然法则。美妙香脆的味道，醇酒肥肉，甜适可口但有害身体；皮肤细嫩、牙齿洁白的美女，令人衷情但耗人精力。所以去掉过分的享乐，身体才会不受损害。权势不应表露无遗，而应保持本色，无为而治。政事在地方，要害在中央。圣明君主执掌着要害，四方臣民就会来效力。只要以虚静的态度对待臣下，臣下自会显示自己的才能。天下既已平安无事，君主就可以从静态中观察动态。文武官员既经设置，君主就可以广开言路接受他们的意见。不要变更，不要改易，按照自然和人类的法则去行事，不停息地做下去，这就叫遵循事理。

【原文】

夫物者有所宜，材者有所施，各处其宜，故上无为。使鸡司夜，令狸执鼠，皆用其能，上乃无事。上有所长，事乃不方。矜而好能，下之所欺；辩惠好生①，下因其材。上下易用，国故不治。

用一之道，以名为首。名正物定，名倚物徙。故圣人执一以静，使名自命，令事自定。不见其采，下故素正。因而任之，使自事之；因而予之，彼将自举之；正与处之，使皆自定之。上以名举之，不知其名，复修其形。形名参同，用其所生。二者诚信，下乃贡情。

谨修所事②，待命于天，毋失其要，乃为圣人。圣人之道，去智与巧，智巧不去，难以为常。民人用之，其身多殃；主上用之，其国危亡。因天之道，反形之理，督参鞠之③，终则有始。虚以静后，未尝用己。凡上之患，必同其端；信而勿同，万民一从。

【注释】

① 惠：通"慧"。"好生"应为"好胜"之误。
② 修：对待。
③ 督参鞠之：深入观察，究究事理。督："察"的意思。鞠：通"鞫"（jū），《尔雅·释言》："鞫、究，穷也。"

【译文】

事物有它适宜的用处，才能有它施展之处，各得其所，所以君主无为而治。让公鸡掌夜报晓，让猫来捕捉老鼠，如果都像这样各展其才，君主就能够无为而治了。君主显示自己的特长，政事就不能办成。君主喜欢自夸逞能，正是臣下进行欺骗的凭借；君主喜欢争辩好胜，正是臣下加以利用的依托。君臣职能上下颠倒，国家因此得不到治理。

运用道的方法，要把确定名分放在首位。名分恰当，事情就能确定；名分偏颇，事情就会错位。所以圣人按照统一规律而采取虚静态度，使名分自然形成，让事情自然确定。既然不事雕琢，下面也就纯正了。据此加以任用，使他们自行办事；据此给予任务，他们将会自行完成；恰当地安排他们，使他们都能自动地尽职尽责。君主根据臣下的主张用人，如果不清楚臣下的主张是否恰当，那就再考察臣下的行为。言行既经综合审定，然后酌情给予赏罚。赏罚确实可信，臣下就会献上真心。

谨慎地处理政事，等待自然规律去起作用。不要丧失治国纲领，才有可能成为圣人。圣人之道，要排除智和巧，如果智巧不能排除，就难以维持正常秩序。百姓使用智巧，自身多有灾殃；君主使用智巧，国家就会危亡。遵循自然的普遍规律，返回到事物的具体道理，深入观察，交互验证，寻根究底，终而复始。虚静之后，不会再用到主观意愿。凡是君主的祸患，一定有着相同的起因，要是能不让它们发生，全国百姓就会一致服从。

【原文】

夫道者，弘大而无形；德者，核理而普至。至于群生，斟酌用之，万物皆盛，而不与其宁。道者，下周于事，因稽而命，与时生死。参名异事，通一同情。故曰：道不同于万物，德不同于阴阳，衡不同于轻重①，绳不同于出入②，和不同于燥湿③，君不同于群臣。——凡此六者，道之出也。道无双，故曰一，是故明君贵独道之容。君臣不同道，下以名祷。君操其名，臣效其形，形名参同，上下和调也。

【注释】

① 衡：衡器。

② 绳：绳墨。

③ 和：古代哲学中所指称的事物发展过程中无过与不及的状态。这里指一种用来调声律的乐器。

【译文】

道，是弘博广大而没有形状的；德，是内含道理而普遍存在的。至于万事万物，都会自然而然地汲取一定量的道和德，都会发展兴盛而不能像道和德一样寂静。道普遍存在于事物之中，通过潜化渗透而命定事物，特定事物有着特定的生死周期。虽然名称交验，事物各异，但却无不贯通着同一的普遍规律。所以说：道和它所生成的万物不相同，德和它所包含的阴阳不相同，衡器和它所衡量的轻重不相同，墨线和它所矫正的弯曲不相同，定音器与影响声音的干燥潮湿不相同，君主和他所任用的臣子不相同。所有这六种情况都是从道中衍化出来的。道是独一无二的，所以说它是一。因此，明君尊重道的独一模样。君臣不同道，臣下用主张向君主祈求，君主执掌着臣下的主张，臣下贡献出一定的事功，事功和主张交验相符，君臣上下的关系就协调了。

【原文】

主上不神①，下将有因；其事不当，下考其常。若天若地，是谓累解；若地若天，孰疏孰亲？能象天地，是谓圣人。欲治其内，置而勿亲；欲治其外，官置一人；不使自恣，安得移并？大臣之门，唯恐多人。凡治之极，下不能得。周合刑名，民乃守职；去此更求，是谓大惑。猾民愈众，奸邪满侧。故曰：毋富人而贷焉，毋贵人而逼焉，毋专信一人而失其都国焉。腓大于股，难以趣走。主失其神，虎随其后。主上不知，虎将为狗。主不蚤止[2]，狗益无已。虎成其群，以弑其母。为主而无臣，奚国之有？主施其法，大虎将怯；主施其刑，大虎自宁。法刑苟信，虎化为人，复反其真。

【注释】

① 神：权术，心计。
② 蚤：通"早"。

【译文】

君主不能神秘莫测，臣下就会有所凭借；君主行事不当，臣下则会引为成例。如天如地，该赏就赏，该罚就罚；如地如天，哪个疏远，哪个亲近？能像天地一样，才能称为圣人。想治理好内部，要设置官员但不可亲近；想治理好外部，要每个官职只设置一人；不让他们肆意妄为，他们怎能越职侵权？大臣的门下，就怕人多势大。凡是极佳的治理状态，就是臣下不能得到非法报偿。名实切合，臣民才会安守本分；丢掉这些另寻出路，就是最大的迷惑。刁民就会越来越多，奸臣就会遍布君侧。所以说：不要使人太富裕自己反而去借贷；不要使人太显贵自己反而受逼迫；不要专门信任一个人自己反而丧失国家。小腿比大腿粗，难以快跑。君主失去神秘，老虎就会跟随其后。君主仍不察觉，老虎就会伪装成狗。君主不能及早制止，狗就会不断增加。等到老虎成了群，就会共同杀掉君主。做君主的没有忠臣，还有什么国家可言？君主施行他的法令，老虎就会害怕；君主施行他的刑罚，老虎自会服从。法令刑罚如果坚决执行，老虎就会再变为人，恢复本来面目。

【原文】

　　为人君者，数披其木①，毋使木枝扶疏②；木枝扶疏，将塞公间③，私门将实，公庭将虚，主将壅围。数披其木，无使木枝外拒；木枝外拒，将逼主处。数披其木，毋使枝大本小；枝大本小，将不胜春风；不胜春风，枝将害心。公子既众，宗室忧吟。止之之道，数披其木，毋使枝茂。木数披，党与乃离。掘其根本，木乃不神。填其汹渊，毋使水清。探其怀，夺之威。主上用之，若电若雷。

【注释】

　　① 披：删削。
　　② 扶疏：枝叶茂盛。木枝扶疏，喻大臣党羽广布。
　　③ 公间：公门。这里指君权。

【译文】

　　做君主的，要像经常删削树木一样整治臣下，不要使树木枝叶过盛；树木枝叶茂盛，将会充塞官府，私门将会富实，公门将会空虚，君主将受蒙蔽。经常删削树木，不要使树枝向外伸展；树枝向外伸展，将会威逼君位。经常删削树木，不要使枝粗干细；枝粗干细，将会经不住春风；经不住春风，树枝将会损害树干。旁室的儿子多了，嫡长子就会忧虑叹息。防止这种情况发生的办法，就是经常删削树木，不要使枝叶茂盛。树木经常删削，朋党才会离散。掘掉树根，树木就没有生气了。填塞汹涌深渊，不要让水奔腾泛滥。探测臣下的内心，剥夺臣下的威势。君主使用威势，犹如电闪雷鸣。

【品鉴】

夫物者有所宜，材者有所施，各处其宜，故上无为。使鸡司夜，令狸执鼠，皆用其能，上乃无事。

物者有所宜——尺有所短，寸有所长。韩非认为自然界有自然界的规律，人类社会也有自己的规律。因此，事物都有适宜的位置，才能都有施展的地方，让雄鸡主管鸣晨，让狸猫去抓老鼠，各自处在合适的位置上，使万物发挥自己的才能，这样君主就可以无为了。韩非通过韩昭侯同时处罚管衣服和管帽子的侍臣的失职和越权行为的例子，说明韩昭侯并不是不怕冷，而是认为臣子越权的害处比他受冻要严重得多。韩非认为以法治国，首先是要量才用人，使其各称其职。"使鸡司晨，令狸执鼠，皆用其能，上乃无事"。尺有所短，寸有所长，每个人的才能是不一样的，全能全才的人是没有的，无能无才的人也是罕见的。所以，善于用人者，总是发现每个人的长处，用其所长、避其所短。善于用人者还能做到任人以事，皆用其能。韩非认为"任人以事，存亡治乱之机也。"有没有才能，授之以事，马上就可以看出来。"故官职者，能士之鼎俎也，任之以事而愚智分矣。故无术者得于不用，不肖者得于不任"。善于用人者还能做到任其身而责其功。"听其言而求其当，任其身而责其功，则无术不肖者穷矣"。"官贤者量其能，赋禄者称其功"。如果所用之人没有工作实绩，没有什么建树，就不能称得上人才。

说到知人善任，就不得不提唐太宗李世民。凌烟阁二十四功臣的画像不仅展示了唐太宗时期人才济济的繁荣局面，同时也展示了唐太宗在待人、择人、驭人方面的卓越才能。唐太宗雄才大略，不计前嫌，重用魏徵；知人善任，人尽其才，重用房玄龄和杜如晦，被世人传为佳话。特别是他根据房善谋、杜善断的特点，巧妙利用"房谋杜断"，形成"笙磬同音，惟房与杜"的强强组合，为其开创大唐盛世做出了巨大贡献。正如日本著名企业家松下幸之助所言："集合众智，无往不利。"这是松下幸之助穷七十余年功力而悟出的至理名言。因为一个人的才干再高，也是有限的，且往往是偏才。只有将众多偏才融合为一体，才能发挥出无限的力量。任正非先生曾提出用人"四砍"原则，即砍掉高层的手脚、中层的屁股、基层的脑袋、全身的赘肉。任正非希望华为公司的高层干部必须要有决断力，中层要有理解力，基层要有执行力，只有这样，才能减少冲突，各谋其位，各司其职，才能攻无不克，战无不胜。清代学者魏源曾说："不知人之短，不知人之长，不知人长中之短，不知人短中之长，则不可以用人。"用人之长，既是管理工作的重点、难点，又是管理工作的落脚点。同一个人被使用的方式不同，所在的岗位不同，释放出来的能量也就不同。管理者一般有两种用人观念：一种是着眼于人的长处和优点，用人之长，在工作中帮助其克服自身的弱点，以工作实绩论英雄；另一种是着眼于人的短处和弱点，按图索骥，求全责备，以有无缺点和失误来评判人才。所以，在高明的管理者看来，人只有特点，没有缺点，关键在于如何用人。

第九

八　奸

　　八奸，即八种奸术，指奸臣对君主的权力进行巧取豪夺的八种阴谋手段。本文是一篇专门论述防奸治奸的文章，旨在告诫君主，使之深知"八奸"事关存亡，必须慎之又慎。

【原文】

凡人臣之所道成奸者有八术：一曰在同床。何谓同床？曰：贵夫人，爱孺子①，便僻好色，此人主之所惑也。托于燕处之虞②，乘醉饱之时，而求其所欲，此必听之术也。为人臣者内事之以金玉，使惑其主，此之谓"同床"。二曰在旁。何谓在旁？曰：优笑侏儒③，左右近习，此人主未命而唯唯，未使而诺诺，先意承旨，观貌察色以先主心者也。此皆俱进俱退，皆应皆对，一辞同轨以移主心者也。为人臣者内事之以金玉玩好④，外为之行不法，使之化其主，此之谓"在旁"。三曰父兄。何谓父兄？曰：侧室公子，人主之所亲爱也；大臣廷吏，人主之所与度计也⑤。此皆尽力毕议⑥，人主之所必听也。为人臣者事公子侧室以音声子女⑦，收大臣廷吏以辞言，处约言事，事成则进爵益禄，以劝其心，使犯其主，此之谓"父兄"。四曰养殃⑧。何谓养殃？曰：人主乐美宫室台池，好饰子女狗马以娱其心，此人主之殃也。为人臣者尽民力以美宫室台池，重赋敛以饰子女狗马，以娱其主而乱其心，从其所欲⑨，而树私利其间，此谓"养殃"。五曰民萌⑩。何谓民萌？曰：为人臣者散公财以说民人，行小惠以取百姓，使朝廷市井皆劝誉己，以塞其主而成其所欲，此之谓"民萌"。六曰流行。何谓流行？曰：人主者，固壅其言谈，希于听论议⑪，易移以辩说。为人臣者求诸侯之辩士，养国中之能说者，使之以语其私。为巧文之言，流行之辞，示之以利势，惧之以患害，施属虚辞以坏其主⑫，此之谓"流行"。七曰威强。何谓威强？曰：君人者，以群臣百姓为威强者也。群臣百姓之所善，则君善之；非群臣百姓之所善，则君不善之。为人臣者，聚带剑之客，养必死之士，以彰其威，明为己者必利，不为己者必死，以恐其群臣百姓而行其私，此之谓"威强"。八曰四方。何谓四方？曰：君人者，国小则事大国，兵弱则畏强兵。大国之所索，小国必听；强兵之所加，弱兵必服。为人臣者，重赋敛，尽府库，虚其国以事大国，而用其威求诱其君；甚者举兵以聚边境而制敛于内⑬，薄者数内大使以震其君，使之恐惧，此之谓"四方"。凡此八者，人臣之所以道成奸，世主所以壅劫⑭，失其所有也，不可不察焉。

【注释】

① 孺子：指年轻貌美的姬妾。

② 托：义同"乘"。燕：通"晏"，燕处，安居。虞：通"娱"。

③ 优笑：为俳优以娱人者。

④ 玩好：赏玩嗜好的物品。

⑤ 度计：考虑、策划。

⑥ 尽力毕议：竭力全力出谋划策。

⑦ 音声子女：动听的音乐、美貌的娈童和女子。

⑧ 殃：祸患。

⑨ 从：通"纵"。

⑩ 萌：通"氓"，百姓。行小惠以取悦百姓，收买民心；塞其主，蒙蔽君主。

⑪ 固壅：堵塞，即闭目塞听。希：通"稀"。

⑫ 施属（zhǔ）：编造。虚辞：不实之辞，假话。

⑬ 制敛：挟制，控制威慑。

⑭ 壅劫：指受蒙蔽被挟制。

【译文】

臣下得以实现奸谋的途径有八种：一是同床。什么叫同床？即尊贵夫人，受宠宫妾，谄媚便巧，姿色美丽，正是君主所迷恋的。趁着君主在安居享乐、酒醉饭饱的机会，来提出自己的要求，这是使君主必定能听从的手段。做臣子的通过内线用金玉财宝贿赂她们，叫她们蛊惑君主，这就叫"同床"。二是在旁。什么叫在旁？即优笑侏儒，亲信侍从。这些人，君主没下令就应承，没支使就服从，事先领会君主的意图，察颜观色来预先摸透君主的心意。这些都是一起行动、一个腔调、统一口径和行为来改变君主心意的人。做臣子的通过内线用金玉珍宝贿赂他们，在外帮他们干不法之事，叫他们影响君主，这就叫"在旁"。三是父兄。什么叫父兄？即叔伯、兄弟，是君主亲近爱护的人；大臣廷吏，是与君主咨议谋划的人。这些人都竭尽全力参与议政，是君主必然听取的。做臣子的用动听的音乐、漂亮的少女来侍奉君主的叔伯、兄弟，又用花言巧语来笼络大臣廷吏，叫他们在关键时刻进言，事成之后就进爵加禄，这样来怂恿他们，使他们干扰君主，这就叫"父兄"。四是养殃。什么叫养殃？即君主喜欢修饰宫室台池，喜欢打扮倩女狗马来赏心悦目，这是君主的灾殃。做臣子的用尽民力来修饰宫室台池，加重赋敛来打扮倩女狗马，这样来娱乐君主而扰乱他的心事，顺从他的欲望，而在其中夹杂私利，这就叫"养殃"。五是民萌。什么叫民萌？即做臣子的散发公家财物来取悦民众，行小恩小惠来赢得百姓，鼓动朝廷民间都称颂自己，以此来蒙蔽君主而达到自己的目的，这就叫"民萌"。六是流行。什么叫流行？即作为君主，本来就不多与人交谈，很少听到臣下议论，容易被花言巧语打动。做臣子的寻求国外善辩的人，供养国内能言的人，让他们来为自己的私利进说。说出华美的言语、流利的辞句，用有利的形势来诱导他，用祸害来恐吓他，编造虚假的言辞来损害君主，这就叫"流行"。七是威强。什么叫威强？即统治者是靠群臣百姓来形成强大威势的。群臣百姓喜欢的，君主就喜欢；不是群臣百姓喜欢的，君主就不喜欢。做臣子的收罗带剑的侠客，供养亡命之徒，用来耀武扬威，倡言顺从他的一定能得到好处，不顺从他的一定要死，这样来恐吓群臣百姓从而实现个人意图，这就叫"威强"。八是四方。什么叫四方？即做国君的，国小就侍奉大国，兵弱就害怕强兵。大国勒索的，小国一定听从；强兵压境的，弱兵一定服从。做臣子的，加重赋敛，耗尽钱粮，削弱自己的国家去侍奉大国，求助大国威势来逼迫自己的君主；重则招引大国军队压境来挟制国内，轻则屡屡引进大国使者来震慑君主，使其害怕，这就叫"四方"。所有这八种手段，是臣子实现奸谋的途径，是当代君主受到蒙蔽挟制以至失掉权势的原因，是君主不可不明察的。

【品鉴】

凡人臣之所道成奸者有八术：一曰同床，二曰在旁，三曰父兄，四曰养殃，五曰民萌，六曰流行，七曰威强，八曰四方。

矢来无乡，防不胜防。韩非从历史和现实社会中归纳出"凡人臣之所道成奸者有八术"，告诫君主"不可不察"。并对此提出了相应的防范措施，指出要防止奸臣必须"进贤材"和"劝有功"。主张任命贤才要根据他的才能，授予俸禄要根据他的功劳。如果不考核贤与不贤，不论有无功劳，左右近侍、父兄大臣都一面向君主请求爵禄，一面又收取财利、培植私党，劳苦功高的臣子得不到奖赏，官职的变动颠倒错乱。这是亡国的风气啊！君主不得不提防。在韩非看来，这样的亡国之风随处可见，防不胜防，所以他说："夫矢来有乡，则积铁以备一乡；矢来无乡，则为铁室以尽备之。备之则体不伤。故彼以尽备之不伤，此以尽敌之无奸也。"就是说，如果箭射来有一定方向，就可以堆集铁器来防备这个方向；如果箭射来没有一定方向，就需要建造铁屋来全面地防备着。防备好了，身体就不会受伤。所以，人们凭着全面防备而不致受伤，而君主要依靠完全警惕而不致生奸。

在这里韩非将"同床"与"在旁"列为八奸之首，可见其危害之大。自古以来，由于"同床"与"在旁"所导致的国破君亡的事例数不胜数。比如商朝的妲己、西周的褒姒等。

韩非道常人所不能道、不敢道，反复强调人性的不可信任，根本的出发点是为君主独裁统治服务。在充满阴谋杀戮、混乱动荡的战国时期，韩非的见解，无疑是睿智的。既然人间最亲密的父子关系、夫妻关系、兄弟关系都不过是利害关系，那么人与人之间的其他关系还能不是利害关系吗？人世间有什么关系还值得信任呢？管理者的祸患在于太过轻信别人，轻易信任别人，就会受制于人。所以，无论在工作中，还是在生活中，害人之心不可有，防人之心不可无。于是，"识人"便成了人生的第一要务。老子曾说："知人者智，自知者明。"（《道德经》第三十三章）孔子同样有"智者知人"的著名观点。弟子樊迟问知（智）时，子曰："知人。"樊迟不解，子曰："举直错诸枉，能使枉者直。"因为樊迟理解不甚透彻，孔子又补充道：把正直的人提拔到邪恶的人之上，能够使邪恶的人正直。曾国藩说："宁可不识字，也要会识人。"不识字，只要勤劳肯干，就算做力气活，也能养家糊口。但是一个人如果不懂识人，哪怕取得了成功，也可能会因为没有防人之心，而被坏人算计，落入别人的圈套。可见，"识人"无论是对帝王将相还是贩夫走卒，都是性命攸关的头等大事。

时至今日，封建君主已不复存在，自然也就没有了所谓"奸臣"，但韩非所谓防范"八奸"作乱的警示对于我们今天的各级领导干部也有启示和借鉴之处。现实中，类似《八奸》中所谓的"同床""在旁""养殃"的现象并不少见。罗陈霞在其《当代秘书学与秘书实务》一书中提到："秘书活动主体角色错位现象使得秘书的越权、越位、不称职等问题常常出现，这些问题轻则影响秘书活动的顺利开展，导致秘书和领导的关系紧张，重则给国家和社会带来不可估量的损失。近年来，落马高官背后的情人现象层出不穷，原河北省委书记程维高的两任秘书连续落马等等，事实足以说明韩非子的警告依然具有现实意义，不可不引以为戒。"

第十

十 过

十过，即十种过错。韩非指出君主、大臣犯这十种过错，足以造成危身、亡身、杀身、削国、亡国之祸。作者告诫统治者要以此为鉴，避免重蹈亡国之君的覆辙。

【原文】

十过：一曰，行小忠，则大忠之贼也①。二曰，顾小利，则大利之残也②。三曰，行僻自用③，无礼诸侯，则亡身之至也。四曰，不务听治而好五音④，则穷身之事也。五曰，贪愎喜利⑤，则灭国杀身之本也。六曰，耽于女乐⑥，不顾国政，则亡国之祸也。七曰，离内远游而忽于谏士⑦，则危身之道也。八曰，过而不听于忠臣，而独行其意，则灭高名为人笑之始也。九曰，内不量力，外恃诸侯⑧，则削国之患也。十曰，国小无礼，不用谏臣，则绝世之势也⑨。

【注释】

① 小忠：个人之间的忠。大忠：臣下对君主的忠。

② 残：危害。

③ 僻：怪僻。

④ 五音：宫、商、角、徵、羽，这里泛指声乐。

⑤ 愎：任性固执。

⑥ 女乐：女子歌舞。

⑦ 内：指朝廷。谏士：规劝君主的大臣。

⑧ 恃：依靠。

⑨ 绝世：断绝后代。

【译文】

十种过错：第一种叫献个人之间的小忠，这是对大忠的祸害。第二种叫贪图小利，这是对大利的危害。第三种叫行为怪僻，自以为是，对其他诸侯国没有礼貌，这是使自己身灭的根源。第四种叫不致力于治理国家而沉溺于音乐，这是使自己陷于困境的事情。第五种叫贪心任性、追求私利，这是亡国杀身的祸根。第六种叫沉溺于女子歌舞，不亲理国家政事，这是亡国的灾祸。第七种叫离开朝廷到远方游玩，又不听谏士的规劝，这是使自己遭受危险的做法。第八种叫有过错却不听忠臣劝谏，而又一意孤行，这是丧失崇高名声并被人耻笑的开端。第九种叫内不量力，外靠诸侯，这是削弱国家的祸患。第十种叫国小无礼，不听谏臣，这是断绝后代的趋势。

【品鉴】

顾小利，则大利之残也。

因小失大，唇亡齿寒。俗话说："香饵之下，必有悬鱼。"为利而争，也往往会为利所惑。在现代社会，各种矛盾错综复杂，各种关系互相掣肘，各种利害相间。因此，辩证地看待利害，权衡利弊，趋利避害，既是每个人经常需要注意的问题，更是决策者必须掌握的基本原则。高明的管理者能全局在胸，对每一个行动都兼顾利害两个方面，在利思害，在害思利，始终处于主动地位。如果一个人见利而不见害，见得而不见失，必然为利所诱，成为"贪饵之悬鱼"。常言道，利令智昏，贪利乱谋。这话说得非常有理。

虞国是晋国南边的一个小国，晋献公很想将虞国吞并掉，以扩大自己的版图，并打通向南发展的道路。但虞国地处山区，凭险而守，易守难攻。虞国南边还有个小国，名叫虢国，虢国知道，如果虞国灭亡，那么晋国的下一个目标就是自己。因此，虢国和虞国结成同盟，每当晋国进攻虞国时，虢国就出兵相助虞国。晋国几次攻打虞国，都是劳而无功。晋献公碰了几次钉子后认识到：如果能够拆散虞、虢两国的同盟，便可将两国各个击破。晋献公于是向虢国派去使者，以示通好，要求结盟，并希望虢国与虞国断交，否则的话，大军就会压境。虢公并不糊涂，自然明白晋国的用意，深知只要虞、虢两国断交，就会相继灭亡。虢公断然拒绝了晋国的要求，并将晋使驱逐了回去。晋献公见诡计不成，反取其辱，心中极为恼怒，就要起兵去攻打虢国。但晋国和虢国中间隔着虞国，虞君肯让晋军通过虞国去打虢国吗？晋献公心里毫无把握。这时晋国足智多谋的大夫荀息向晋献公献计说："虞君是一个很贪心的家伙，国君如果把美玉和宝马送给虞君作为买路钱，虞君得到礼物，一定会把路借给我们。"晋献公担心虞国收了礼物后仍不借路。荀息说："晋国强大而虞国弱小，如果他们拿了我们的东西，又不肯借路，那就是他们理亏了，他们决不敢这样做的。如果他们接受了我们的礼物，把路借给我们，那我们的美玉就好比是从内府取了出来，收藏到外府；宝马好比是从内厩牵了出来，养在外厩。请国君不必担心。"

不久，荀息到虞国见了虞君，并不提借路之事，却先呈上了礼物。虞国地狭物少，境内既不产美玉，也不出良马。虞君见到荀息送来价值连城的玉璧和世上罕见的千里马，心花怒放，觉得晋国对自己真是太好了，心下暗暗打定主意，不管荀息有什么要求，都答应，以免玉璧和宝马得而复失。

荀息见虞君一副魂不守舍的模样，知道计策已成功了一半。说："晋国和虞国本来是友好国家，只因虢国从中挑拨，以致互相攻伐，眼下我国愿意重归于好，贵国不会反对吧。另外，虢国是祸首，我国打算教训虢国一下，希望贵国能借条大路，让我国大军通过。"虞君听见晋国要同虞国和好，非常高兴，又听见晋国要去打虢国，不禁犹豫起来——虢国毕竟对自己有恩，要是放晋军过去，多少有些说不过去。可是如果拒绝，这到手的宝贝怎么办呢？干脆，还是答应吧，反正虞国不会有什么损失。虞君正要开口允诺，大夫宫之奇却开口说话了，宫之奇是个很有远见的大臣，他识破了荀息的目的，就劝虞君道："不能答应晋国的要求。虞国和虢国的关系，就像牙齿和嘴唇的关系，牙齿支撑着嘴唇，嘴唇又保护着牙齿，失去了嘴唇，牙齿就会觉得寒冷。所以千万不可答应这件事情。"宫之奇的大名，荀息早有耳闻，心中早已经筹划好了对策，不慌不忙地对虞君说："我国只是觉得虢国无礼，打算教训他们一下，并不想灭掉虢国，更不会对虞国不利，所以国君才命我来借道。虞、晋两国从此要世世代代友好下去。"

本来，虞君听了宫之奇的话，也觉得有些道理，但荀息的话又给他吃了颗定心丸，加上他实在舍不得已经到手的美玉、宝马，终于同意借路。宫之奇还想再谏，虞君却不肯听了。

得到虞君借路的允诺后，晋国大军顺利越过虞国攻打虢国。虢国做梦也没想到，晋军竟会悄悄地从虞国过来，被攻了个措手不及，兼之国小力弱，又得不到虞国的帮助，连吃败仗。晋军将虢国洗劫一空，这才班师。晋军回来路过虞国时，荀息将战利品送了一些给虞君，虞君大喜。不久，晋军再次向虞国借道去攻打虢国。晋军班师时，虞君亲自出城犒师，却突遇晋军袭击，虞国就这样被灭掉了。这时虞君才想起宫之奇的话，但悔之晚矣！

荀息牵着送给虞君的宝马，带上送给虞君的美玉献还晋献公。晋献公接过玉璧，仔细端详，又抚着马背说："玉，一点也没有变，只不过马却老了几岁。"

从晋献公方面来讲，晋献公的战争谋划是正确的，用了诡诈之计，用珍贵的玉与马作诱饵,最终取得了战争的胜利。这里,大臣荀息的谋略起了十分重要的作用,其功尤大。从虞君方面来讲,他犯了两大致命错误:一是"顾小利",贪图美玉、宝马,忘了国家利益,忘了朋友利益,出卖了朋友,做了损人不利己的事,自己也落得个国破的下场。所谓"顾小利,则大利之残也"。二是不听忠言。大臣宫之奇用唇与齿、车与辅的关系说明问题的实质,十分恳切,但虞君利令智昏,结果铸成大错。

第十一

孤　愤

孤愤，即孤独和愤慨之意。《史记·韩非列传》称："秦王见《孤愤》《五蠹》之书，曰：'嗟乎，寡人得见此人与之游，死不恨矣。'"足见此文在《韩非子》中的地位。本文主要围绕当权重臣与法术之士的利害关系，陈说法术之士与当权重臣的矛盾，以及君主对待当权重臣与法术之士的态度，抒发了作者的孤独之感、愤懑之情，表现了勇于变法图强的精神。韩非清醒地看到了法术之士与当权重臣的势不两立，极力为法术之士的政治遭遇鸣不平，指出"智法之士与当涂之人，不可两存之仇也"，愤慨之情溢于言表。

【原文】

智术之士，必远见而明察，不明察，不能烛私①；能法之士②，必强毅而劲直，不劲直，不能矫奸。人臣循令而从事，案法而治官③，非谓重人也。重人也者，无令而擅为，亏法以利私④，耗国以便家，力能得其君，此所为重人也。智术之士明察，听用，且烛重人之阴情⑤；能法之士劲直，听用，且矫重人之奸行。故智术能法之士用，则贵重之臣必在绳之外矣⑥。是智法之士与当涂之人⑦，不可两存之仇也。

【注释】

① 烛私：洞察隐情。

② 能法之士：指能够推行法治的人。

③ 案：通"按"。

④ 亏法：枉法。

⑤ 阴情：阴谋。

⑥ 贵重之臣：即"重人"。绳：法度。

⑦ 当涂之人：占据重要地位之人。涂：通"途"。

【译文】

通晓统治策略的人，必有远见卓识并明察秋毫，不明察秋毫，就不能发现隐情。能够推行法治的人，必须坚决果断并刚强正直，不刚强正直，就不能矫正邪恶。臣子遵循法令办理公事，按照法律履行职责，不叫"重臣"。所谓重臣，就是无视法令而独断专行，破坏法律来为私家牟利，损害国家来便利自家，势力能够控制君主的人，这才叫"重臣"。懂得统治策略的人明察秋毫，他们的主张若被采纳，自身若被任用，将会洞察重臣的阴谋诡计；能够推行法治的人刚强正直，他们的主张若被采纳，自身若被任用，将会矫正重臣的邪恶行为。因此，懂得策略和善用法治的人若被任用，那么位尊权重之臣必定为法律准绳所不容。这样说来，懂法依法的人与当权的重臣，是不可并存的仇敌。

【原文】

凡法术之难行也，不独万乘①，千乘亦然。人主之左右不必智也，人主于人有所智而听之，因与左右论其言，是与愚人论智也；人主之左右不必贤也，人主于人有所贤而礼之，因与左右论其行，是与不肖论贤也。智者决策于愚人，贤士程行于不肖，则贤智之士羞而人主之论悖矣。人臣之欲得官者，其修士且以精洁固身②，其智士且以治辩进业。其修士不能以货赂事人③，恃其精洁而更不能以枉法为治，则修智之士不事左右、不听请谒矣④。人主之左右，行非伯夷也⑤，求索不得，货赂不至，则精辩之功息，而毁诬之言起矣。治辩之功制于近习，精洁之行决于毁誉，则修智之吏废，则人主之明塞矣。不以功伐决智行，不以参伍审罪过，而听左右近习之言⑥，则无能之士在廷，而愚污之吏处官矣。

【注释】

①万乘：万辆兵车。古礼天子有兵车万乘，诸侯有兵车千乘。这里以万乘代大国，以千乘代小国。

② 修士：道德修养高尚的人。

③ 货赂：财物。

④ 请谒：请托。

⑤ 伯夷：商末贤人，初不受王位，武王灭商后，不食周粟而死，古书常以伯夷与其弟叔齐为道德高尚的化身。

⑥ 近习：亲近宠幸的人，这里指君王的左右近臣。

【译文】

凡属法术难以推行的，不单是大国，中小国家也是这样。君主的近臣不一定有才智，君主认为某人有才智而听取他的意见，然后又和近臣讨论此人的言谈，这是和愚蠢的人讨论才智。君主的近臣不一定品德好，君主认为某人有美德而礼遇他，然后又和近臣讨论他的品行，这是和品德不好的人讨论美德。智者的计谋由愚蠢的人来评判，贤者的品德由不贤的人来衡量，那么品德好、有才智的人就会感到耻辱，而君主的论断也必然荒谬了。想谋得官职的臣子当中，那些品德好的人将用淳朴廉洁来约束自己，那些才智高的人将用办好政事来推进事业。那些品德好的人不可能用财物贿赂别人，凭借淳朴廉洁更不可能违法办事，那么品德好、才智高的人也就不会奉承君主近侍，不会理睬私下请托了。君主的近臣，品行不像伯夷那么好，索求的东西得不到，财物贿赂不送上门，那么精明强干之人的功业就要被压制，而诽谤诬陷的话也就出笼了。办好政事的功业受制于君主的近侍，淳朴廉洁的品行取决于近侍的毁誉，那么品德好、才智高的官吏就要被废黜，君主的明察也就被阻塞了。不按功劳裁决人的才智和品德，不通过事实的多方验证审定人的罪行和过错，却听从左右亲信的话，那么没有才能的人就会在朝廷中当政，愚蠢腐败的官吏就会窃居职位了。

【原文】

万乘之患，大臣太重；千乘之患，左右太信：此人主之所公患也。且人臣有大罪，人主有大失，臣主之利相与异者也。何以明之哉？曰：主利在有能而任官，臣利在无能而得事；主利在有劳而爵禄，臣利在无功而富贵；主利在豪杰使能，臣利在朋党用私①。是以国地削而私家富，主上卑而大臣重。故主失势而臣得国，主更称蕃臣②，而相室剖符③。此人臣之所以谲主便私也。故当世之重臣，主变势而得固宠者，十无二三。是其故何也？人臣之罪大也。臣有大罪者，其行欺主也，其罪当死亡也。智士者远见而畏于死亡，必不从重人矣；贤士者修廉而羞与奸臣欺其主，必不从重臣矣。是当涂者之徒属，非愚而不知患者，必污而不避奸者也。大臣挟愚污之人，上与之欺主，下与之收利侵渔④，朋党比周，相与一口，惑主败法⑤，以乱士民，使国家危削，主上劳辱，此大罪也。臣有大罪而主弗禁，此大失也。使其主有大失于上，臣有大罪于下，索国之不亡者，不可得也。

【注释】

① 使能：任用贤能。用私：任用亲信。
② 蕃臣：从属国或领有封地的臣属。蕃：通"藩"，旧时的属国或属地。
③ 相室：相国，指执政大臣。剖符：剖分信符以封赏、任命。
④ 收利侵渔：意思是搜刮、贪污、侵害、掠夺。
⑤ 惑主败法：欺骗君主，败坏法制。

【译文】

　　大国的祸害在于大臣权势太重，中小国家的祸害在于近臣太受宠信，这是君主的通病。再说臣下犯了大的罪行，是因为君主有了重大的过失，臣下和君主的利益是相互不同的。凭什么这样说呢？答：君主的利益在于具有才能而任以官职，臣下的利益在于没有才能而得到重用；君主的利益在于具有功劳而授以爵禄，臣下的利益在于没有功劳而得到富贵；君主的利益在于豪杰能为他效力，臣下的利益在于结党营私。因此国土减少而私家富贵，君主地位卑下而大臣权势更重。所以君主失去权势而大臣控制国家，君主改称藩臣，相臣行使君权。这就是大臣欺骗君主谋取私利的情形。所以当代的重臣，在君主的位势转变而仍能保持宠信的，十个中还不到两三个。这是什么原因呢？是这些臣下的罪行太大了。臣有大罪的，他的行为是欺骗君主，他的罪行是当处死刑的。高明之人看得深远，怕犯死罪，必定不会跟从重臣；品德好的人洁身自爱，耻于和奸臣共同欺骗君主，必定不会跟从重臣。这些当权者的门徒党羽，不是愚蠢而不知祸害的人，必是腐败而不避奸邪的人。大臣挟持愚蠢腐败的人，对上和他们一起欺骗君主，对下和他们一起掠夺财物，拉派结帮，串通一气，惑乱君主，败坏法制，以此扰乱百姓，使国家危殆受侵、君主忧劳受辱，这是大罪行。臣下有了大罪而君主却不禁止，这是大过失。假如君主在上面有大过失，臣子在下面有大罪行，想要国家不被灭亡，几乎是不可能的。

【品鉴】

智术之士，必远见而明察，不明察，不能烛私。

　　远见而明察是管理者必备的素质。韩非认为，高明的领导者应该具备远见而明察的智慧，没有远见卓识，就难以成功；不能明察秋毫，就难以发现隐情。

相传，韩昭侯在洗澡时发现热水中有一颗小石子。昭侯并没有问这是谁干的，而是问："主管洗澡的近侍如果被免职，那么谁可以继任？"又让人直接把他叫进来怒责道："为什么在热水里放小石子？"那人回答说："主管洗澡的近侍如果被免职，我就能够代替他，因此在热水中放了小石子。"韩昭侯的明察令身边的人不得不倍加小心。

范蠡是以"卧薪尝胆"著称于世的越王勾践的谋臣，他曾与越王勾践同甘共苦，一起最终打败了吴王，因而被任命为大将军。然而就在他位极人臣的时候，却销声匿迹了。据《史记》记载，他来到齐国，与儿子共耕农园，积聚田产数十万。

齐王看中了他的才华，欲请他出任宰相，他却答道："在野有千金之财，在位有宰相之名，以匹夫而言，这是至高无上的荣耀了，然而过度的荣华却容易形成祸根。"说完，便将财产分赠邻人，搬到陶地去住，改名陶朱公而经商。经商的陶朱公同样以远见卓识而著称。他总结古往今来及自己多年的经验，提出了一套经营原则："夏则资皮，冬则资絺；旱则资舟，水则资车，此待乏也。"意思是说，夏天要下本钱进冬天穿的皮货，冬天要购进夏天穿的麻布，等季节变了，市场缺乏时拿出来卖，便是俏货；天旱年景就投资造船，发大水就要造车买车，等气候一变，就成为市场热门货。陶朱公的远见卓识不得不让人折服。与之相反，文种也是勾践的重臣，为打败吴国立下了汗马功劳，他功成名就以后仍然继续在越王身边任高官。其间，范蠡曾写给他一封信说："飞鸟尽，良弓藏，狡兔死，走狗烹。你现在不离去，更待何时？"后来文种也称病返乡，但做得不如范蠡彻底。文种留在越国，其名仍威慑朝野，于是有奸臣陷害他，称文种欲起兵作乱。越王于是以谋反罪将文种处死。

毛泽东以过人的智慧和胆识著称，他善于根据各个时期的不同特点，及时抓住战略时机。1927年大革命失败前夕,毛泽东在许多人对革命不是盲目乐观,就是悲观失望,找不到革命正确道路的情况下,于当年初在湖南农村进行了33天的考察,提出了解决中国革命的中心问题就是农民问题的观点,并指出了在农村建立农民政权和农民武装的重要性,这为把党的工作重心由城市转到农村奠定了思想和理论基础。大革命失败后,在中国革命的危急关头,毛泽东明确提出了"枪杆子里面出政权"的主张,指明了在新时期革命斗争的基本方向。八七会议后,毛泽东又针对党内"左"倾思潮泛滥,一再命令红军攻打大城市的错误主张,及时提出了"工农武装割据"的思想,使党和军队在危亡关头找到了出路,走上了"农村包围城市""武装夺取政权"的正确道路。

一位外国学者在评价毛泽东时说:"在本世纪(20世纪)20年代和30年代初期,他在一系列辉煌的游击战中,把蒋介石及其国民党政府弄得苦恼不堪;10年后,他以游击战和运动战相结合,在中国打败了日本人;40年代后期,他在一系列得心应手的运动战中解放了中国;最后他的部队在朝鲜陆地战中顶住了美国。有哪个领袖能像他这样在这么多的不同类型的冲突中而长期立于不败之地!"毛泽东凭借超人的智慧和科学的预见,准确地把握了战争的形势,以正确的战略决策使他领导和指挥的军队稳操胜券。

一个成功的领导者必须具备卓越的预见能力和明察秋毫的洞察力。一个组织,不管是行政机关还是企事业单位,都如同海上的航船,领导者就是船长,就是船上的瞭望者,他的任务是使航船安全而快速地行驶在正确的航线上。同时,领导者应该清晰地知道哪里有浅滩和暗礁,并能及时发现潜在的机遇和潜伏的危机。只有准确地预见未来远景和把握有利时机,及时地洞察潜伏危机以避险于未然,才能使事业行稳致远、到达彼岸,才能永远立于不败之地。

第十二

说 难

说难，即进说的困难。战国时期，游说之风盛行，各种社会力量都想凭借游说活动取得君主的支持，以推行自己的政治主张。《说难》是专门研究游说之术的论文，一些观点直接师承《荀子·非相》。文章分析缜密透彻，论述严谨周详。本文指出进说之难"在知所说之心，可以吾说当之"，而所说者之心又深不可测，然而又"不可不察""不可不知"。王世贞说它"巧夺天工"，孙月峰说它"奇古精峭，章法句子无一不妙"（《诸子汇函》）。

【原文】

凡说之难：非吾知之有以说之之难也①，又非吾辩之能明吾意之难也，又非吾敢横失而能尽之难也②。凡说之难：在知所说之心，可以吾说当之③。所说出于为名高者也，而说之以厚利，则见下节而遇卑贱④，必弃远矣。所说出于厚利者也，而说之以名高，则见无心而远事情，必不收矣。所说阴为厚利而显为名高者也，而说之以名高，则阳收其身而实疏之；说之以厚利，则阴用其言显弃其身矣。此不可不察也。

【注释】

① 说：进言。知：通"智"。
② 横失：同"横逸"，无所顾忌。失：通"佚""逸"。
③ 当（dāng）：适应，这里指迎合被说者。
④ 下节：节操卑下。

【译文】

大凡进说的困难，不是难在我的才智能否用来向君主进说，也不是难在我的口才能否阐明我的主张，也不是难在我敢毫无顾忌地把看法全部表达出来。大凡进说的困难，在于了解进说对象的心理，以便用我的说法去适应他。进说对象想要追求美名的，却用厚利去说服他，就会显得节操低下而受到卑贱的待遇，必然被抛弃和疏远。进说对象想要追求厚利的，却用美名去说服他，就会显得没有心计而又脱离实际，必定不会被接受和录用。进说对象暗地追求厚利而表面追求美名的，用美名向他进说，他就会表面上录用而实际上疏远进说者；用厚利向他进说，他就会暗地里采纳进说者的主张而表面疏远进说者。这是不能不明察的。

【原文】

　　夫事以密成，语以泄败。未必其身泄之也，而语及所匿之事，如此者身危。彼显有所出事，而乃以成他故，说者不徒知所出而已矣，又知其所以为，如此者身危。规异事而当①，知者揣之外而得之，事泄于外，必以为己也，如此者身危。周泽未渥也②，而语极知，说行而有功，则德忘；说不行而有败，则见疑，如此者身危。贵人有过端③，而说者明言礼义以挑其恶，如此者身危。贵人或得计而欲自以为功，说者与知焉，如此者身危。强以其所不能为，止以其所不能已，如此者身危。故与之论大人，则以为间己矣④；与之论细人⑤，则以为卖重⑥。论其所爱，则以为借资；论其所憎，则以为尝己也。径省其说，则以为不智而拙之；米盐博辩⑦，则以为多而交之⑧。略事陈意，则曰怯懦而不尽；虑事广肆⑨，则曰草野而倨侮⑩。此说之难，不可不知也。

【注释】

　　① 异事：不寻常的事情。

　　② 渥：深厚。

　　③ 过端：过错。

　　④ 间己：挑拨君臣关系。

　　⑤ 细人：小人，君王的左右近臣。

⑥卖重：卖权，出卖君王的权势。
⑦米盐：指琐屑，犹今言鸡毛蒜皮。
⑧交：疑为"驳"之形近而误，驳杂，以……为驳杂。
⑨广肆：放言无忌。
⑩倨侮：傲慢。

【译文】

　　事情因保密而成功，谈话因泄密而失败。未必进说者本身泄露了机密，而是谈话中触及君主心中隐匿的事，如此就会身陷危险。君主表面上做这件事，心里却想借此办成别的事，进说者不但知道君主所做的事，而且知道他要这样做的意图，如此就会身陷危险。进说者筹划一件不平常的事情并且符合君主心意，聪明人从外部迹象上把这事猜测出来了，事情泄露出来，君主一定认为是进说者泄露的，如此就会身陷危险。君主恩泽未厚，进说者谈论却尽其所知，如果主张得以实行并获得成功，功德就会被君主忘记；主张行不通而遭到失败，就会被君主怀疑，如此就会身陷危险。君主有过错，进说者倡言礼义来挑他的毛病，如此就会身陷危险。君主有时计谋得当而想自以为功，进说者同样知道此计，如此就会身陷危险。勉强君主去做他不能做到的事，强迫君主停止他不愿意停止的事，如此就会身陷危险。所以进说者如果和君主议论大臣，就会被认为是想离间君臣关系；和君主谈论左右侍从，就会被认为是想借近臣卖弄权势。谈论君主喜爱的人，就会被认为是借此来拉关系；谈论君主憎恶的人，就会被认为是搞试探。说话直截了当，开门见山，就会被认为是不聪明而笨拙；谈话细微琐碎、广博详尽，就会被认为是啰唆而冗长。简略陈述意见，就会被认为是怯懦而不敢进言；谋事空泛放任，就会被认为是粗野而傲慢。这些进说的困难，是不能不知道的。

【原文】

　　凡说之务，在知饰所说之所矜而灭其所耻。彼有私急也，必以公义示而强之。其意有下也，然而不能已，说者因为之饰其美而少其不为也。其心有高也，而实不能及，说者为之举其过而见其恶，而多其不行也。有欲矜以智能，则为之举异事之同类者，多为之地，使之资说于我，而佯不知也以资其智。欲内相存之言①，则必以美名明之，而微见其合于私利也。欲陈危害之事，则显其毁诽而微见其合于私患也。誉异人与同行者，规异事与同计者。有与同污者，则必以大饰其无伤也；有与同败者，则必以明饰其无失也。彼自多其力，则毋以其难概之也②；自勇其断，则无以其谪怒之③；自智其计，则毋以其败穷之。大意无所拂悟④，辞言无所系縻⑤，然后极骋智辩焉。此道所得，亲近不疑而得尽辞也。伊尹为宰，百里奚为虏，皆所以干其上也。此二人者，皆圣人也；然犹不能无役身以进，如此其污也！今以吾言为宰虏，而可以听用而振世，此非能仕之所耻也⑥。夫旷日离久，而周泽既渥，深计而不疑，引争而不罪，则明割利害以致其功，直指是非以饰其身⑦。以此相持，此说之成也。

【注释】

①内：通"纳"，采纳。
②难概：古代量米的器具，这里作动词，平抑。
③谪：过失，指错误的判断。
④拂悟：违逆。悟：通"忤"。
⑤系縻：抵触。
⑥仕：通"士"。
⑦以饰其身：即正其身。饰：通"饬"，整饬。

【译文】

　　大凡进说的要领，在于懂得粉饰进说对象自夸之事而掩盖其所自耻之事。君主有私人的急事，进说者一定要指明这合乎公义而鼓励他去做。君主有卑下的念头，但又不能克制，进说者就应把它粉饰成美好的而抱怨他不去做。君主有过高的企求，而实际不能达到，进说者就为他列举此事的缺点并揭示它的坏处，而称赞他不去做。君主想自夸智能，进说者就替他列举别的事情中的同类情况，多给他提供根据，使他从进说者这里借用说法，而进说者却要假装不知，这样来帮助他自夸才智。进说者想向君主进献与人相安的话，就必须用好的名义阐明它，并暗示它合乎君主私利。进说者想要陈述有危害的事，就明言此事会遭到的毁谤，并暗示它对君主也有害处。进说者应该称赞与君主行为相同的人，应该谋划与君主考虑相同的事。有和君主污行相同的，就必须对他大加粉饰，说它没有害处；有和君主败迹相同的，就必须对他明言掩饰，说他没有过失。君主自夸力量强大时，就不要用他达不到的事去为难他；君主自以为决断勇敢时，就不要用他的过失去激怒他；君主自以为计谋高明时，就不要用他的败绩去困窘他。进说的主旨没有什么违逆，言辞没有什么抵触，然后就可以充分施展自己的智慧和辩才了。由这条途径得到的，是君主亲近不疑而又能畅所欲言。伊尹做过厨师，百里奚做过奴隶，都是为了求得君主重用。这两个人都是圣人，但还是不能不通过做低贱的事来求得进用，他们的卑下以至于此！假如把我的话看成像厨师和奴隶所讲的一样，而可以拿来救世，这就不是智能之士感到耻辱的了。经过很长的时间，君主的恩泽已厚，进说者深入谋划不再被怀疑，据理力争不再会获罪，就可以明确剖析利害来成就君主的功业，直接指明是非来端正君主的言行，能这样相互对待，是进说成功了。

【原文】

昔者郑武公欲伐胡，故先以其女妻胡君以娱其意。因问于群臣："吾欲用兵，谁可伐者？"大夫关其思对曰①："胡可伐。"武公怒而戮之，曰："胡，兄弟之国也，子言伐之，何也？"胡君闻之，以郑为亲己，遂不备郑。郑人袭胡，取之。宋有富人，天雨墙坏，其子曰："不筑，必将有盗。"其邻人之父亦云。暮而果大亡其财。其家甚智其子，而疑邻人之父。此二人说者皆当矣，厚者为戮，薄者见疑②，则非知之难也，处知则难也。故绕朝之言当矣③，其为圣人于晋，而为戮于秦也，此不可不察。

【注释】

① 关其思：郑国大夫，周平王八年被杀。

② 见：被。

③ 绕朝：春秋时期秦国的大夫。

【译文】

从前郑武公想讨伐胡国，故意先把自己的女儿嫁给胡国君主来使他快乐。然后问群臣："我想用兵，哪个国家可以讨伐？"大夫关其思回答说："胡国可以讨伐。"武公发怒而杀了他，说："胡国是兄弟国家，你说讨伐它，是何道理？"胡国君主听说了，认为郑国和自己友好，便不再防备郑国。于是郑国偷袭了胡国，攻占了它。宋国有个富人，下雨把墙淋塌了，他的儿子说："不修的话，必将有盗贼来偷。"邻居的老人也这么说。到了晚上，果然有大量财物被窃。这家富人认为自己的儿子很聪明，却对邻居老人起了疑心。关其思和这位老人的话都恰当，而重则被杀，轻则被怀疑；那么，不是了解情况有困难，而是处理所了解的情况很困难。因此，绕朝的话本是对的，他在晋国被看成圣人，在秦国却遭杀害，这是不可不明察的。

【原文】

昔者弥子瑕有宠于卫君①。卫国之法：窃驾君车者罪刖②。弥子瑕母病，人间往夜告弥子③，弥子矫驾君车以出。君闻而贤之，曰："孝哉！为母之故，忘其刖罪。"异日，与君游于果园，食桃而甘，不尽，以其半啖君④。君曰："爱我哉！忘其口味以啖寡人。"及弥子色衰爱弛，得罪于君，君曰："是固尝矫驾吾车⑤，又尝啖我以余桃。"故弥子之行未变于初也，而以前之所以见贤而后获罪者，爱憎之变也。故有爱于主，则智当而加亲；有憎于主，则智不当见罪而加疏。故谏说谈论之士，不可不察爱憎之主而后说焉。

【注释】

① 弥子瑕：人名，春秋时卫灵公的宠臣。
② 罪刖（yuè）：受刖刑。罪：惩处，施刑。刖：一种砍去脚的刑罚。
③ 间（jiàn）：隐秘，秘密。
④ 啖（dàn）：吃，给……吃。
⑤ 矫：假托，擅自。

【译文】

从前弥子瑕曾受到卫国国君的宠信。卫国法令规定，私自驾驭国君车子的，要处以砍脚的刑罚。弥子瑕的母亲病了，有人连夜通知弥子瑕，弥子瑕假托君命驾驭君车而出。卫君听说后，却认为他德行好，说："真孝顺啊！为了母亲的缘故，忘了自己会犯罪。"另一天，他和卫君在果园游览，吃桃子觉得很甜，没有吃完，就把剩下的一半给卫君吃。卫君说："多么爱我啊！不顾自己的口味来给我吃。"等到弥子瑕色衰爱弛时，得罪了卫君，卫君说："这人本来就曾假托君命私自驾驭我的车子，还曾经把吃剩的桃子给我吃。"所以，虽然弥子瑕的行为和当初并没两样，但先前称贤、后来获罪的原因，是卫君的爱憎有了变化。所以被君主宠爱时，才智就显得恰当而更受亲近；被君主憎恶时，才智就显得不恰当，遭到谴责而更被疏远。所以谏说谈论的人不可不察看君主的爱憎，然后进说。

【原文】

夫龙之为虫也①，柔可狎而骑也②；然其喉下有逆鳞径尺，若人有婴之者③，则必杀人。人主亦有逆鳞，说者能无婴人主之逆鳞，则几矣。

【注释】

① 虫：古代对动物的一种泛称。
② 狎：戏弄。
③ 婴：同"撄"，碰，触犯。

【译文】

龙作为一种动物，驯服时可以戏弄着骑它；但它喉下有一尺多长的逆鳞，假使有人触到它的话，就一定会受到伤害。君主也有逆鳞，进说者能不触及君主的逆鳞，就差不多算是善于游说了。

【品鉴】

凡说之难：非吾知之有以说之之难也，又非吾辩之能明吾意之难也，

又非吾敢横失而能尽之难也。凡说之难：在知所说之心，可以吾说当之。

　　进言之难，难在知所说之心。所谓说难，是指向君主进说的困难。战国后期，各国政治斗争、军事斗争都十分激烈和复杂，各种社会力量也相当活跃，各派别都想得到君主支持，以推行自己的政治主张，他们以大臣或者说客的身份向君主进言，他们往往会遇到重重困难，有时甚至会遭遇生命危险。因此，这就需要进说成功的办法。进说成功与否，有时在于能否迎合君主的心理和要求。要说服一个人，特别是一国君主，绝对是需要一些手段和技巧的，这些虽然很难掌握，但韩非还是不厌其烦地告诉了人们进言的原则和技巧。

　　第一，攻心为上。进说的困难，既不是难在自己的才智不能够用来向君主进说，又不是难在自己的口才不能够阐明自己的主张和观点，也不是难在不敢毫无顾忌地把看法全部表达出来。进说的困难，在于要了解进说对象的心理，以便用自己的说法打动他。所以，进言前首先必须揣摩对方的心理。揣摩对方意图是进言者最重要的基本素质。不了解对方的心理，即使有良好的出发点，也会好心办坏事。了解对方的想法，进言就能适应对方的要求。因此，进言的第一个重要技巧就是投其所好，而且要注意考察其爱憎。

　　第二，避其逆鳞。韩非打了一个比喻——龙这种动物，看上去好像很威严很凶猛，但如果把它伺候舒服了，哪怕骑在它背上玩耍都没问题。可是它脖子下方有逆鳞，那可是万万碰不得的。若有人动了它的逆鳞，它就要杀人了。统治者也有"逆鳞"，游说的人只有避开不去触动它，才不致遭遇杀身之祸。

　　第三，避其隐秘。臣下给君主进言，一定要慎之再慎，对方的秘密不可不察，但要做到看破不能说破。进谏要讲究方法，君主有过错，进言者直白地说出礼义的准则来挑毛病，必会身处危险，难逃横祸。君主的秘密，通常是隐密不可窥探的，没有人乐意让自己的秘密被他人窥测，一旦被说破，他们就会感到十分难堪或恼怒。

第四，态度诚恳。批评是一个敏感的话题，哪怕是轻微的批评，批评对象总是用挑剔或敌对的态度来对待批评者。如果批评者态度不诚恳，或者居高临下，冷峻生硬，就会引发矛盾，产生对立情绪，使批评陷入僵局。因此，必须注意态度，诚恳而友好的批评态度就像一剂润滑剂，往往能使摩擦减少，能使批评达到预期效果。

除了要深知进言的原则外，进言者还必须掌握进言的技巧。

第一，要粉饰对方自夸之事而掩盖其所耻之事。要懂得如何去美化对方自负的方面，掩盖对方认为耻辱的地方。他若有见不得人的意图，而又不能克服自己，说者就应该替他夸耀这件事的好处，对他不做这件事表示惋惜。韩非认为，游说君主要为他维护形象、美化形象。君主都希望自己留给臣下好印象，也期待着臣下能美化他的形象。倘若臣下不能做到这一点，君主会认为你不忠于他。因此，哪怕是赞美君主唯一的优点，也要极力去称赞、拥护，帮助其树立良好的形象。

第二，君主有私人的急事，进说者一定要指明这合乎公义而鼓励他去做。君主有不好的念头，但是不能克制，进说者就应该把它粉饰成美好的事情而抱怨他不去干。君主想自夸智能，进说者就替他举出别的事情中的同类情况，多给他提供依据，使其能借用说法，这样来帮助他自夸才智。

第三，采取鼓励性的批评模式。人的感情世界里，都潜藏着自尊、好胜、虚荣之心。这种情感如果得到他人的尊重，就会给人鼓舞，催人奋发，使人的主观能动性发挥出最大的效能。激言励志就是利用和调动人们的这种心理而运用的一种励志方法。领导在任何时候都是爱听颂扬的，向领导进言时要懂得用美化的语言来赞美领导，用激励的语言激发和增强领导的信心。

英国18世纪著名评论家亚迪森说过："真正懂得批评的人看重的是'正'，而不是'误'。"这里所说的"正"，实际上就是隐恶扬善，从正面来加以鼓励。这种批评方法能使批评对象不自觉地改正自己的错误和缺点。可以说，从正面鼓励对方改正缺点，比直接批评效果会更快更好。因为这种批评方法更易于被对方接受，从而产生良好的效果。

根据行为科学的理论，别人对待你的方式，大部分取决于你对他们的态度。其实人与人之间，值得赞扬的地方很多，即使是普通人身上，也有许多优秀的品格值得我们去赞美。因此，在日常交往中，善于发现别人身上的优点，恰到好处地赞扬别人，不仅能起到鼓舞人的作用，而且也能密切人与人之间的关系。

需要说明的是，赤胆忠心地投其所好和虚情假意地曲意逢迎是两个完全不同性质的问题。前者以真诚为基础，需要具有极高的境界和超凡的智慧为支撑；后者则是从个人利益出发，为了达到某种个人目而不择手段的阿谀奉承。庄子讲："汤以胞人笼伊尹，秦穆公以五羊之皮笼百里奚。是故非以其所好笼之而可得者，无有也。"(《庄子·庚桑楚》)意思是商汤用庖厨来笼络伊尹，秦穆公用五张羊皮来笼络百里奚。所以说，不用其所好来笼络人心而获得成功，是从不曾有过的。可见"投其所好"并非贬义，而是非同一般的智慧。

第十三 和 氏

和氏，即楚人卞和。文章借用和氏献璞的故事，申论法术之士处境的艰难，因而用"和氏"作篇名。本文以和氏献璞于王反遭刖足的千古奇冤作为议论的根据，以玉璞喻法术，以贞士卞和喻法术之士，以和氏的遭遇比法术之士所受到的排斥和陷害，阐发法术之士不遇明主的感慨。以吴起、商鞅变法救国却惨遭陷害的史实，道尽了韩非自身遭遇的愤懑，抒发了作者对法术之士不被重用反受迫害的悲愤之情。

【原文】

楚人和氏得玉璞楚山中①，奉而献之厉王。厉王使玉人相之②。玉人曰："石也。"王以和为诳，而刖其左足③。及厉王薨④，武王即位。和又奉其璞而献之武王。武王使玉人相之。又曰："石也。"王又以和为诳，而刖其右足。武王薨，文王即位。和乃抱其璞而哭于楚山之下，三日三夜，泪尽而继之以血。王闻之，使人问其故，曰："天下之刖者多矣，子奚哭之悲也？"和曰："吾非悲刖也，悲夫宝玉而题之以石，贞士而名之以诳，此吾所以悲也。"王乃使玉人理其璞而得宝焉，遂命曰"和氏之璧"。

夫珠玉，人主之所急也。和虽献璞而未美，未为主之害也，然犹两足斩而宝乃论，论宝若此其难也。今人主之于法术也，未必和璧之急也；而禁群臣士民之私邪。然则有道者之不僇也，特帝王之璞未献耳。主用术，则大臣不得擅断，近习不敢卖重；官行法，则浮萌趋于耕农⑤，而游士危于战陈⑥；则法术者乃群臣士民之所祸也。人主非能倍大臣之议⑦，越民萌之诽，独周乎道言也，则法术之士虽至死亡，道必不论矣。

【注释】

① 和氏：一作卞和，春秋时期楚国人。玉璞：尚未琢磨的玉石。

② 玉人：玉匠。

③ 诳：《说文》："诳，欺也。"刖：古时断足之刑。

④ 薨（hōng）：《礼记·曲礼下》："诸侯死曰薨。"

⑤ 萌：通"氓"，民也。

⑥ 陈：通"阵"。

⑦ 倍：通"背"。

【译文】

　　楚人卞和在荆山中得到一块玉璞，进献给楚厉王。厉王让玉匠鉴定。玉匠说："是石头。"厉王认为卞和是行骗，就砍掉了他的左脚。厉王死，武王继位。卞和又捧着那块玉璞去献给武王。武王又让玉匠鉴定，玉匠又说："是石头。"武王也认为卞和是行骗，又砍掉了他的右脚。武王死，文王登基。卞和就抱着那块玉璞在荆山下哭，哭了三天三夜，眼泪干了，随后流出的是血。文王听说后，派人去了解他哭的原因，问道："天下受足刑的人很多，你为什么哭得这么悲伤？"卞和说："我不是悲伤脚被砍掉，而是悲伤把宝玉称作石头，把忠贞的人当作骗子，这才是我悲伤的原因。"文王就让玉匠加工这块玉璞并得到了宝玉，于是命名为"和氏之璧"。

　　珍珠宝玉是君主急需的，即使卞和献的玉璞不够完美，也并不构成对君主的损害，但还是在双脚被砍后宝玉才得以论定，鉴定宝玉就是如此的困难。如今君主对于法术，未必像对和氏璧那样急需，还要用来禁止群臣百姓的自私邪恶行为。既然这样，那么法术之士还没被杀戮的原因，只是促成帝王之业的法宝还没进献罢了。君主运用法术，大臣就不能擅权独断，左右近侍就不敢卖弄权势；官府执行法令，游民就得从事农耕，游说之士就得冒着危险去当兵打仗；那么法术就被群臣百姓看成是祸害了。君主不能违背大臣的议论，摆脱黎民百姓的诽谤，单要完全采纳法术之言，那么法术之士即使到死，他们的学说也一定不会被认可。

【原文】

昔者吴起教楚悼王以楚国之俗曰①："大臣太重，封君太众。若此，则上逼主而下虐民，此贫国弱兵之道也。不如使封君之子孙三世而收爵禄，绝减百吏之禄秩，损不急之枝官②，以奉选练之士。"悼王行之期年而薨矣，吴起枝解于楚③。商君教秦孝公以连什伍，设告坐之过④，燔诗书而明法令⑤，塞私门之请而遂公家之劳，禁游宦之民而显耕战之士。孝公行之，主以尊安，国以富强，八年而薨，商君车裂于秦。楚不用吴起而削乱，秦行商君法而富强。二子之言也已当矣，然而枝解吴起而车裂商君者，何也？大臣苦法而细民恶治也。当今之世，大臣贪重，细民安乱，甚于秦、楚之俗，而人主无悼王、孝公之听，则法术之士，安能蒙二子之危也而明己之法术哉⑥？此世所以乱无霸王也。

【注释】

① 楚悼王：战国时楚王，任用吴起变法图强。

② 枝官：多余的官员。

③ 枝解：古代分裂犯人肢体的酷刑。枝：通"肢"。

④ 坐：判罪，这里是连坐之意。告坐，一人犯法，什伍内有不告奸者，俱以同罪论处。

⑤ 燔（fán）：焚烧。

⑥ 二子：指吴起和商鞅。

【译文】

从前吴起向楚悼王指出楚国的风气说："大臣的权势太重，分封的贵族太多。像这样下去，他们就会上逼主而下虐民，这是造成国贫兵弱的根源。不如使分封贵族的子孙到第三代时君主就收回爵禄，取消或减少百官的俸禄，裁减多余的官吏，来供养经过选拔和训练的士兵。"楚悼王施行此法一年就死了，吴起在楚遭到肢解。商君教秦孝公建立什伍组织，设置告密连坐的制度，焚烧诗书，彰明法令，堵塞私人的请托而进用对国家有功的人，约束靠游说做官的人而使农民士兵显贵起来。孝公实行这些主张，君主因此尊贵安稳，国家因此富庶强大。八年后秦孝公死，商鞅在秦受到车裂。楚国不用吴起变法削弱混乱，秦国推行商鞅变法而富庶强大。二人的主张已够正确的了，但是肢解吴起，车裂商鞅，又是为什么呢？为的是大臣苦于法令而小民憎恨法治。当今之世，大臣贪图权势，小民安于动乱，比秦、楚的坏风气还要严重，而君主又没有楚悼王、秦孝公那样的判断力，那么法术之士又怎能敢冒吴起、商鞅的危险来阐明自己的法术主张呢？这就是社会混乱而没有霸王的原因。

【品鉴】

吾非悲刖也，悲夫宝玉而题之以石，贞士而名之以诳，此吾所以悲也。

法术之士，可悲可敬。韩非借用和氏献璞的故事，以法术之士与和氏献璞做类比，论述了法术之士的怀才不遇，讲述了法术之士处境的艰难，以吴起、商鞅惨遭杀害的事实，进一步说明了法术之士的可悲可敬。

吴起在魏，卧不设席，同食同衣，行不乘骑，亲携军辎。西攻强秦，连拔五城。驻守边河，使秦、韩将士不敢来犯。他刚直不阿，当文侯的继承人武侯自夸魏有天险以阻敌时，他告诫新君："国家安危不在地势险要，而在君主有德。君主无德，周围的人都会变成敌人。夏桀商纣，非无天险，而最终丧命遗臭。"正是这番肺腑之言，使一些人对他动了杀心。他不得不逃到楚国。在楚，他主持变革，面对幅员广阔、人口众多的楚国，他敏锐地觉察到贫弱之因在于"大臣太重、封君太众"，国家的财富和权势均被贵族集团所占有。他果断地采取手段，裁掉那些冗杂无用的官吏，收回已传三代以上的贵族爵禄，并将这些"贵族"迁移到人口稀少的地方去自食其力，利用省下的钱财来"抚养战斗之士"。他体恤士卒，据说曾吸吮过伤兵的脓血，他对王公贵人又是那样苛刻，任何形式的后门在他那里都难以开启。短短一年多时间，吴起南收百越，北并陈蔡，威震秦晋，楚势大震。然而，吴起却招致楚国贵族的忌恨，楚王死后，吴起被车裂而死。

同样，秦孝公用商鞅之法，移风易俗，民以殷盛。变法给秦带来无与伦比的称雄地位。国家日盛一日，而变法者的危机也在与日俱增。秦孝公死后，太子即位，是为惠王。公子虔之徒以谋反的罪名逮捕了商鞅，很快处死了商鞅。

识别人才，需要别具慧眼。韩愈在《马说》中指出："世有伯乐，然后有千里马。千里马常有，而伯乐不常有。""和氏之璧"在荆山亘古埋没，幸遇卞和识之得之，但苦于两个楚王及玉匠"有眼不识金镶玉"，仍然被长期冷落和弃置一旁，实在令人可悲可叹！卞和能识荆山之玉，是他掌握了过人的辨玉之能。尤其可贵的是卞和有胆有识、坚持真理、无所畏惧的精神。

第十四

奸劫弑臣

奸劫弑臣，是指奸邪之臣、劫主之臣、弑君之臣。本文集中反映了韩非有关君臣关系严重对立的思想。韩非从其人性论出发，为专制君主描绘了一幅满目奸邪的朝臣百丑图。面对奸臣横行的局面，治奸之法唯有任势、明法，使天下不得不为己视，不得不为己听。批驳了儒家之所谓的"仁义惠爱"，而主张"严刑重罚"，提出了"乘威严之势以困奸邪之臣"。

【原文】

凡奸臣皆欲顺人主之心以取亲幸之势者也。是以主有所善，臣从而誉之；主有所憎，臣因而毁之。凡人之大体，取舍同者则相是也，取舍异者则相非也。今人臣之所誉者，人主之所是也，此之谓同取；人臣之所毁者，人主之所非也，此之谓同舍。夫取舍合而相与逆者，未尝闻也。此人臣之所以取信幸之道也。夫奸臣得乘信幸之势以毁誉进退群臣者，人主非有术数以御之也，非参验以审之也，必将以曩之合己信今之言①，此幸臣之所以得欺主成私者也。故主必欺于上而臣必重于下矣，此之谓擅主之臣②。

【注释】

① 曩（nǎng）：从前，过去。
② 擅主：控制君主之臣。

【译文】

所有奸臣都想顺从君主的心意来取得亲近宠爱地位。因此，君主喜欢的，奸臣就跟着吹捧；君主憎恨的，奸臣就跟着诋毁。大凡人的常性，观点相同的就相互肯定，观点相异的就彼此指责。现在臣子所赞誉的，正是君主所肯定的，这叫做"同取"；而臣子所诋毁的，正是君主所憎恨的，这叫做"同舍"。取舍一致而互相对立的，还不曾听说过。这是臣子用来取得宠幸的途径。奸臣能够凭借宠幸的地位来毁誉、提升或罢免群臣，如果君主没有法术来驾驭他，不用检验的方法来考察他，必会因为他过去和自己意见相同而轻信他现在的话，这是宠臣之所以能够欺骗君主、营私舞弊的原因。所以君主在上面一定受蒙蔽，而奸臣在下面一定握重权，这就叫作控制君主的臣子。

【原文】

国有擅主之臣，则群下不得尽其智力以陈其忠，百官之吏不得奉法以致其功矣①。何以明之？夫安利者就之，危害者去之，此人之情也。今为臣尽力以致功，竭智以陈忠者，其身困而家贫，父子罹其害②；为奸利以弊人主③，行财货以事贵重之臣者，身尊家富，父子被其泽；人焉能去安利之道而就危害之处哉？治国若此其过也，而上欲下之无奸，吏之奉法，其不可得亦明矣。故左右知贞信之不可以得安利也，必曰："我以忠信事上，积功劳而求安，是犹盲而欲知黑白之情，必不几矣④；若以道化行正理，不趋富贵，事上而求安，是犹聋而欲审清浊之声也，愈不几矣。二者不可以得安，我安能无相比周、蔽主上、为奸私以适重人哉？"此必不顾人主之义矣。其百官之吏亦知方正之不可以得安也，必曰："我以清廉事上而求安，若无规矩而欲为方圆也，必不几矣；若以守法不朋党治官而求安，是犹以足搔顶也，愈不几也。二者不可以得安，能无废法行私以适重人哉？"此必不顾君上之法矣。故以私为重人者众，而以法事君者少矣。是以主孤于上而臣成党于下，此田成之所以弑简公者也。

【注释】

① 致其功：做出成绩。

② 罹（lí）：遭遇。
③ 弊：通"蔽"，蒙蔽。
④ 几：通"冀"，希望。

【译文】

国家有了控制君主的臣子，臣下就不能充分发挥智慧和力量来效忠君主，各级官吏也不能奉行法制来建立功绩。凭什么明白这些？安全有利的就去追求，危险有害的就要避开，这是人之常情。现在臣下尽力来建功、竭智来效忠的，结果自身困窘而家庭贫穷，父子都遭受祸害；行奸营利去蒙蔽君主，广事贿赂去投靠达官重臣的，自身尊宠，家庭富裕，父子都得到好处；人怎么能离开安全有利的大道而走向危险有害的地方呢？治国到了这么错误的地步，而君主希望下面没有奸邪，官吏遵守法令，不能办到是很明显的了。所以近臣知道忠贞老实不可能得到平安和利益，一定会说："我凭忠诚老实侍奉君主，不断立功来求得平安，这等于瞎子想分辨黑白的真相，一定没有指望了；如果按照法术推行正理，不去趋炎附势，只去侍奉君主而求得平安，这等于聋子想辨别声音的清浊，更没有指望了。这两种做法都得不到平安，我怎能不拉帮结派、蒙蔽君主、以作奸行私来迎合重臣呢？"这样就一定不顾君主的利益了。众多官吏也知道正直不可能求得平安，一定会说："我凭清廉侍奉君主来求得平安，就像没有规矩而想画出方圆一样，一定没有指望了；假如凭守法、不结党营私、履行职责来求得平安，这就好比用脚搔头一样，更没有指望了。这两种做法都不能得到平安，能有不违法营私来迎合重臣吗？"这样就一定不顾君主的法令了。所以为了私利去帮助重臣的人就多了，按照法制侍奉君主的人就少了。因此君主在上则陷于孤立而奸臣在下则结成死党，这就是田成所以能杀掉齐简公的原因。

【原文】

　　从是观之，则圣人之治国也，固有使人不得不爱我之道，而不恃人之以爱为我也。恃人之以爱为我者危矣，恃吾不可不为者安矣。夫君臣非有骨肉之亲，正直之道可以得利，则臣尽力以事主；正直之道不可以得安，则臣行私以干上。明主知之，故设利害之道以示天下而已矣。夫是以人主虽不口教百官，不目索奸邪，而国已治矣。人主者，非目若离娄乃为明也①，非耳若师旷乃为聪也②。目必不任其数，而待目以为明，所见者少矣，非不弊之术也。耳必不因其势，而待耳以为聪，所闻者寡矣，非不欺之道也。明主者，便天下不得不为己视，天下不得不为己听。故身在深宫之中而明照四海之内，而天下弗能蔽弗能欺者，何也？暗乱之道废而聪明之势兴也。故善任势者国安，不知因其势者国危。古秦之俗③，君臣废法而服私，是以国乱兵弱而主卑。商君说秦孝公以变法易俗而明公道，赏告奸，困末作而利本事④。当此之时，秦民习故俗之有罪可以得免，无功可以得尊显也，故轻犯新法。于是犯之者其诛重而必，告之者其赏厚而信，故奸莫不得而被刑者众，民疾怨而众过日闻。孝公不听，遂行商君之法。民后知有罪之必诛，而告私奸者众也，故民莫犯，其刑无所加。是以国治而兵强，地广而主尊。此其所以然者，匿罪之罚重而告奸之赏厚也。此亦使天下必为己视听之道也。至治之法术已明矣，而世之学者弗知也。

【注释】

　　① 离娄：古之明目善视者。

　　② 师旷：春秋时期晋国乐师，以善于辨音著称，秦汉典籍中常以他作审音能力强的典型。

③ 古秦：商鞅变法以前的秦国。
④ 末作：法家以工商业为末作。本事：即农耕。

【译文】

　　由此看来，圣人治理国家，本来就有使人不得不爱我的办法，而不依赖别人出于爱而为我效力。依赖别人出于爱为我效力就危险了，依靠使人不得不为我效力才能平安。君臣之间没有骨肉之亲，如果凭正直态度可以得利，臣下就会尽力来侍奉君主；凭正直态度不可以求安，臣下就会营私来侵犯君主。明君懂得这个道理，所以设立赏罚措施来昭示天下，如此而已。因此君主虽然不亲口教化百官，不亲眼搜索奸邪，国家却已治理好了。作为君主，并非眼睛像离娄一样才算敏锐，并非耳朵像师旷一样才算灵敏。假定君主不靠法术，而要等到亲眼看见才以为明白，看见的东西就太少了，这不是不受蒙蔽的方法。假定君主不靠权势，而要等到亲耳听到才以为清楚，听到的东西就太少了，这不是不受欺骗的方法。作为明君，要使天下不得不为我看，不得不为我听。所以身处深宫之中，明察四海之内，而天下臣民不能加以蒙蔽和欺骗，为什么呢？因为愚昧混乱的办法废除了，耳聪目明的形势形成了。所以善于借势的，国家安定；不知借势的，国家就危险了。古代秦国的风俗，君臣废法而行私，因此国乱兵弱而君主卑弱。商鞅劝说秦孝公要变法易俗，倡明公道，奖励告奸，抑制工商，便利农耕。在这种时候，秦国百姓习惯于犯罪可以赦免、无功可以显贵的旧俗，所以轻易触犯新法。于是对违反新法的人刑罚严厉而坚决，对告发奸邪的人赏赐优厚而守信，所以奸邪的人没有不被发现的，遭受刑罚的人很多，民众怨恨，每天都能听到大家的责难。秦孝公不加理睬，坚持推行商鞅的法令。民众后来知道有罪必诛，而告发奸私的人多，所以民众没有敢犯罪的，刑罚也就没有对象施加了。因此，国家太平而兵力强盛，土地广袤而君主尊贵。秦国之所以治理得好，是因为对包庇罪犯的惩罚严厉，对告发奸私的赏赐优厚。这也是使天下人一定成为自己耳目的方法。最好的治国法术已经够明白了，而当世学者却一点也不懂得。

【品鉴】

从是观之，则圣人之治国也，固有使人不得不爱我之道，而不恃人之以爱为我也。恃人之以爱为我者危矣，恃吾不可不为者安矣。

以法治国，不恃人之以爱为我也。韩非从人性自利的观点出发，认为圣人治理国家，依靠的是使人不得不爱我的办法，而不依赖别人出于爱而为我效力。因为依赖别人出于爱而为我效力是危险的，只有依靠使人不得不为我效力的方法才会是安全的。他说："今上下之接，无子父之泽，而欲以行义禁下，则交必有郄矣。"又说："故父母之于子也，犹用计算之心以相待也，而况无父子之泽乎！"（《六反》）"故君臣异心，君以计畜臣，臣以计事君，君臣之交，计也。"（《饰邪》）君臣之间没有骨肉之亲，君主靠算计蓄养臣子，臣子靠算计侍奉君主，君臣交往靠的是算计，而不是仁爱。可见，以孔孟为代表的儒家强调施"仁政"，是求人主之过父母之亲，因此也只能是不切实际的幻想而已。他说："今学者之说人主也，皆去求利之心，出相爱之道，是求人主之过父母之亲也，此不熟于论恩诈而诬也，故明主不受也。"所以君主治国，设立赏罚措施来昭示天下，一靠权势，二靠法术。他说："尧为匹夫不能治三人，而桀为天子能乱天下，吾以此知势位之足恃，而贤智之不足慕也。"（《难势》）因此，权势是君主治国的首要条件。但这还不够，有了权势，还必须有法术。他说："释法术而心治，尧不能正一国，去规矩而妄意度，奚仲不能成一轮，使中主守法术，拙匠守规矩尺寸，则万不失矣。"（《用人》）在韩非看来，即使出现像尧帝那样的圣主明君，如果不实行法治，办事没个准绳，完全凭"心治"也是治理不好国家的，而一个有中等才能的国君，只要"守法术""唯法为治""以法治国"，也可以把国家治理好。韩非说：抱法处势，国家就安定；背离法度，失去势位，国家就混乱。韩非主张把"法"和"势"结合起来，凭借势位来保证法度的推行才是正道。

另外，君主治理国家，统治臣下，常常会由于受爱憎等主观因素的影响，对臣下表现出某种随心所欲。甚至有时会"喜则誉小人，贤不肖俱赏；怒则毁君子，使伯夷与盗跖俱辱"（《用人》）。因此，同样，需要用法制来控制君主的行为。

管理者不能滥用权力。滥用权力的结果，是形成高度的集权主义，这样的管理体制的弊端是显而易见的。无论管理者权力有多大也必须在法的基础上行使，绝不能出现权大于法的现象。任何权力，都是制度赋予的。所以，圣人治国，必须要有让臣民不能不爱自己的手段和方法。用在现在的管理上就是要严明法制，保证制度的刚性，提高执行力。每种制度皆有其目的，制度被严格执行才能实现目的。那么，如何才能严格执行制度呢？管理者要有按制度办事的刚性，始终坚持制度的刚性和系统性。每一步都不折不扣地做到位，是保证执行力的关键。据统计，世界500强企业的平均寿命是40~50岁，美国每年新生50万家企业，10年后仅剩4%，日本存活10年的企业比例亦不过18.3%，而中国大企业的平均寿命是7~8岁，中小民营企业平均寿命是2.9岁。企业寿命的长短取决于多种因素，制度的缺失、不完善或执行不力，是一个十分重要的原因。在一些企业中，我是老大，我说了算的作派仍然存在，管理工作的随意性大，这实际上实行的是人治而不是法治。人治的最大弊端就是不能科学管理，管理者往往凭借本人的经验和主观意志办事。这就无法避免人的随意性和片面性。一些管理制度，时常会前后矛盾或彼此冲突。大多数管理者这时不是考虑怎样系统地完善制度，而往往会告诉执行者："制度是死的，人是活的，不能死抱着制度不放，做事应该将原则性和灵活性相结合。"言下之意是制度不必事事、时时执行，于是制度往往会被打了折扣。有时某些业务骨干出现了违规行为，管理者往往会网开一面，美其名曰"特事特办，个案处理"。遇到一些没有把握或不便个人表态的"棘手"问题，管理者通常会召开会议讨论，说是"尊重集体的决定"，其实是将一班人凌驾于制度之上。这是权大于法在企业里的一种表现形式。

管理者随心所欲地管理企业的危害有时是致命的。有许多管理者精于业务，偏重经营，强调业绩而疏忽管理，导致企业发展缓慢或停滞不前。有些管理者尽管知道制度的重要性，并建立了各种制度，但不能坚决执行，有时制度的制定者竟然率先成为制度的破坏者。究其根源，还是管理者身上的某些不良管理习惯在作祟。而这种不受法律和制度约束的不良管理习惯往往来自于管理者的性格缺陷。俗话说，性格决定命运。就个人而言，性格往往决定一个人事业的成败。作为一个管理者，因为某种性格缺陷而无视法律法规地任由自己的性情决断，则会造成无可估量的损失。

第十五

亡　征

亡征，指国家可能灭亡的征兆，正如作者所言："亡征者，非曰必亡，言其可亡也。"本文从政治、经济、军事、宗教、文化以及君主的修养、爱好等方面，进行了广泛而深入的考察研究，得出了四十七种亡国的征兆，并进一步分析了可能亡国的内因和外因，意在说明只有用术行法，才可以消除国家之"亡征"。这四十七条既恢宏博大又细致入微，是韩非对前代治乱兴衰经验教训的全面总结，又是对战国末期政治斗争的高度概括，剔除其为专制集权张目的内核，其中有许多值得借鉴的东西。

【原文】

　　凡人主之国小而家大，权轻而臣重者，可亡也。简法禁而务谋虑，荒封内而恃交援者，可亡也。群臣为学，门子好辩，商贾外积，小民右仗者，可亡也。好宫室台榭陂池，事车服器玩，好罢露百姓，煎靡货财者，可亡也。用时日①，事鬼神，信卜筮，而好祭祀者，可亡也。听以爵不待参验②，用一人为门户者，可亡也。官职可以重求，爵禄可以货得者，可亡也。缓心而无成③，柔茹而寡断，好恶无决而无所定立者，可亡也。饕贪而无餍④，近利而好得者，可亡也。喜淫辞而不周于法⑤，好辩说而不求其用，滥于文丽而不顾其功者，可亡也。浅薄而易见，漏泄而无藏，不能周密而通群臣之语者，可亡也。很刚而不和⑥，愎谏而好胜，不顾社稷而轻为自信者，可亡也。恃交援而简近邻，怙强大之救而侮所迫之国者⑦，可亡也。羁旅侨士，重帑在外⑧，上间谋计，下与民事者，可亡也。民信其相，下不能其上，主爱信之而弗能废者，可亡也。境内之杰不事，而求封外之士，不以功伐课试，而好以名问举错⑨，羁旅起贵以陵故常者⑩，可亡也。轻其適正⑪，庶子称衡，太子未定而主即世者，可亡也。大心而无悔，国乱而自多，不料境内之资而易其邻敌者，可亡也。国小而不处卑，力少而不畏强，无礼而侮大邻，贪愎而拙交者，可亡也。太子已置，而娶于强敌以为后妻，则太子危，如是则群臣易虑；群臣易虑者，可亡也。怯慑而弱守，蚤见而心柔懦，知有谓可，断而弗敢行者，可亡也。出君在外而国更置，质太子未反而君易子，如是则国携⑫；国携者，可亡也。挫辱大臣而狎其身，刑戮小民而逆其使，怀怒思耻而专习则贼生；贼生者，可亡也。大臣两重，父兄众强，内党外援以争事势者，可亡也。婢妾之言听，爱玩之智用，外内悲惋而数行不法者，可亡也。简侮大臣，无礼父兄，劳苦百姓，杀戮不辜者，可亡也。好以智矫法，时以行杂公，法禁变易，号令数下者，可亡也。无地固，城郭恶，无畜积⑬，财物寡，无守战之备而轻攻伐者，可亡也。种类不寿，主数即世，婴儿为君，大臣专制，树羁旅以为党，数割地以待交者⑭，可亡也。太子尊显，徒属众强，多大国之交，而威势蚤具者，可亡也。变褊而心急⑮，轻疾而易动发，心悁忿而不訾前后者⑯，可亡也。主多怒而好用兵，简本教而轻战攻者，可亡也。贵臣相妒，大臣隆盛，外借敌国，内困百姓，以攻怨仇，而人主弗诛者，可亡也。君不肖而侧室贤，太子轻而庶子伉⑰，官吏弱而人民桀，如此则国躁；国躁者，可亡也。藏怒而弗发，悬罪而弗诛，使群臣阴憎而愈忧惧，而久未可知者，可亡也。出军命将太重，边地任守太尊，专制擅命，径为而无所请者，可亡也。后妻淫乱，主母畜秽，外内混通，男女无别，是谓两主，两主者，可亡也。后妻贱而婢妾贵，太子卑而庶子尊，相室轻而典谒重，如此则内外乖；内外乖者，可亡也。大臣甚贵，偏党众强，壅塞主断而重擅国者，可亡也。私门之官用，马府之世绌，乡曲之善举，官职之劳废，贵私行而贱公功者，可亡也。公家虚而大臣实，正户贫而寄寓富，耕战之士困，末作之民利者，可亡也。见大利而不趋，闻祸端而不备，浅薄于争守之事，而务以仁义自饰者，可亡也。不为人主之孝，而慕匹夫之孝，不顾社稷之利，而听主母之令，女子用国，刑余用事者，可亡也。辞辩而不法，心智而无术，主多能而不以法度从事者，可亡也。亲臣进而故人退，不肖用事而贤良伏，无功贵而劳苦贱，如是则下怨；下怨者，可亡也。父兄大臣禄秩过功，章服侵等，宫室供养太侈，而人主弗禁，则臣心无穷；臣心无穷者，可亡也。公婿公孙与民同门，暴傲其邻者，可亡也。

　　亡征者，非曰必亡，言其可亡也。夫两尧不能相王，两桀不能相亡；亡、王之机，必其治乱、其强弱相踦者也⑱。木之折也必通蠹，墙之坏也必通隙。然木虽蠹，无疾风不折；墙虽隙，无大雨不坏。万乘之主，有能服术行法以为亡征之君风雨者，其兼天下不难矣！

【注释】

① 用时日：办事迷信吉日良辰。

② 听以爵：根据有无爵位和爵位的高低来判断臣下的言论。

③ 缓心：行事迟缓。

④ 饕（tāo）：本义为贪食，后泛指贪。

⑤ 淫辞：浮夸的言辞。

⑥ 很：通"狠"。

⑦ 怙（hù）：义同"恃"。

⑧ 帑（tǎng）：钱财。

⑨ 问：通"闻"。名闻，口碑。错：通"措"。

⑩ 陵：通"凌"，凌驾。

⑪ 適：通"嫡"。

⑫ 国携：国贰，国人有二心。

⑬ 畜：通"蓄"。

⑭ 待：当是"持"之形近而误。

⑮ 忭褊（biǎn）：古语，心急。

⑯ 心悁（yuān）：《说文》："悁，忿也。"訾（zǐ）：思考。

⑰ 伉（kàng）：对等。

⑱ 相踦（qī）：轩轾，不平衡。

【译文】

凡属君主封国弱小而臣下封地强大，君主权轻而臣下权重的，国家就可能灭亡。轻视法令而好用计谋，荒废内政而依赖外援的，国家就可能灭亡。群臣喜欢私学，贵族子弟喜欢辩术，商人在外囤积财富，百姓崇尚私斗的，国家就可能灭亡。嗜好宫殿楼阁池塘，爱好车马服饰玩物，喜欢让百姓疲劳困顿，压榨挥霍钱财的，国家就可能灭亡。办事挑选良辰吉日，敬奉鬼神，迷信卜筮，喜好祭神祀祖的，国家就可能灭亡。君主听取意见只凭爵位的高低，而不去验证意见是否正确，只通过一个人来通报情况的，国家就可能灭亡。官职可以靠权势求得，爵禄可以用钱财买到的，国家就可能灭亡。办事迟疑而没有成效，软弱怯懦而优柔寡断，好坏不分而无一定原则的，国家就可能灭亡。极度贪心而没有满足，追求财利而爱占便宜的，国家就可能灭亡。喜欢浮夸言辞而不合于法，爱好夸夸其谈而不求实用，迷恋华丽文采而不顾功效的，国家就可能灭亡。君主浅薄而轻易表露好恶，泄露机密而不加隐藏，不能严密戒备而通报群臣言论的，国家就可能灭亡。乖戾倔强而不随和，拒绝劝谏而自强好胜，不顾国家安危而自以为是的，国家就可能灭亡。依仗盟国援助而怠慢邻国，倚仗强国支持而轻侮邻近小国的，国家就可能灭亡。外来的侨居游士，把大量钱财存放在国外，在上关注国家机密，在下干预民众事务的，国家就可能灭亡。民众只相信相国，不服从君主，君主又宠信相国而不能废弃他的，国家就可能灭亡。国内的杰出人才不用，反而去网罗国外游士，不按照功劳考核政绩，而喜欢凭借名望任免官员，侨居游士升为高官而凌驾于本国原有大臣之上的，国家就可能灭亡。轻视正妻嫡子，庶子和嫡子并重，太子未定而君主早亡的，国家就可能灭亡。君主狂妄自大而不思悔改，国家混乱却自我夸耀，不量本国实力而轻视近邻敌国的，国家就可能灭亡。国小而不处卑位，力弱而不畏强势，没有礼仪而侮辱邻近大国，贪婪固执而不懂外交的，国家就可能灭亡。太子已经确立，君主却又娶强大敌国的女子作为正妻，太子的地位就会危险，这样一来群臣就会变心，而群臣变心的，国家就可能灭亡。性情怯懦而不敢坚持己见，早已发现祸端而没有用心用力去解决，知道可以怎样做，但决定了又不敢去做的，国家就可能灭亡。君主出国在外而国内另立君主，在别国做人质的太子没有回国而君主又另立太子，这样国人就有二心，而国人有二心的，国家就可能灭亡。侮辱了大臣而又亲近他，惩罚了小民而又反常地使用他，这些人心怀不满，不忘耻辱，可君主又和他们特别亲近，那么劫杀事件就会产生，而劫杀事件产生的，国家就可能灭亡。两个大臣同时得到重用，君主亲戚人多势强，内结党羽外借交援来争权夺势的，国家就可能灭亡。听信婢妾的谗言，使用近臣的计谋，内外悲愤而一再干违法之事的，国家就可能灭亡。怠慢凌侮大臣，不知尊敬亲戚，劳累百姓，杀戮无辜的，国家就可能灭亡。君主好用智巧改变法制，常用私行扰乱公事，法令不断改变，号令前后矛盾的，国家就可能灭亡。地形不险要，城墙不坚固，国家无积蓄，财物贫乏，没有防守和打仗准备却轻易去进攻别国的，国家就可能灭亡。王族短命，君主接连去世，小孩子当了国君，大臣专权，扶植外来游士作为党羽，经常以割地来换取外援的，国家就可能灭亡。太子尊贵显赫，党徒人多势强，与许多大国交往密切，而个人威势过早具备的，国家就可能灭亡。

性情偏激而急躁，轻率而容易冲动，积愤易怒而不思前顾后的，国家就可能灭亡。君主容易发怒而喜欢打仗，放松农耕而不注重军事的，国家就可能灭亡。贵臣互相嫉妒，大臣权重势盛，在外凭借敌国，在内困扰百姓，以攻击冤家对头而君主不诛戮他们的，国家就可能灭亡。君主无能而他的兄弟贤能，太子势轻而庶子势强，官吏软弱而百姓不服管教，这样国家就会动荡不安；国家动荡不安的，国家就可能灭亡。君主怀恨而不发作，搁置罪犯而迟迟不用刑，使群臣暗中憎恨而更加忧惧，因此导致长期不知结果如何的，国家就可能灭亡。带兵在外的统帅权势太大，驻守边疆的长官地位太高，独断专行，直接处事而不请示报告的，国家就可能灭亡。妻子淫乱，太后养奸，内外混杂串通，男女没有分别，这样就形成了两个权力中心；形成两个权力中心的，国家就可能灭亡。正妻贱而婢妾贵，太子卑而庶子尊，执政大臣轻而通报官吏重，这样就会内外乖戾；内外乖戾的，国家就可能灭亡。大臣过于显贵，私党人多势强，封锁君主决定而又独揽国政的，国家就可能灭亡。豪门贵族的家臣被任用，历代从军的功臣却被排斥，偏僻乡村里有善名的人得到选拔，在职官员的功劳反被抹杀，推崇私行而轻视公功的，国家就可能灭亡。国家空虚而大臣殷实，常住户贫穷而客居者富裕，农民战士困顿，而工商业者得利的，国家就可能灭亡。看到根本利益不去追求，知道祸乱的苗头不加戒备，带兵打仗的事懂得不多，而致力于用仁义粉饰自己的，国家就可能灭亡。不遵行君主的孝道，而仰慕一般人的孝道，不顾国家利益，而听从母后命令，使女人当国、宦官掌权的，国家就可能灭亡。夸夸其谈而不合法令，头脑聪明而缺乏策略，君主多才而不按法度办事的，国家就可能灭亡。近臣得到进用而故臣却被辞退，无能得以重用而贤良却被埋没，无功的人地位显贵而劳苦的人地位卑下，这样臣民就要怨恨；臣民怨恨的，国家就可能灭亡。父兄大臣的俸禄等级超过他们的功劳，旗帜车服超过规定的等级，宫室的供养太奢侈，而君主不加禁止，臣下的欲望就没有止境；而臣下欲望没有止境的，国家就可能灭亡。王亲国戚和普通百姓同里居住，横行霸道欺压邻居的，国家就可能灭亡。

有亡国征兆的，不是说国家一定灭亡，而是说它可能灭亡。两个唐尧不能相互称王，两个夏桀不能相互灭亡；灭亡或称王的关键，必定取决于双方治乱强弱的不平衡。木头的折断一定由于蛀蚀，墙壁的倒塌一定由于裂缝。然而木头虽然蛀蚀了，没有疾风不会折断，墙壁虽然有了裂缝，没有大雨不会倒塌。大国的君主，如能运用法术作为暴风骤雨去摧毁那些已有灭亡征兆的国家，那么他要兼并天下就不难了！

【品鉴】

木之折也必通蠹，墙之坏也必通隙。然木虽蠹，无疾风不折；墙虽隙，无大雨不坏。万乘之主，有能服术行法以为亡征之君风雨者，其兼天下不难矣！

危机管理——有备无患。《左传·襄公》曰："居安思危，思则有备，有备无患。"在我国古代思想家中，强调忧患意识的并不少见，但像韩非这样强烈而又深入细致且不厌其烦地揭示亡国征兆的却实属罕见。韩非在这里列举了四十七种可能导致亡国的征兆，读来令人震撼，更难能可贵的是在当时的社会历史背景下，韩非能够从唯物主义的自然观出发，认为国家盛行宗教迷信也是国家灭亡的征兆。认为"用时日，事鬼神，信卜筮而好祭祀者，可亡也"。自古以来，奴隶主统治阶级就信奉宗教迷信，一旦国家遇到重大事件，都要占卜问鬼神，决定吉凶，然后再定大政方针。韩非对当时流行的宗教迷信进行了尖锐的批判。他列举了历史上的许多事例，证明这些宗教迷信完全是骗人的鬼话。例如，有一次燕国和赵国双方交战前都各自求神问卜，双方占卜的结果，却都是

"大吉",而战争的结局则是赵国取胜,燕国战败。又一次,赵国与秦国交战之前,也进行过占卜,结果也是"大吉",但在这次战争中赵国却被秦国打得大败,地削兵辱。韩非指出,在前一次战争中并不是赵国的神龟灵验而燕国的神龟骗人,在后一次战争中也不是秦国的神龟灵验而赵国的神龟骗人,问题不在于哪一国的占卜灵验或不灵验,因为用来占卜的龟根本决定不了战争胜败的国家大事。韩非认为用龟壳问卜是骗人把戏,占星术也同样是骗人把戏。他以魏国的几次战争为例,戳穿了占星术的骗局。占星术胡说什么某些星象的出现可以决定战争的胜败。但是魏国前几年进行的战争取得了胜利,后几年进行的战争却遭到了失败,丧失了国土,可见天上星宿的方位,决定不了国家的盛衰安危。所以韩非说:"龟策鬼神,不足举胜;左右背乡,不足以专战。然而恃之,愚莫大焉。"(《饰邪》)韩非认为,决定国家命运的是人,而不是鬼神。"越王勾践恃大朋之龟,与吴战而不胜,身臣入宦于吴;返国弃龟,明法亲民以报吴,则夫差为擒。故恃鬼神者慢于法,恃诸侯者危其国。"(《饰邪》)总之,事在人为,不从政治制度上去努力改革,不把国家治理得富强,就不能在战争中取胜。不相信人的作用,求神问卜,大搞宗教迷信,是亡国之道。

韩非还试图从无神论的立场去解释产生宗教迷信思想的原因。他指出:"人处疾则贵医,有祸则畏鬼。圣人在上则民少欲,民少欲则血气治而举动理,举动理则少祸害。夫内无痤疽瘅痔之害,而外无刑罚法诛之祸者,其轻恬鬼也甚。"(《解老》)人们有病才求医,遇到灾难就信鬼神,所以宗教迷信盛行是有客观原因的。所以,只要身体健康,免于疾病,生活安定,政治清明,赏罚公平,人们不会遭到无妄之灾,也就不会轻信鬼神了。韩非的这种观点触及了宗教迷信产生的社会根源,具有一定的进步意义。当然,由于时代的局限性,他不可能揭示出宗教迷信产生的阶级根源，看不到在阶级社会里宗教迷信是剥削阶级用来统治劳动人民的精神鸦片，因此也就不可能正确地阐明宗教迷信思想产生的根源。同时，由于科学水平的限制，韩非更不可能科学地说明精神的作用和精神与肉体的相互关系，因此就给灵魂不死说留下了后路。他并不否认有鬼的存在，只是认为在人的身体强健、精神正常时，鬼就不能给人以灾祸。这也说明了韩非的无神论思想的不彻底性。

韩非阐述的这四十七种亡国征兆，同样会在现代管理和社会生活中表现出来，务须随时警惕。比如，随着社会竞争的加剧，企业的管理和发展面临空前挑战，企业的决策稍有失误，便有可能引发巨大的损失甚至会产生灾难性的后果。企业在应对各种突发危机事件时，总是希望寻找一个正确的危机管理方法，但危机管理并不是指"危机出现了以后才开始的管理"。一般来讲，危机管理分为四个层次：第一个层次是正确地应对和处理危机。当危机发生时，能够冷静思考，正确应对，解决危机。可是，危机的爆发毕竟会造成损失，即使处理得当，也只能是减少损失，而不能彻底避免损失。第二个层次是化解危机。就是在危机爆发之前，将其化解于萌芽之中，这需要有运行良好的日常监督机制和反馈机制。任何危机都有其形成的过程，处理得当，则可以事半功倍地化解危机。第三个层次是利用危机，甚至可以设计"危机"。这是真正的高手之道，其通过危机引诱竞争对手，再用事先设计好的战略来攻击竞争对手。善用危机的管理者"以正合，以奇胜"，把坏事变成好事，达到出奇制胜的效果，有效快速地起到别的方法起不到的作用。第四个层次就是预防危机。正如中医所讲"良医医未病"。及时发现危机的征兆，事前预防危机的出现。如韩非所说："木之折也必通蠹，墙之坏也必通隙。然木虽蠹，无疾风不折；墙虽隙，无大雨不坏。万乘之主，有能服术行法以为亡征之君风雨者，其兼天下不难矣！"

第十六

三　守

三守,是指君主要遵守的三条原则。本文首先论述了三条政治原则:即心藏而不漏之近习能人、独掌刑赏大权和亲理朝政。韩非认为如果三守不完,臣下就会有三劫:即明目张胆地篡权、操纵政事篡权和专擅刑罚篡权。三守是明君之道,三劫是奸臣之术。君主之三守完,则臣下之三劫止,君主就可以称王天下了。

【原文】

人主有三守。三守完，则国安身荣；三守不完，则国危身殆。何谓三守？人臣有议当途之失、用事之过、举臣之情①，人主不心藏而漏之近习能人，使人臣之欲有言者不敢不下适近习能人之心，而乃上以闻人主。然则端言直道之人不得见，而忠直日疏。爱人，不独利也②，待誉而后利之；憎人，不独害也，待非而后害之。然则人主无威而重在左右矣。恶自治之劳惮③，使群臣辐凑之变，因传柄移藉，使杀生之机、夺予之要在大臣，如是者侵。此谓三守不完。三守不完，则劫杀之征也。

凡劫有三：有明劫，有事劫，有刑劫。人臣有大臣之尊，外操国要以资群臣，使外内之事非己不得行。虽有贤良，逆者必有祸，而顺者必有福。然则群臣直莫敢忠主忧国以争社稷之利害。人主虽贤，不能独计，而人臣有不敢忠主，则国为亡国矣。此谓国无臣。国无臣者，岂郎中虚而朝臣少哉？群臣持禄养交，行私道而不效公忠，此谓明劫。鬻宠擅权④，矫外以胜内，险言祸福得失之形，以阿主之好恶。人主听之，卑身轻国以资之，事败与主分其祸，而功成则臣独专之。诸用事之人，一心同辞以语其美，则主言恶者必不信矣，此谓事劫。至于守司囹圄⑤，禁制刑罚，人臣擅之，此谓刑劫。三守不完，则三劫者起；三守完，则三劫者止。三劫止塞，则王矣。

【注释】

① 举：据下文，当为"誉"字之形近而误。

② 独利：独断地奖赏某人。

③ 惮：通"瘅"。《尔雅·释诂》："瘅，劳也。"

④ 鬻：卖。

⑤ 囹圄（lǐng yǔ）：监狱。

【译文】

君主必须遵守三项准则。能够严格遵守三项准则，国家就会安定，君主自身尊荣；不能够严格遵守三项准则，国家就会危亡，君主自身也有危险。什么是三项准则呢？臣子中有人议论当权者的过失、执政者的错误以及揭发一般臣子的隐情，君主不把这些藏在心里而泄露给左右亲信和善于钻营的人，使臣子中想向君主进言的人不得不先屈从于亲信权贵的心意，而后向君主进言。这样，讲话正直、办事诚实的人就不能见到君主，而忠诚耿直的人就一天天被疏远。君主喜爱一个人，不独自奖赏他，等到有人赞誉他后才加以奖赏；憎恶一个人，不独自处罚他，等到有人反对他后才加以处罚。这样，君主就没有威势而大权旁落于近臣了。君主厌恶亲理政事的劳累，使群臣归聚的核心出现变化，从而权柄和势位发生转移，使生杀予夺的要害控制在大臣手里，这样的话就会使君主的权势受到侵害。以上所说就叫作三守不完备。三守不完备，就出现了劫杀君主、篡夺君位的征兆。

大凡篡夺君位有三种情形：有明目张胆篡权的，有操纵政事篡权的，有专擅刑罚篡权的。臣子有了大臣的显要地位，在外面利用国家大权来收买群臣，使朝廷内外的事情不通过自己就不能办。虽有贤能正直的人，违逆他的一定遭祸，顺从他的就会得福。这样一来，群臣中简直就没有敢于忠君忧国而为国家利益抗争的人了。君主虽然贤明，但不能独自决策，而臣子又不敢忠君，那么国家就形同亡国。这叫国家没有群臣。国家没有臣子，难道是近侍缺而朝臣少吗？群臣用俸禄去豢养党羽，营私谋利而不尽忠报国，这叫公开篡权。卖弄君主对他的宠爱，独揽大权，假托外部势力来制伏内部，危言耸听地渲染祸福得失的形势，用来迎合君主的好恶。君主听信了他们，就会降低身份不顾国家利益来资助他们。凡事失败了，就让君主分担祸害的责任；凡事成功了，臣子就独占功劳。那些掌权的重臣，众口同声地说他好，那么君主再说他不好就一定不被信服了，这叫操纵政事篡权。对于掌管监狱、法律法令和刑罚的官员，出现了臣下独揽专断的情况，就叫专擅刑罚篡权。三守不完备，三劫就会发生；三守完备，三劫就可禁止。三劫既经禁止、杜绝，君主就可以统治天下了。

【品鉴】

人主有三守。三守完，则国安身荣；三守不完，则国危身殆。

凡劫有三：有明劫，有事劫，有刑劫。

三守不完，必有三劫。韩非非常注重君主的道术，他把道家万物本原的"道"引入社会政治生活，演化为君主驾驭臣下的王霸之道。所谓"三守"，就是指君主必须遵循的三项政治原则：即深藏不露、大权独揽和亲理朝政。君主必须严格遵循这三项政治原则，超越左右亲信的蒙蔽而听取端直之臣的忠言；超越众臣的诽誉自主决定奖惩，并要把持住生杀予夺的刑罚大权，避免大臣独揽权力，这样才能称王天下。如果君主放弃这三项基本原则，就难免遭遇三大劫难，即大臣或明目张胆地篡权，或操纵政事篡权，或专擅刑罚篡权。

历史上遭遇劫难的君主为数不少。秦二世时的丞相赵高，是典型的

"三劫"之臣，据《资治通鉴·卷第八》记载："赵高欲专秦权，恐群臣不听，乃先设验，持鹿献于二世曰：'马也。'二世笑曰：'丞相误邪，谓鹿为马！'问左右，左右或默，或言马以阿顺赵高，或言鹿者，高因阴中诸言鹿者以法，后群臣皆畏高，莫敢言其过。"赵高居然在朝廷上当着众大臣的面，要秦二世承认他牵的鹿是马，最初秦二世还嘲笑赵高鹿马不分，但最后却不得不承认赵高的鹿不是鹿而是马。这就是"指鹿为马"的故事。赵高此举的目的不仅在于使"群臣皆畏高"，同时也让秦二世在大臣们面前抬不起头来。秦二世历来对赵高宠爱备至，最后不仅被赵高所杀，而且还被当作一般百姓草草埋葬。秦二世死后，赵高又以"秦地益小，乃以空名为帝"的理由，宣布继承人子婴不能使用皇帝的称号，只能使用王的称号。随后，赵高试图同刘邦的反秦武装约定"灭秦宗室而分王关中"。显然，赵高准备彻底瓦解秦始皇一手打下的天下。此可谓明目张胆地篡权。

另据记载，明武宗时权倾天下的太监刘瑾，少年入宫，凭借聪明的脑子，学会了一身钻营功夫，得到赏识，入东宫侍奉太子朱厚照。他尽力讨太子欢心，不久成为太子的心腹内臣。太子继位后，刘瑾连连升迁，很快当上了司礼太监，代皇帝批答天下奏章，大权独揽，成了无名有实的"刘皇帝"。他又妄改朝制，趁机广纳贿赂，朝臣纷纷仿效，贪风四起，明王朝由是江河日下。当时北京城内外都说有两个皇帝，一个是坐皇帝、一个是立皇帝，一个朱皇帝、一个刘皇帝。此可谓操纵政事篡权。

明熹宗时的魏忠贤更是有过之而无不及。熹宗善于木工制作和土木工程，专爱做木工活，每天玩够了就摆弄工具做些木工器物。深知皇帝秉性的魏忠贤利用他的这一特性，处心积虑，专挑皇帝专注于木工活时请示皇帝。每逢熹宗正在兴致勃勃地做木工活时，魏忠贤就拿一大堆奏章请他审批，故意惹他不耐烦。这时，熹宗便随口说："我都知道了，你就看着办吧。"这正好给了魏忠贤为所欲为的大好时机。就这样，大权便落在魏忠贤手里。魏忠贤独揽朝政，他可以直接批阅奏章和传布圣旨，对文武百官有生杀予夺的权力。一些逢迎拍马的官员，称呼他为"九千岁"。魏忠贤更加有恃无恐地排斥异己，迫害无辜。朝中事无巨细，必须派人到魏忠贤面前请示，经他认可方能办理。熹宗虽然近在咫尺，却无人请裁，朝廷上下只知有魏阉，不知有皇帝。魏忠贤的胡作非为，引起正直官员的极大愤慨，东林党人为伸张正义对他们进行了揭发和斗争。天启四年，左副都御史杨涟上疏痛斥魏忠贤的二十四条大罪，大胆地揭发魏忠贤的奸恶行径，魏忠贤慌忙向熹宗哭诉，昏愚的熹宗偏听偏信，反而下旨痛责杨涟，而魏忠贤竟逍遥法外。

第十七 备 内

所谓"备内",即提醒君主防备来自家庭内部如后妃、太子等的弑夺。本文主要论述君主和后妃、诸子之间存在的利害关系及利害冲突。权臣往往利用各种矛盾,乘机制造篡夺君权的内乱,因此,在提出了一系列备内的主张之后,韩非着重提出了防止奸臣篡权的警示。

【原文】

人主之患在于信人。信人，则制于人。人臣之于其君，非有骨肉之亲也，缚于势而不得不事也①。故为人臣者，窥觇其君心也无须臾之休②，而人主怠傲处其上，此世所以有劫君弑主也。为人主而大信其子，则奸臣得乘于子以成其私，故李兑傅赵王而饿主父。为人主而大信其妻，则奸臣得乘于妻以成其私，故优施傅丽姬杀申生而立奚齐③。夫以妻之近与子之亲而犹不可信，则其余无可信者矣。

【注释】

① 缚于势：迫于事势。缚：通"薄"，迫。

② 窥觇（chān）：窥视。

③ 优施：春秋时晋国的优伶，名施。优：上古对以歌舞娱人为业者的称呼。

【译文】

君主的祸患在于相信别人。相信别人，就受到别人控制。臣子对于君主，没有骨肉之亲，只是迫于权势而不得不侍奉。所以做臣子的，窥测君主的意图，没有一时一刻停止过，而君主却懈怠傲慢地处于上位，这就是世上出现劫持杀害君主事件的原因。如果君主非常相信他的儿子，奸臣就会利用他的儿子来实现自己的私利，所以李兑辅助赵王最终饿死了主父。如果君主非常相信他的妻子，奸臣就会利用他的妻子来实现自己的私利，所以优施帮助丽姬杀死太子申生而改立奚齐。即使是像妻子和儿子那样亲近的人尚不可相信，其余的人就没有可相信的了。

【原文】

且万乘之主，千乘之君，后妃、夫人適子为太子者，或有欲其君之蚤死者。何以知其然？夫妻者，非有骨肉之恩也，爱则亲，不爱则疏。语曰："其母好者其子抱。"然则其为之反也，其母恶者其子释。丈夫年五十而好色未解也①，妇人年三十而美色衰矣。以衰美之妇人事好色之丈夫，则身见疏贱②，而子疑不为后，此后妃、夫人之所以冀其君之死者也。唯母为后而子为主，则令无不行，禁无不止，男女之乐不减于先君，而擅万乘不疑，此鸩毒扼昧之所以用也③。故《桃左春秋》曰："人主之疾死者不能处半。"人主弗知，则乱多资。故曰：利君死者众，则人主危。故王良爱马④，越王勾践爱人，为战与驰。医善吮人之伤，含人之血，非骨肉之亲也，利所加也。故舆人成舆⑤，则欲人之富贵；匠人成棺，则欲人之夭死也。非舆人仁而匠人贼也，人不贵，则舆不售；人不死，则棺不买。情非憎人也，利在人之死也。故后妃、夫人、太子之党成而欲君之死也；君不死，则势不重。情非憎君也，利在君之死也。故人主不可以不加心于利己死者。故日月晕围于外，其贼在内，备其所憎，祸在所爱。是故明王不举不参之事，不食非常之食；远听而近视以审内外之失，省同异之言以知朋党之分⑥，偶参伍之验以责陈言之实；执后以应前，按法以治众，众端以参观；士无幸赏，无逾行；杀必当，罪不赦：则奸邪无所容其私。

【注释】

① 解：通"懈"，减退。

② 疏贱：被冷淡和轻忽。

③ 鸩（zhèn）：一种有毒的鸟，用它的羽毛浸酒，喝了会毒死人。

④ 王良：春秋末期晋国人，赵简子车夫，以善于驾车著名。

⑤ 舆人：制造车辆的工匠。

⑥ 省（xǐng）：省察。

【译文】

再说，大大小小国家的君主，他们的原妻正配所生嫡子做了太子的，还有盼着自己的君主早死的。怎么知道会是这样的呢？妻子，没有骨肉的恩情，宠爱就亲近，不宠爱就疏远。俗话说："母亲美丽，她的孩子就受宠爱。"与此相反，母亲不美，她的孩子也就被疏远。男子五十岁而好色之心不减，妇女三十岁美貌就衰减了。用色衰的女色侍奉好色的男子，自己就会被疏远卑视，而怀疑儿子不能成为继承人，这正是后妃、夫人盼望君主早死的原因。只有当母亲做了太后而儿子做了君主以后，那时就会令无不行，禁无不止，男女乐事不减于先君在时，而独掌国家大权无疑，这正是用毒酒或扼杀来对付国君的原因所在。所以《桃左春秋》上说："君主因病而死的不到半数。"君主不懂得这个道理，奸臣作乱就有了更多的凭借。所以说，认为君主死亡对自己有利的人多，君主就危险。所以王良爱马，越王勾践爱民，就是为了打仗和奔驰。医生善于吸吮病人的伤口，口含病人的污血，不是因为有骨肉之亲，而是因为利益所在。所以车匠造好车子，就希望别人富贵；棺材匠做好棺材，就希望别人早死。并不是车匠仁慈而棺材匠狠毒。别人不富贵，车子就卖不掉；别人不死，棺材就没人买。本意并非憎恨别人，而是利益就在别人的死亡上。所以后妃、夫人、太子的私党结成了，就会希望君主早死，如果君主不死，自己权势就不大。本意并非憎恨君主，而是利益就在君主的死亡上。所以君主不能不留心那些利在自己死亡的人。因为日月外面有白色光圈环绕，毛病就在内部；防备自己所憎恨的人，祸害却来自所亲爱的人。所以明君不做没有验证过的事情，不吃不寻常的食物；打听远处的情况，观察身边的事情，从而考察朝廷内外的过失；研究相同的和不同的言论，从而了解朋党的区分，通过事实来作验证，从而责求臣下陈言的可靠性；用事后的结果来对照事先的言行，按照法令来治理民众，根据各种情况来检验观察；官吏没有侥幸受赏的，没有违法行事的；诛杀的一定得当，有罪的不予赦免。这样一来，奸邪行为就无处容身了。

【品鉴】

人主之患在于信人。信人，则制于人。

人主之患——信人则制于人。韩非认为人人"皆挟自为心也"，因此，人与人之间只是"用计算之心以相待"的赤裸裸的利害关系。"故舆人成舆，则欲人之富贵；匠人成棺，则欲人之夭死也。非舆人仁而匠人贼也。人不贵，则舆不售；人不死，则棺不买。情非憎人也，利在人之死也"。人与人的关系不是相互利用、买卖交换，就是钩心斗角、尔虞我诈。为了个人的利益，人们随时都可以把君臣、父子、夫妇、朋友的关系撕得粉碎。朋友可以立刻变成仇人，夫妻可以反脸变成冤家，温情脉脉可以代之以杀气腾腾，甜言蜜语可以化为唇枪舌剑。韩非认为父母与子女之间应该是最亲密的关系，但事实上同样也不过是利害关系。他说："且父母之于子也，产男则相贺，产女则杀之。此俱出父母之怀衽，然男子受贺，女子杀之者，虑其后便，计之长利也。"父母孕育孩子，生下儿子就庆贺，生下女儿就不高兴，甚至溺杀女孩。无论男孩，还是女孩，都是母亲十月怀胎而孕育的，都是自己的亲骨肉，为什么生下男孩互相庆贺，生下女孩要杀掉呢？这是父母为了自己的私利考虑的。既然父母对于子女以计算之心相待，人与人之间就更没有恩泽了。韩非认为夫妻之间的关系更是利害关系。

春申君为讨好宠妾而抛弃正妻的故事，正说明了这一观点。春申君是楚顷襄王的弟弟，是著名的战国四公子之一，考烈王时曾任楚国令尹，门下食客众多，号称有三千之数。春申君虽然礼贤下士，仗义疏财，却有一个很大的毛病——喜好美色。春申君宠爱一个小妾，名字叫作余。余仗着春申君的宠爱，在家中颐指气使。春申君的妻子有时看不过眼，不免要说她几句，余恃宠而骄，并不将正妻放在眼里。因此妻妾不和，经常吵闹。

一次，余忽然想出一条计策，将身上弄出些伤痕来，然后去向春申君哭诉，说："我能够做您的侍妾，感到非常荣幸。可是夫人却看我不顺眼，我要是顺从夫人就不能服侍您；要是顺从您，就不能服侍夫人，我没有能力使二位主人都安宁快乐。长久下去，我肯定会被夫人折磨死，还不如现在您就赐死我。我死了以后，您要是再宠幸别人，一定要明察这种情况，不要被人笑话。"春申君相信了余的一番鬼话，又见她身上伤痕累累，大怒之下，根本不去多想，便将妻子休了。余获得了胜利，却并不满足。春申君的妻子生有一个儿子，名叫甲。甲是嫡长子，被春申君立为世子。余希望立自己生的儿子为世子，又设毒计，要除掉甲。这天，余把自己的衣衫撕破，又跑到春申君那里去哭诉，说："我得到您的宠幸已经很久了，甲又不是不知道，可是他今天却强行要调戏我。我拼命挣扎，以至于把衣服都扯破了。这个孩子真是太可怕了，没有比他更不孝的人了。"春申君既好色，妒心又重，耳根又软，见余的衣服被扯得破破烂烂，眼睛哭得红红肿肿的，哪里忍得住。叫人把甲叫来，问也不问，一剑便把甲杀了。

　　韩非对人性趋利避害的自利性进行了入木三分地透析和揭示，而且不厌其烦地反复强调人性的不可信，并列举大量血淋淋的史实。现实中人和人之间以诚相待是必须的，但需要区别"信任"与"轻信"。如果一个人过于诚实被人欺骗或过于轻信他人而被人利用，甚至给国家或个人造成损失和伤害，那就是实为不该的愚蠢了。现实中有太多太多的人因意识不到这一点，常常会以所谓的"善良"自欺欺人，并以此来掩盖自己的愚蠢，以获得自己良心上的些许安慰，这是非常不明智的。

第十八

南　面

因古代君主上朝听政时坐北朝南,所以"南面"成了君主统治的代称。本文以"南面"为题,旨在论述君主治国的基本原则和君主备臣、制臣之术。

【原文】

　　人主之过，在已任臣矣，又必反与其所不任者备之，此其说必与其所任者为仇，而主反制于其所不任者。今所与备人者，且曩之所备也①。人主不能明法而以制大臣之威，无道得小人之信矣。人主释法而以臣备臣，则相爱者比周而相誉，相憎者朋党而相非②。非誉交争，则主惑乱矣。人臣者，非名誉请谒无以进取，非背法专制无以为威，非假于忠信无以不禁；三者，惛主坏法之资也③。人主使人臣虽有智能，不得背法而专制；虽有贤行，不得逾功而先劳；虽有忠信，不得释法而不禁。此之谓明法。

　　人主欲为事，不通其端末，而以明其欲，有为之者，其为不得利，必以害反。知此者，任理去欲。举事有道，计其入多，其出少者，可为也。惑主不然，计其入，不计其出，出虽倍其入，不知其害，则是名得而实亡。如是者功小而害大矣。凡功者，其入多，其出少，乃可谓功。今大费无罪而少得为功，则人臣出大费而成小功，小功成而主亦有害。

【注释】

　　① 曩（nǎng）：从前，过去。
　　② 非：通"诽"。
　　③ 假：通"借"。惛：通"昏"，使……惑乱。

【译文】

君主的过失,在于已经任用了臣子,却又总是和未被任用的人一起去防备他,这样一来,未被任用之人的意见一定和已被任用之人的意见作对,君主反而受制于他所不用之人。现在偕同君主防备他的人,也就是君主过去所要防备的人。君主不能彰明法令来控制大臣的威势,就无从得到民众的信任。君主放弃法纪而用臣子去防备臣子,彼此喜欢的人就会紧密勾结而相互吹捧,彼此憎恨的人就会拉帮结伙而相互诽谤。诽谤和吹捧交相争斗,君主就迷惑昏乱了。做臣子的不互相吹捧私下请托就不能得到更高的官位爵禄,不违法专权就不能建立自己的威势,不假借忠信之名就不能逃脱法禁。这三项,是惑乱君主、败坏法纪的手段。君主要使臣下虽有智慧和才能,也不得违法专权,虽有贤能的行为,也不能在立功之前得到赏赐,虽有忠信的品德,也不能放弃法纪而不加约束,这就叫彰明法度。

君主想做某件事,没有掌握全部情况,就把自己的想法表露出来,这样做的话,不但没有好处,反而一定会受害。懂得这些,就会顺应客观事理,去掉主观欲望。做事有个原则,就是算来利益多、代价少的,就可以做。昏君则不然,只算得利,不算代价,代价即使成倍地超过利益,也不知它的危害,这就是名义上得到而实际上失去。像这样就是功劳小而危害大。大凡功劳,它的利益多,而代价少,这才可以叫作功劳;现在耗费大的无罪,而收效小的有功,臣子就会以大的耗费去取得小的收效,小的收效即使取得了,而君主仍是遭受了损害。

【品鉴】

人主之过,在已任臣矣,又必反与其所不任者备之,此其说必与其所任者为仇,而主反制于其所不任者。

用人不疑，疑人不用。自古至今，魏文侯用人不疑的故事广为流传。魏文侯派乐羊为帅领兵征伐中山国，而乐羊的儿子乐舒恰在中山国做官。魏军势如破竹，长驱直入，直逼中山城下。紧要关头，中山王利用乐舒与乐羊的父子关系，让乐舒去说服乐羊退兵。乐羊为了争取民心，就将计就计，对中山国采取围而不攻的策略，连续三次延缓攻城日期。魏国的一些官员本来就对乐羊得宠而心怀忌妒，听到这个消息，纷纷上书告乐羊的阴状。有的说乐羊假公济私，为了他儿子的安全不肯奋力攻城；有的说中山国王要分一半土地给乐羊，乐羊要自立为王；还有的说乐羊要与中山国联合起来进攻魏国。魏文侯很有主见。他把这些告状信统统锁好，并不时派人到前线慰劳乐羊和他的部队。

乐羊宽限三个月攻城期后，中山国仍不肯投降，乐羊就亲自督战攻城。中山王见乐羊不以儿子的生命为意，无计可施，就把乐羊的儿子乐舒杀了，并用乐舒的肉煮了一罐肉羹，让人送给乐羊，企图使乐羊见了儿子的肉心酸胆寒，以动摇其攻城的信心。乐羊接过羹，从容地吃起来，并对来者说："回去告诉你们国王，我军中也有炊具，马上就要轮到他了！"随即全线发起攻击，中山王走投无路，自杀身亡。

乐羊凯旋回国，魏文侯亲自出城迎接，并设宴于内宫，亲捧美酒敬乐羊。宴会散后，魏文侯命左右取来两个密封的匣子送给乐羊。乐羊以为是魏文侯为褒奖他的卓著功勋，而赠送的金帛珠宝等细软之物。可等回家打开一看，里面全是一些告乐羊围城不攻、企图谋反的奏章。乐羊大惊，感叹道："原来朝中的人如此诽谤我。要不是魏王信任我，不信这些谗言，我恐怕早就变成刀下之鬼了。"从此以后，乐羊对魏文侯更加感激涕零，诚惶诚恐。

与此形成鲜明对比的是，据《三国演义》所述，孔明在第四次出祁山的作战中，经过和司马懿一番斗智斗法，终于赢得了战场上的主动权，使魏军陷入不利境地。然而遗憾的是，刘禅这位不明事理的昏君却中了司马懿一个"反间计"。正当诸葛亮在祁山前线连胜敌军时，驻守在永安的李严派都尉苟安前往押运粮草。谁知，这位苟都尉嗜酒成性，延误了运粮期限，被孔明重责八十军棍，打得皮开肉绽。苟安因此"心中怀恨，连夜引亲随五六骑，径奔魏寨投降"。正为连遭失败而苦恼的司马懿，一见苟安来投，心中大喜，眉头一皱，顿生一计。他又派苟安回到成都。苟安回到成都后，遇见朝中宦官，便大肆造谣说："孔明自倚大功，早晚必将篡国。"宦官们马上"入内奏帝"。无知的刘禅竟听信他们的谗言，立即"遣使赍诏星夜宣孔明回"。孔明受诏后，不禁仰天长叹："主上年幼，必有佞臣在侧！吾正欲建功，何故取回？我如不回，是欺主矣。若奉命而退，日后再难得此机会也。"孔明毕竟是一位"鞠躬尽瘁，死而后已"的忠臣，最后只得忍痛撤军。同样，南宋时岳飞于郾城、朱仙镇大破金军，正欲乘胜驱兵"直抵黄龙府"，却因秦桧作祟，宋高宗连下十二道金牌调岳飞回师，结果使岳飞浴血奋战换来的抗金战果全部付诸东流，白白丧失了当时的大好时机。难怪岳飞回朝路经南阳卧龙岗时，夜不能寐，挥泪疾书诸葛亮的前、后《出师表》，以表达自己与孔明息息相通、心心相印的忠君思想。

用人不疑，应是君主的用人准则。韩非主张，贤明的君主应懂得运用下属的智慧去建功立业。君主必须把一部分任务交给下属去完成，这就涉及到一个信任问题。君主一旦把任务交给下属，就不要疑神疑鬼。当然，用人不疑的前提是知人。魏文侯大胆放手地使用乐羊，是因为他了解乐羊"志士不饮盗泉之水，廉者不受嗟来之食"的品行；游学鲁、卫等国，七年不归的非凡志气；中山王多次相招，乐羊不屑一顾的事实；以及乐羊功名心重，不会因疼爱儿子而影响求取功名的心理。如果魏文侯不清楚乐羊的底细，是谈不上用而不疑的。

用人不疑一定是以疑人不用为前提的，而不是随便用人。也就是说，在用人之前要对所用之人进行全面考察，对其道德品质以及能否胜任重点考察，一定要把任务交给可信之人。对可信之人不信任是对下属的极大伤害，对不可信之人用人不疑的后果则更可怕。所以，做到用人不疑，最重要的是用人者要有自己的主见和洞察力。人才被怀疑，受压抑，遭迫害，多与领导者轻信谗言、缺乏主见有关。魏文侯是位有主见的统治者，当左右向他进谗时，他不仅不为所惑，反而派人劳军，显示出他对乐羊的无比信任。相反，历史上因听信谗言而冤枉部属、残害忠良者，比比皆是。最为典型的莫过于宋高宗听信秦桧"莫须有"的诬陷，屈杀爱国将领岳飞父子的故事。

在封建社会里，统治者用人不疑往往使其部属对其知遇之恩感恩戴德而拼死效力。谋臣忠勤于内，将帅征战于外，都能尽力竭节，报效朝廷，为其赴汤蹈火、肝脑涂地、在所不惜。但是必须看到，封建统治者的用人不疑，往往带有实用主义的特质。时过境迁，甚至还会对功臣元勋大加杀戮，刘邦、朱元璋亦是如此。用人不疑运用在现代管理中，领导者对部下的理解和信任，同样是排除不必要的干扰和思想负担，使其全力以赴投入工作、出色完成任务的前提。

韩非一方面反复强调人有自利性，告诫人们不要轻信任何人。其主要目的是为他的君主南面之术寻找理论依据，根本出发点是为君主独裁统治服务的。本篇中又反复强调用人不疑，二者似乎自相矛盾。但实则不然，其中自有玄机，这里的分寸十分微妙，如何做到重用而不疑，信任而不纵，高明的领导者心中自有分寸。信任有限度，在信任的限度内不疑，放任有底线，突破底线必防，两者结合方可防患于未然。

第十九

饰　邪

饰，通"饬"，意为整治，饰邪即整治邪恶、邪妄。韩非要求君主整治臣下的诸种邪恶、邪妄行为，其中涉及恃鬼神、恃诸侯、赏罚失当、小智小忠见用、私义私心见重等诸种臣下借以进身的手段。韩非主张"明赏以劝之，严刑以威之"。反对各种邪恶行为的同时，又反复阐明"君臣异心"，"君臣之交，计也。害身而利国，臣弗为也；富国而利臣，君不行也"。告诫君主"公私不可不明，法禁不可不审"。

【原文】

臣故曰：明于治之数，则国虽小，富；赏罚敬信，民虽寡，强。赏罚无度，国虽大，兵弱者，地非其地，民非其民也。无地无民，尧、舜不能以王，三代不能以强。人主又以过予，人臣又以徒取①。舍法律而言先王明君之功者，上任之以国。臣故曰：是愿古之功，以古之赏赏今之人也。主以是过予，而臣以此徒取矣。主过予，则臣偷幸②；臣徒取，则功不尊。无功者受赏，则财匮而民望；财匮而民望，则民不尽力矣。故用赏过者失民，用刑过者民不畏。有赏不足以劝，有刑不足以禁，则国虽大，必危。

明主之道，必明于公私之分，明法制，去私恩。夫令必行，禁必止，人主之公义也；必行其私，信于朋友，不可为赏劝，不可为罚沮③，人臣之私义也。私义行则乱，公义行则治，故公私有分。人臣有私心，有公义。修身洁白而行公行正，居官无私，人臣之公义也；污行从欲④，安身利家，人臣之私心也。明主在上，则人臣去私心行公义；乱主在上，则人臣去公义行私心。故君臣异心，君以计畜臣，臣以计事君，君臣之交，计也。害身而利国，臣弗为也；害国而利臣，君不行也。臣之情，害身无利；君之情，害国无亲。君臣也者，以计合者也。至夫临难必死，尽智竭力，为法为之⑤。故先王明赏以劝之，严刑以威之。赏刑明，则民尽死；民尽死，则兵强主尊。刑赏不察，则民无功而求得，有罪而幸免，则兵弱主卑。故先王贤佐尽力竭智。故曰：公私不可不明，法禁不可不审，先王知之矣。

【注释】

① 过予：过分地赏赐东西给臣下。徒取：无功而受封赏。

② 偷幸：苟且，侥幸。

③ 罚沮（jǔ）：阻止。

④ 从：通"纵"。

⑤ 为法为之：因为是法度使他们这样做的。

【译文】

所以我说：懂得治理的办法，国家虽小，也可以富有；赏罚谨慎守信，民众虽少，也可以强大。赏罚没有标准，国家虽然很大，兵力衰弱的，土地不是自己的土地，民众不是自己的民众。没有土地和民众，尧舜也不能称王天下，夏、商、周三代也不能强盛。君主却仍过分地行赏，臣下无故地得赏，对那些不顾法律而谈论先王明君功绩的人，君主却把国事委托给他。所以我说：这是指望有古代的功绩，拿古代的赏赐标准去奖赏现在的空谈家。君主错误地行赏，臣下因此无故地得赏。君主过分地行赏，臣下就会苟且和侥幸；臣下无故地得赏，功劳就不再尊贵了。无功的人受赏，财力就会匮乏，民众就会抱怨；财匮民怨，民众就不会为君主尽力了，所以行赏不当就会失去民众，用刑不当民众就不再畏惧。有赏赐却不足以勉励立功，有刑罚却不足以禁止邪恶，那么国家即使很大，也一定很危险。

做明君的原则，一定要明白公私的区别，彰明法制，舍弃私人恩惠。有令必行，有禁必止，是君主的公义；一定要实现自己的私利，在朋友中取得信任，不能用赏赐鼓励，不能用刑罚阻止，是臣下的私义。私义风行国家就会混乱，公义风行国家就会平安，所以公私是有区别的。臣下有私心，有公义。修身廉洁而办事公正，做官无私，是臣子的公义；

玷污品行而放纵私欲，安身利家，是臣子的私心。明君在上，臣下就去私心行公义；昏君在上，臣下就去公义行私心。所以君臣不一条心，君主靠算计蓄养臣子，臣子靠算计侍奉君主，君臣交往的是算计。危害自身而有利国家，臣下是不做的；危害国家而有利臣子，君主是不干的。臣下的本心，危害自身就谈不上利益；君主的本心，危害国家就谈不上亲近。君臣关系是凭算计联结起来的。至于臣子遇到危难一定拼死，竭尽才智和力量，是法度造成的。所以先王明定赏赐来加以勉励，严定刑罚来加以制伏。赏罚分明，百姓就能拼死；百姓拼死，兵力就会强盛，君主就会尊贵。刑赏不分明，百姓就会无功而谋取利益，有罪而侥幸免罚，结果是兵力弱小，君主卑下。所以先王贤臣都尽心竭力。所以说，公私不可不明，法禁不可不察，先王是懂得这个道理的。

【品鉴】

故用赏过者失民，用刑过者民不畏。有赏不足以劝，有刑不足以禁，则国虽大，必危。

赏罚之术——赏罚有度。凡事皆须有度，过犹不及。韩非认为，赏罚作为法治手段，必须使用恰当，才能达到奖善罚恶的目的，收到君主预期的效果。否则就会失去赏罚的效用。他说："用赏过者失民，用刑过者民不畏。有赏不足以劝，有刑不足以禁，则国虽大，必危。"意思是说，施行奖赏过度就会失去民众，而执行刑罚过度民众就不会畏惧。有了奖赏却不能用来鼓励民众为国效力，有了刑罚却不能用来禁止民众为非作歹，那么国家即使再强大，也必定会有危险。人的善恶与赏罚有直接关系，赏罚得当，则百姓争相为善，赏罚不当，则百姓就随之作恶。所以君主一定要注意赏罚之术。

韩非主张"明赏以劝之，严刑以威之"。认为"赏刑明，则民尽死；

民尽死，则兵强主尊。刑赏不察，则民无功而求得，有罪而幸免，则兵弱主卑"。韩非认为："无功者受赏，则财匮而民望，财匮而民望，则民不尽力矣。"君主过分地行赏，臣下就会苟且和侥幸；臣下无功而得赏，功劳就不再尊贵。而且，财力就会匮乏，民众就会抱怨；财匮民怨，民众就不会为君主尽力，所以行赏不当，就会失去民众。用刑不当，民众就不再畏惧。因为"刑罚不必则禁令不行"，赏罚不当则易生欺瞒之心。韩非主张"赏罚有度"，主要是指不能随意运用赏罚，如果需要运用赏罚，韩非更强调厚赏重罚，因为在韩非看来："赏莫如厚，使民利之……诛莫如重，使民畏之。"

韩非告诉我们，赏罚必须有度，否则赏罚也就失去了应有的效用。现代管理也一样，领导者对下属的功绩，一定不能忽视，有功必赏。但是，如果赏得过多过滥，同样是一大败笔。比如，奖赏的面太窄，奖赏易被少数人垄断，而大多数人得不到鼓励；但如果奖赏的面过宽，不管有无功绩，人人有份，吃"大锅饭"，久而久之，有能力者会因感到不公平而变得消极，没有能力者也觉得反正有自己一份而依然故我。奖赏过厚，往往也会后患无穷。一是有可能导致以后无奖可赏；二是可能会滋长下属一味追求丰厚奖励的不良心理；三是容易引起其他下属的不满，而影响大多数人的积极性。处罚不当所导致的后果会更加严重。首先，处罚的强度要得当，对一般的错误可以从轻处罚。从轻处罚易使下属产生内疚感，从而避免重蹈覆辙，且不致背思想包袱。对于犯了重大错误的下属，则不能心软，应按章办事，不徇私情。其次，处罚要采取适当的形式，既要避免过于冷酷无情，又要避免温柔无力。再次，处罚要讲究时机，及时处罚，才能起到惩治的作用。处罚必须在影响扩大之前，必须在人们印象深刻的时候进行。

另外，韩非还提出了"赏誉同轨"的思想。认为在舆论上，赏罚毁誉必须具有一致性，即道德评价与赏罚保持一致。如果法律支持的行为得不到道德称誉，那么奖赏将起不到鼓励人们守法的作用；如果法律反对的行为得不到道德谴责，那么惩罚将起不到禁止犯罪的作用。"誉所罪，毁所赏，虽尧不治"，是因为人们对赞誉的看重和他们对赏赐的看重是相同的，在人们心目中赏赐和赞誉处于同样重要的位置。因此，在实施赏罚时，奖赏要和赞誉相结合、相统一，惩罚要和诋毁、否定相一致。

第二十

解　老

　　解老，是韩非根据自己的意图对《老子》的解释，也是现存最早的注老文献，本文涉及老子《德经》九章和《道经》三章。因为韩非完全站在法家的立场上对老子学说进行吸纳和解释，其中许多理解显然打上了法术家的烙印。韩非在本章中提出了"道"与"理"这一对哲学范畴，在中国哲学史上第一次对一般规律和特殊规律的关系问题作出了回答。韩非通过对《老子》原文中"圣人"内涵的巧妙替换，将一个知雄守雌、善利万物的道家形象转换成了法家所推崇的霸主形象；从道家祸福相依的辩证思想中演绎出法家严刑峻法的政纲。因此，本篇是我们了解韩非政治思想的哲学基础和理论渊源的重要篇章。我们从韩非对老子学说的解析中可以看到先秦乃至中国思想史的微妙嬗变。

【原文】

德者①，内也。得者，外也。"上德不德"，言其神不淫于外也②。神不淫于外，则身全。身全之谓德。德者，得身也③。凡德者，以无为集，以无欲成，以不思安，以不用固。为之欲之，则德无舍④；德无舍，则不全。用之思之，则不固；不固，则无功；无功，则生有德。德则无德，不德则有德。故曰："上德不德，是以有德。"

【注释】

① 德者：解释《老子》第三十八章，即《德经》首章的内容。

② 淫：游。

③ 得身：得于身，即德是从自身所得到的，而并非由外部所得。

④ 舍：归宿。

【译文】

德是人的内心所具有的。得则是从外部获取的。《老子》讲"上德不德"，是说具有上德的人其精神不游离自身。精神不外露，自身就能保全。自身能够保全，也就叫作"德"。"德"是从自身取得的。凡是德，皆因为无所作为才得以积聚，因为无所欲望才得以成全，因为不假思索才得以安定，因为不加以使用才得以稳固。如果有为、有欲，德就无所归宿；德无所归宿，就不完整。如果尽力使用，费心机思虑，德就不能牢固；不牢固，就没有功效；没有功效是由于自以为有德。自以为有德，就没有德；不自以为有德，就保全了德。所以《老子》说："上德不自以为有德，因此才有德。"

【原文】

所谓"大丈夫"者，谓其智之大也。所谓"处其厚不处其薄"者，行情实而去礼貌也。所谓"处其实不处其华"者，必缘理不径绝也①。所谓"去彼取此"者，去貌、径绝而取缘理、好情实也。故曰："去彼取此。"

【注释】

① 缘理：循常理。径绝：陆行不沿路、水行不顺流，与"缘理"相对，即不循常理。

【译文】

《老子》中所说的"大丈夫"，是说他的智慧很高。所说的"立身淳厚而不轻薄"，是说表现真情实感而去掉外在的礼貌。所说的"立身朴实而不虚华"，是说无论什么事情，一定根据事理去加以判断而不是超越了事理凭主观意念直接去加以判断。所说的"去掉那个，采取这个"，是说去掉外在的礼貌和违背事理的主观臆测，而采取遵循事理、注重真情实感。所以《老子》说："去彼取此。"

【原文】

人有祸，则心畏恐；心畏恐，则行端直；行端直，则思虑熟；思虑熟，则得事理。行端直，则无祸害；无祸害，则尽天年①；得事理，则必成功。尽天年，则全而寿。必成功，则富与贵。全寿富贵之谓福。而福本于有祸②。故曰："祸兮福之所倚。"以成其功也。

【注释】

① 天年：人的自然寿命
② 本：本源。

【译文】

人有祸害，内心就恐惧；内心恐惧，行为就端正；行为端正，思虑就成熟；思虑成熟，就能得到事物的规律。行为端正，就没有祸害；没有祸害，就能尽享天年；得到事理，就一定能成就功业。尽享天年，就能身心健康而长寿。一定成就功业，就富有而显贵。全寿富贵叫作福。而福本源于有祸。所以《老子》说："祸啊，是福之所依啊。"即由此成就了人们的功业。

【原文】

人有福，则富贵至；富贵至，则衣食美；衣食美，则骄心生；骄心生，则行邪僻而动弃理。行邪僻，则身死夭；动弃理①，则无成功。夫内有死夭之难而外无成功之名者，大祸也。而祸本生于有福。故曰："福兮祸之所伏。"

【注释】

① 动弃理：行为、举动违背常理。

【译文】

人有福,富贵即到;富贵到,衣食则美好;衣食美好,骄心则滋生;骄心滋生,就会行为邪僻而举动悖于常理。行为邪僻,则会致身亡;举动悖理,就难以成就功业。内有身亡的灾难而外无成功的名声,必将成为大祸。而祸根则源于有福。所以《老子》说:"福啊,是祸所潜伏的地方。"

【原文】

凡有国而后亡之,有身而后殃之,不可谓能有其国、能保其身。夫能有其国,必能安其社稷;能保其身,必能终其天年;而后可谓能有其国、能保其身矣。夫能有其国、保其身者,必且体道①。体道,则其智深;其智深,则其会远②;其会远,众人莫能见其所极。唯夫能令人不见其事极,不见其事极者为保其身、有其国。故曰:"莫知其极。""莫知其极,则可以有国。"

【注释】

① 体:践履,身体力行。
② 会(kuài):计,计谋。

【译文】

凡拥有国家然后丢掉了的,拥有身体然后伤害了的,不能说是能够拥有国家、能够保全身体。能够拥有国家的人,一定能够使其安定;能够保全身体的人,一定能够尽享天年;然后才可以说是能拥有国家、能保全身体。能拥有国家、保全身体的人,一定会遵循事物的根本规律。按照根本规律行动,他的智慧就一定很深;智慧深了,他的计谋就一定很高超；计谋很高超，一般人没有谁能看到他的究极。只有那种不能让人看到究极的人，也才能保全身体、拥有国家。所以《老子》说："没有人知道他的究极。""没有人知道他的究极，就可以拥有国家了。"

【原文】

人有欲，则计会乱；计会乱，而有欲甚；有欲甚，则邪心胜；邪心胜，则事经绝①；事经绝，则祸难生。由是观之，祸难生于邪心，邪心诱于可欲。可欲之类，进则教良民为奸，退则令善人有祸。奸起，则上侵弱君；祸至，则民人多伤。然则可欲之类，上侵弱君而下伤人民。夫上侵弱君而下伤人民者，大罪也。故曰："祸莫大于可欲。"是以圣人不引五色②，不淫于声乐；明君贱玩好而去淫丽③。

【注释】

① 经绝：处事不循常理。经：同"径"。
② 引：被引诱。
③ 玩好：玩物。

【译文】

人有欲望，计算就混乱；计算混乱，就更有欲望；更有欲望，邪心就占上风；邪心占上风，办事的准则就没有了；准则没有了，灾难就会发生。由此看来，灾难产生于邪心，邪心产生于欲望。可引起欲望的那类东西，进而可以使好人为奸，退而也可以使善人遭祸。奸起，向上就会侵害削弱君主，而向下就会伤害百姓。向上侵害削弱君主而向下伤害百姓，是大罪。所以《老子》说："罪过没有比可引起欲望的东西更大的了。"因此圣人不受五色的引诱，不沉溺于声乐；明君轻视珍贵的玩物，抛弃过分华丽的东西。

【原文】

人无毛羽，不衣则不犯寒①；上不属天而下不着地②，以肠胃为根本，不食则不能活；是以不免于欲利之心。欲利之心不除，其身之忧也。故圣人衣足以犯寒，食足以充虚，则不忧矣。众人则不然，大为诸侯，小余千金之资，其欲得之忧不除也。胥靡有免③，死罪时活，今不知足者之忧终身不解。故曰："祸莫大于不知足。"

【注释】

① 犯：胜。
② 属：连。
③ 胥靡：刑徒，徒役之人。

【译文】

人没有毛羽，不穿衣就不能战胜寒冷；上不接天而下不着地，把肠胃作为生存的根本，不吃饭就不能生存；因此不能免除贪利之心。贪利之心不除，是自身的忧患。所以圣人穿衣只要足够胜寒，吃饭只要足够充饥，就没有忧虑了。普通人却不这样，大到做了诸侯，小到积存千金资财，贪欲仍不能解除。那些犯有轻罪的人尚可得以赦免，犯有死罪的人尚可得以活命，现在一些不知足者的忧愁却终身不能解脱。所以《老子》说："祸害没有比不知足更大的了。"

【原文】

　　道者，万物之所然也，万理之所稽也①。理者②，成物之文也③；道者，万物之所以成也。故曰："道，理之者也。"物有理，不可以相薄④；物有理不可以相薄，故理之为物之制⑤。万物各异理，而道尽稽万物之理，故不得不化；不得不化，故无常操⑥；无常操，是以死生气禀焉，万智斟酌焉，万事废兴焉。天得之以高，地得之以藏，维斗得之以成其威⑦，日月得之以恒其光，五常得之以常其位⑧，列星得之以端其行，四时得之以御其变气，轩辕得之以擅四方⑨，赤松得之与天地统⑩，圣人得之以成文章。道，与尧、舜俱智，与接舆俱狂⑪，与桀、纣俱灭，与汤、武俱昌。以为近乎，游于四极；以为远乎，常在吾侧；以为暗乎，其光昭昭；以为明乎，其物冥冥。而功成天地，和化雷霆，宇内之物，恃之以成。凡道之情，不制不形，柔弱随时，与理相应。万物得之以死，得之以生；万事得之以败，得之以成。道譬诸若水，溺者多饮之即死，渴者适饮之即生；譬之若剑戟，愚人以行忿则祸生，圣人以诛暴则福成。故得之以死，得之以生，得之以败，得之以成。

【注释】

① 稽：汇合。
② 理：事理，指各种具体事物的内在规律。
③ 文：纹理，指体现道的各种具体法则。
④ 薄：迫，这里是侵害之意。
⑤ 制：制约。
⑥ 常操：永恒不变的法则。
⑦ 维斗：《庄子·大宗师》成玄英疏："维斗，北斗也，为众星纲维，

故谓之维斗。"

⑧ 五常：五行，金、木、水、火、土。

⑨ 轩辕：即轩辕氏，黄帝之号，传说中中原各族的共同祖先。

⑩ 赤松：传说中的仙人。

⑪ 接舆：上古时楚国贤人，与时不合，披发佯狂。

【译文】

　　道，是天地万物生成的根本动力和总规律，是万理构成的总法则。理，是构成具体事物的具体法则；道，是万物得以形成的普遍法则和根据。所以说，道是使各种具体事物具有具体法则的东西。万物各有其理，彼此不会侵扰，所以理就成了万物的制约力量。万物之理各有不同，而道却集中了万物之理，所以道不能不随具体事物的法则而变化；因为不得不发生变化，所以它没有固定的永恒不变的规则。道没有永恒不变的规则，因而存亡之气由道赋予，一切智慧由道发授，万事废兴由道决定。天得道而高升，地得道而蕴藏万物，维系众星的北斗得道而形成威势，太阳、月亮得道而永放光芒，五行得道而常处其位，众星得道而正确运行，四季得道而控制节气，黄帝得道而统治四方，赤松子得道与天地同寿，圣人得道而创造文明。道，与唐尧、虞舜同在便表现为智慧，与狂人接舆同在便表现为狂放，与夏桀、殷纣同在便表现为灭亡，与商汤、周武同在便表现为昌盛。以为它很近吧，它能远行四极；以为它很远吧，它却常处身旁；以为它暗淡吧，它光辉照耀；以为它明亮吧，它昏昏冥冥。道的功能造就天地，道的元气积聚化为雷霆，宇宙间的万事万物都要依靠道才得以生成。大致说来，道的真实情况是：既不造作，又不外露，柔弱和顺，随时运行，与理相应。世上万物因得道而死亡，因得道而生存；万事因得道而失败，因得道而成功。道，就像水一样，溺水者多喝了就会死亡,口渴的人适量饮用了就会生存。道,就像剑戟一样,愚人拿来行凶泄愤就会惹祸,圣人拿来诛杀暴徒就会造福。所以说因得道而死,因得道而生,因得道而失败,因得道而成功。

【原文】

凡物之有形者易裁也,易割也。何以论之?有形,则有短长;有短长,则有小大;有小大,则有方圆;有方圆,则有坚脆;有坚脆,则有轻重;有轻重,则有白黑。短长、大小、方圆、坚脆、轻重、白黑之谓理。理定而物易割也。故议于大庭而后言则立,权议之士知之矣。故欲成方圆而随其规矩,则万事之功形矣。而万物莫不有规矩,议言之士,计会规矩也。圣人尽随于万物之规矩,故曰:"不敢为天下先。"不敢为天下先,则事无不事,功无不功,而议必盖世,欲无处大官,其可得乎?处大官之谓为成事长,是以故曰:"不敢为天下先,故能为成事长。"

【译文】

大凡有形状的物体就容易裁断,容易分析。为什么这样说?有形状,就有长短;有长短,就有大小;有大小,就有方圆;有方圆,就有坚脆;有坚脆,就有轻重;有轻重,就有黑白。长短、大小、方圆、坚脆、轻重、黑白就叫作理。理确定之后,事物就容易分析。所以在朝廷里议事,后发言的人的主张就能够成立,善于权衡各种议论的人是懂得这点的。所以要想画成方圆而能遵循规矩,那么一切事物的功效就都显现出来了。而万物无不存在规矩,出谋献策的人,就是考虑如何合于规矩。圣人的言行都遵循事物的规矩,所以说:"不敢走在天下人的前面。"不敢走在天下人的前面,事情就没有做不好的,功业就没有建立不起来的,而议论必定超越世人,圣人要想不处在重要职位上,这可能吗?处在重要职位上就是办事的首领。因此《老子》说:"不敢走在天下人的前面,所以能成为其首领。"

【品鉴】

体道,则其智深;其智深,则其会远;其会远,众人莫能见其所极。

"道"是《老子》哲学的最高范畴,韩非同样也把"道"作为自己哲学的最高范畴,但与老子不同的是,韩非完全站在法家的立场上对老子学说进行了改造。比如,老子认为"道"是万物的本原和普遍法则,而韩非并不十分看重前者,更侧重于"道"作为宇宙万物普遍法则的特性。韩非还提出了"理"这一哲学范畴,并进一步阐述了道与理的关系,在中国哲学史上第一次提出了一般规律和特殊规律的关系问题。韩非认为,万物之理各有不同,而道却集中了万物之理,道包括、反映了所有的理。所以道不能不随具体事物的法则而变化。道没有永恒不变的规则,因而存亡之气由道赋予,一切智慧由道发授,万事废兴由道决定。天得道而高,地得道而藏,维系众星的北斗得道而威,太阳、月亮得道而永放光芒。

需要指出的是,韩非对"道"和"理"的论述,其主要目的并不是阐述其哲学思想,而是把老子的"道"引入现实政治领域,将"道"与"君"联系起来,等同起来,从而在理论上论证君主的独一至上性。

韩非提出了"道君同体"说,使"道"更为现实化。因此,在韩非这里,老子的"道"即是"君","君"即是"道"。所以,"君"应当具有"道"的一切特性。于是,老子的"无为而治",转而为"守法而治";老子的"去私抱朴",转而为"去私""抱法";最妙的是老子所谓的"国之利器不可以示人",转用之以颂扬利器,所谓"势重者,人主之渊也",

"权势不可以借人"，等等。

因为"道君同体"，所以在韩非看来，"夫能有其国、保其身者，必且体道"。即君主只有"体道"才能有其国，保其身。他说："体道，则其智深；其智深，则其会远；其会远，众人莫能见其所极。"道最基本的属性就是"无为而治"，所以，君主当运用"无为之术"驾驭臣下，要处在虚、静的地位，以虚制实，以静制动，大智若愚，以无为而达到无不为。要做到"无为而治"，最关键的就是要做到"国之利器不可以示人"，即君主"权势不可以借人"。一个高明的统治者，只有掌握了这一基本法则，才能被称为一个能够"体道"的统治者。正是由于"体道"，才可能具有一般人所不具备的高瞻远瞩的能力。一个依道而为的人就会显得高深莫测，别人就无法揣度他的心理。一般人没有意识到的事情，或者即将发生的变故，高明的统治者却能事先察觉。对自身而言，君主要不喜形于色；对臣下的一举一动要看得清清楚楚，却又要装作没看到，听到却又要装作没听到，知道却要装作不知道。所以"众人莫能见其所极"。

韩非说，君主"权势不可以借人"，犹如"鱼不可脱于深渊"。他认为，权势是君主的深潭，如果君主的权势落到了臣下手里，失去后就不可能再得到了。权势握在君主手中就能控制臣下，握在臣下手中君主就会被制伏。所以，统治者必须把权力握紧，否则就会留下漏洞，那些专门见机行事的人就可能趁机窃取权力。英明的君主对待这样的人，一定要让他们猜不着、吃不准、摸不透。所以，作为管理者，不要过于显山露水。管理者只要抓住要害，抓住管理工作的纲要，工作就会大见成效。管理者好像无所用心地静静等待，下属的才干自然会表现出来。让下属各得其所，各显神通，就可以达到无为而治，即无为而无不为的目标。

韩非认为，无为并非无所作为。而是要完全按照事物的规律来做事，不违反事物的规律，道法自然。即《老子》所说的："不敢为天下先，则事无不事，功无不功，而议必盖世，欲无处大官，其可得乎？"所以，凡事都不要走在规律的前面，这样无论什么事情就没有办不成的，无论什么功业就没有不成功的。甘居之后却反而能事无不事，功无不功，这样的话，想不处高位都难。

第二十一

喻　老

《喻老》与《解老》的不同主要在于解说的方式。《解老》主要通过道理的阐述来解释《老子》，而《喻老》则主要通过具体的事例来进一步说明《老子》。《喻老》中的这些历史故事和民间传说，使《老子》抽象的哲学思想得以具体可感地呈现。韩非通过历史故事和寓言传说来阐发《老子》的思想，目的在于阐述自己的哲学思想和政治理论。

【原文】

有形之类①，大必起于小；行久之物，族必起于少。故曰："天下之难事必作于易，天下之大事必作于细。"是以欲制物者于其细也。故曰："图难于其易也，为大于其细也。"

【注释】

① 有形之类：《老子》第六十三章："为无为，事无事，味无味。大小多少，报怨以德。图难于其易，为大于其细。天下难事，必作于易；天下大事，必作于细。是以圣人终不为大，故能成其大。夫轻诺必寡信，多易必多难。是以圣人犹难之，故终无难矣。"

【译文】

有形状的东西，大的必定从小的发展起来；经历久远的事物，多的必定从少的积累起来。所以《老子》说："天下的难事必定开始于简易，天下的大事必定开始于微细。"因此，要想控制事物，就要从微细时着手。所以《老子》说："解决难题要从易处着手，想干大事要从小处着手。"

【原文】

千丈之堤，以蝼蚁之穴溃；百尺之室，以突隙之烟焚①。故曰："白圭之行堤也塞其穴，丈人之慎火也涂其隙，是以白圭无水难②，丈人无火患。"此皆慎易以避难、敬细以远大者也③。

【注释】

① 突隙：烟囱的裂隙。

② 白圭：战国时水利专家，曾相魏。

③ 敬：与"慎"同义。

【译文】

千丈长堤，会因为蝼蛄、蚂蚁的洞穴而导致溃决；百尺高屋，会因为烟囱的裂隙迸出的火星而导致焚毁。所以说：白圭巡视长堤时堵塞小洞，老年人谨防漏火而涂封缝隙。因此在白圭治下没有水灾，在老年人防范下没有火灾。这些都是因为谨慎地对待容易解决的事情以避免难事发生，郑重对待细小的漏洞以避免大祸临头。

【原文】

扁鹊见蔡桓公①，立有间。扁鹊曰："君有疾在腠理②，不治将恐深。"桓侯曰："寡人无。"扁鹊出。桓侯曰："医之好治不病以为功。"居十日，扁鹊复见曰："君之病在肌肤，不治将益深。"桓侯不应。扁鹊出。桓侯又不悦。居十日，扁鹊复见曰："君之病在肠胃，不治将益深。"桓侯又不应。扁鹊出。桓侯又不悦。居十日，扁鹊望桓侯而还走③，桓侯故使人问之。扁鹊曰："病在腠理，汤熨之所及也④；在肌肤，针石之所及也；在肠胃，火齐之所及也⑤；在骨髓，司命之所属⑥，无奈何也。今在骨髓，臣是以无请也。"居五日，桓侯体痛，使人索扁鹊，已逃秦矣。桓侯遂死。故良医之治病也，攻之于腠理。此皆争之于小者也。夫事之祸福亦有腠理之地，故圣人蚤从事焉。

【注释】

① 蔡桓公：当为"晋桓公"。
② 腠理：皮肤表皮。
③ 还走：转身就跑开。
④ 汤：热水，指用热的药汤浸泡。熨（wèi）：用药物热敷。
⑤ 齐：通"剂"，药剂。
⑥ 司命：掌管寿数之神。

【译文】

扁鹊拜见晋桓公，站了一会儿，扁鹊说："您有点毛病，不过还在表皮，如果不治怕是会加重的。"桓公说："我没有病。"扁鹊出去后，桓公说："医生总喜欢医治没病的人来作为自己的功劳。"过了十天，扁鹊又拜见桓公说："您的病到肌肤了，不治就会进一步加重的。"桓侯仍不理睬。扁鹊走了。桓侯再次表示不高兴。又过了十天，扁鹊再次拜见桓侯说："您的病已到了肠胃，不治会更加厉害的。"桓侯还是不予理睬。扁鹊又走了。桓侯再次表示不高兴。过了十天，扁鹊看见桓侯转身就跑，桓侯特意派人去问他。扁鹊说："病在表皮，药物熏敷可以治好；在肌肤，针灸可以治好；在肠胃，清热的汤药可以治好；在骨髓，属于主宰生命之神管辖的范围，我没有办法了。现在君主病已入骨髓，因此我就不再请求了。"过了五天，桓侯病重，派人去找扁鹊，扁鹊已逃往秦国了。于是桓侯病死了。所以良医治病，趁它还在表皮就加以治疗，这都是为了抢在问题萌芽的时候及早处理。事情的祸福也有刚露苗头的时候，所以圣人能够及早加以处理。

【原文】

昔者纣为象箸而箕子怖①，以为象箸必不加于土铏②，必将犀玉之杯；象箸玉杯必不羹菽藿③，必旄、象、豹胎；旄、象、豹胎必不衣短褐而食于茅屋之下，则锦衣九重，广室高台。吾畏其卒，故怖其始。居五年，纣为肉圃，设炮烙，登糟丘，临酒池，纣遂以亡。故箕子见象箸以知天下之祸。故曰："见小曰明。"

【注释】

① 箕子：商纣王的叔父，为太师。怖：惊惶，害怕。
② 铏（xíng）：古代盛羹的器皿。
③ 菽：豆类的总称；藿：豆叶，指菜类。

【译文】

从前商纣制作了象牙筷子，箕子非常担忧，认为象牙筷子一定不会在陶制器皿里使用，一定会配之以犀牛角杯或玉杯；象筷和玉杯一定不会用于吃豆类叶子熬的汤，一定要去吃牦牛、大象、豹子的胎儿；吃牦牛、大象、豹子的胎儿就一定不会穿粗布短衣在茅屋下面食用，那么就一定要穿多层的华美织锦衣服，住上宽敞房屋，坐在高高的台子上。箕子害怕这会导致严重的后果，所以深为这样的开端担忧。过了五年，商纣王摆设肉林，设置炮烙烤肉，登上酒糟堆积的小山，俯临酒池而畅饮，他也因此而丧身。因此箕子看见象牙筷子就预感到了天下的祸害。所以《老子》说："能够看到事物细微的萌芽苗头，就叫作明察。"

【原文】

楚庄王莅政三年①，无令发，无政为也。右司马御座而与王隐曰②："有鸟止南方之阜③，三年不翅，不飞不鸣，嘿然无声④，此为何名？"王曰："三年不翅，将以长羽翼；不飞不鸣，将以观民则⑤。虽无飞，飞必冲天；虽无鸣，鸣必惊人。子释之，不穀知之矣⑥。"处半年，乃自听政。所废者十，所起者九，诛大臣五，举处士六，而邦大治。举兵诛齐，败之徐州，胜晋于河雍，合诸侯于宋，遂霸天下。庄王不为小害善，故有大名；不蚤见示⑦，故有大功。故曰："大器晚成，大音希声。"

【注释】

① 楚庄王：春秋时楚国国君，在位期间使国势大盛，是春秋五霸之一。

② 右司马：官名。隐：隐语。

③ 阜：土丘。

④ 嘿：同"默"。

⑤ 民则：治民之法则。

⑥ 不穀：古代君王的自称。

⑦ 见示：表露自己的才能。

【译文】

楚庄王执政三年，没有发布过命令，没有处理过政事。右司马侍候在旁，用隐语对庄王说："有一只鸟栖息在南边的土丘上，三年不展翅，不飞翔，不鸣叫，默然无声，这是什么名堂？"庄王说："三年不展翅，是用来长羽翼的；不飞翔也不鸣叫，是借此来观察民众的行为准则。虽然没有起飞，一飞必定直冲云霄；虽然没有鸣叫，一鸣必定惊世骇人。您放心吧，我已经知道你的用意了。"过了半年，庄王就亲自处理政事。

他废弃的事情有十件，兴办的事情有九件，诛杀大臣五人，提拔晋用处士六位，把国家治理得非常好。又起兵伐齐，在徐州打败了齐国，在黄河与衡雍之间战胜了晋军，在宋国会合诸侯，于是称霸天下。庄王不忙于那些细小之事乃成大事，因而有伟大的名望；不过早地表露自己的才能，因而有伟大的功绩。所以《老子》说："大器晚成，大音稀声。"

【品鉴】

千丈之堤，以蝼蚁之穴溃；百尺之室，以突隙之烟焚。

以小见大——细节决定成败。韩非作为荀子的弟子，对其儒学思想的继承可谓少之又少，但对其自然观和辩证思想却有不少的继承和发挥。荀子说："积土成山，风雨兴焉，积水成渊，蛟龙生焉。"意思是说应该重视微小事物及其积累。韩非由此提出：一切事物都是由小到大发展而来的，都有一个由量的积累到质的变化的过程。一个人或善或恶也是不断积累的结果。因此，我们对小事不能大意，要慎对任何微小的变化。正如老子所说：天下的难事必定开始于简易，天下的大事必定起步于微细。因此，要想控制事物的发展就必须从微细处着手。

韩非认为，不要因为微小而忽略任何事情，很多事情都是因小而失大。能够注重小的问题，仔细调查研究，才能够避免大的问题出现，防止出现严重的后果。他用"扁鹊见晋桓公"的故事来说明凡事当防微杜渐。扁鹊是春秋时期的一位名医，有一天他巡诊去见晋桓公，礼毕，他站在晋桓公身旁说，晋桓公有点小毛病，不过现在还在表皮，应及时治疗，以防病情加重。晋桓公不以为然地说，我没病，不需要治疗。十天后，扁鹊又去见晋桓公，并对他说，您的病到肌肉里了，如果不治疗，病情还会加重。晋桓公仍不以为然。又过了十天，扁鹊说晋桓公的病已经发展到肠胃里了，要赶紧治疗，晋桓公还是不听。再过了十天，扁鹊看见晋桓公转头就走。晋桓公感觉很奇怪，就派人问个究竟，扁鹊说晋桓公的病已经到了骨髓，我已经无能为力了。几天之后，晋桓公就死了。

韩非用这个故事说明良医治病，要趁病还在表皮就加以治疗。世间的任何灾祸都有刚露苗头的时候，所以智者能够及早处理。

韩非用"纣为象箸而箕子怖"的故事，告诉人们箕子看见纣用象牙筷子就预感到了天下的祸害。箕子认为使用象牙筷子一定不会在陶制器皿里放菜，一定会配之以犀牛角杯或玉杯；象筷、玉杯一定不会用于吃豆叶熬的汤，一定要去吃牦牛、大象、豹子的胎儿；吃牦牛、大象、豹子的胎儿就一定不会穿着粗布短衣在茅屋下面食用，就一定要穿多层的华美织锦衣服，住上宽敞房屋，坐在高高的台子上。箕子害怕这会导致严重的后果，所以深为这样的开端担忧。

细节决定成败，这也是现代管理的重要理念。从事物发展的规律来看，细节有时候起着至关重要的作用。俗话说：格局决定高度，细节关乎成败。木桶原理表明，一个由若干木板构成的木桶，木桶最长的一片木板在一个小范围内可以成为制高点，它决定了其特色与优势，然而，木桶的容量却取决于最短的那片木板。木桶中的短板便成了极为重要的因素。管理的优势是通过细节体现出来的，细节中蕴藏着成功的机遇，也同样潜伏着失败的隐患。所谓一着不慎，全盘皆输，所以高明的管理者从来都不会忽略细节的管理。

说到细节决定成败，我们一定会想到第一次世界大战中那只著名的波斯猫。正是这只雍容华贵的波斯猫不经意间遛了个小弯儿，却改变了德法战局。1917年8月，第一次世界大战进入中后期。德国法国之间的战争一度陷入僵局。在法国东北部边境地区，一个叫作福克基尔的德军作战参谋每天会拿着望远镜向对面的法军阵地瞭望。一天中午，福克基尔发现一只很昂贵的波斯猫出现在法军阵地的一个山头，当他确认这不是一只野猫时，顿时兴奋起来。在这样一个荒无人烟的战场，怎么会每天在同一个地方出现一只只有高层人士才能养得起的波斯猫呢？福克基尔猜测在那片山头的地下可能有法军的地下工事，而且很有可能有高层人物在此，于是德军调集重炮对那片区域进行毁灭性的轰炸，将山头夷为平地。第二天，从法国传来一条消息：东北战区一个肩负重要使命的法军指挥部被德军重炮摧毁，指挥部军官无一生还。这个故事验证了军事学家富勒所说的军事统帅的艺术和成功的基础，是"要时刻观察细枝末节，看透敌人的灵魂，采取敌人意想不到的行动"。

第二十二

说　林 [上]

说林，是历史故事和民间传说的汇集。《说林》分上下两篇，上篇汇集了三十四则故事，涉及政治、经济、军事、外交、哲学等许多方面的内容。这些民间传说和历史故事内容异常丰富，其寓意深刻，发人深省，具有很强的可读性。学者们普遍认为这是韩非为写作和游说所作的准备材料，因而这些故事基本上都是围绕韩非的思想与学说收集的，所以多篇文章在其他篇中也曾出现。

【原文】

子圉见孔子于商太宰①。孔子出,子圉入,请问客。太宰曰:"吾已见孔子,则视子犹蚤虱之细者也。吾今见之于君。"子圉恐孔子贵于君也,因谓太宰曰:"君已见孔子,亦将视子犹蚤虱也。"太宰因弗复见也。

【注释】

① 商:指宋国,因为宋国的君主是商王朝的后代,因而后世称宋为商。太宰:官职相当于宰相。

【译文】

子圉把孔子引见给宋国太宰。孔子走后,子圉进来,询问太宰对孔子的印象。太宰说:"我见过孔子之后,再看你就像渺小的跳蚤虱子一样了。我现在就把他引见给君主。"子圉怕孔子被君主看重,于是对太宰说:"君主见过孔子后,也会把你看作如同跳蚤虱子一般了。"于是太宰不再向宋君引见孔子。

【原文】

晋人伐邢,齐桓公将救之。鲍叔曰①:"太蚤。邢不亡,晋不敝②;晋不敝,齐不重。且夫持危之功,不如存亡之德大。君不如晚救之以敝晋,齐实利。待邢亡而复存之,其名实美。"桓公乃弗救。

第二十二 说 林 [上]

【注释】

① 鲍叔：即鲍叔牙，春秋时齐国大夫，以知人著称，桓公时让贤于管仲，齐国大治。

② 敝：通"弊"。

【译文】

晋国讨伐邢国，齐桓公打算前去解救。鲍叔说："为时太早。邢国不灭亡，晋国就不疲惫；晋国不疲惫，就显示不出齐国的重要。况且扶持危国的功德，比不上恢复亡国的功德大。您不如晚点救邢，以便使它把晋国拖得疲惫不堪，齐国才能真正得到好处。等邢国灭亡后再帮助他们复国，那样的名声才真正美好。"齐桓公于是不去救援邢国了。

【原文】

管仲、隰朋从于桓公而伐孤竹①，春往冬反②，迷惑失道。管仲曰："老马之智可用也。"乃放老马而随之，遂得道。行山中无水，隰朋曰："蚁冬居山之阳，夏居山之阴。蚁壤一寸而仞有水。"乃掘地，遂得水。以管仲之圣而隰朋之智，至其所不知，不难师于老马与蚁。今人不知以其愚心而师圣人之智，不亦过乎？

【注释】

① 隰朋：春秋时齐国大夫。孤竹：国名，今河北省卢龙县西。

② 反：通"返"。

【译文】

管仲、隰朋跟随齐桓公去讨伐孤竹国，春季出征，冬季返回，迷失了道路。管仲说:"老马的才智可以利用。"就放开老马前行,大家跟随在后,于是找到了路。走到山里没有水喝,隰朋说:"蚂蚁冬天住在山的南面,夏天住在山的北面。蚂蚁洞口的土堆有一寸高的话,地下八尺深的地方就会有水。"于是沿蚂蚁洞掘地,果然找到了水。凭管仲的智慧和隰朋的聪明,碰到他们不知道的,还不惜向老马和蚂蚁学习,而现在的人却不知道用他们的愚蠢之心去向圣人的智慧学习,这不也是错误的吗?

【原文】

有献不死之药于荆王者①,谒者操之以入。中射之士问曰②:"可食乎?"曰:"可。"因夺而食之。王大怒,使人杀中射之士。中射之士使人说王曰:"臣问谒者,曰'可食',臣故食之,是臣无罪而罪在谒者也。且客献不死之药,臣食之而王杀臣,是死药也,是客欺王也。夫杀无罪之臣而明人之欺王也,不如释臣。"王乃不杀。

【注释】

① 荆王:即楚王。
② 中射之士:侍卫。

【译文】

有人向楚王进献不死之药,传达官拿着药进来。侍卫问道:"可以吃吗?"传达官说:"可以。"于是,侍卫抢过来就吃了。楚王大怒,派人去杀侍卫。侍卫让人劝谏楚王说:"我问传达官,他说'可以吃',我因而就吃了药,这证明我没罪,罪在传达官。况且客人进献不死之药,我吃了而大王却要杀我,那就成了死药,这是客人欺骗了大王。您杀无罪的人而只能证明有人欺骗大王,还不如放了我。"于是楚王没有杀他。

【原文】

鲁人身善织屦①,妻善织缟②,而欲徙于越。或谓之曰:"子必穷矣。"鲁人曰:"何也?"曰:"屦为履之也,而越人跣行③,缟为冠之也,而越人被发④。以子之所长,游于不用之国,欲使无穷,其可得乎?"

【注释】

① 身:自己。屦(jù):草鞋、麻鞋。
② 缟(gǎo):白色绢,可以制帽。
③ 跣(xiǎn)行:光着脚走路。
④ 被:同"披"。

【译文】

鲁国有一个人善于编织草鞋,他的妻子善于织生绢,他们想迁徙到越国。有人告诉他说:"你们肯定会穷的。"鲁国人问:"为什么?"那个人回答说:"鞋子是用来穿在脚上的,但越国人都喜欢赤脚走路,他们不穿鞋子;生绢是用来织帽子的,但越国人都喜欢披长发,他们不戴帽子。以你们的长处,迁徙到不能发挥长处的地方,想不穷困,那怎么可能呢?"

【品鉴】

以管仲之圣而隰朋之智,至其所不知,不难师于老马与蚁。今人不

知以其愚心而师圣人之智,不亦过乎?

公元前 663 年,管仲、隰朋跟随齐桓公去讨伐孤竹国,在追击中中了敌人的诱兵之计,加之由于是春季出征,冬季返回,大军误入迷谷,迷失了道路。管仲见山谷险恶,急叫军士寻路,怎奈东冲西撞,全无出路。齐桓公见此光景,心里十分着急。危急之际,管仲眉头一皱,计上心来,对齐桓公说:"臣闻老马识途,可择老马数匹,观其所往而随之,宜可得路也。"桓公依言,取老马数匹,纵之先行,部队尾随,盘盘曲曲,竟走出迷谷,使部队转危为安。在齐桓公的这次北伐作战中,还发生了一个"蚁穴探水"的故事。当时齐军在本地向导的指引下,越山岭,抄近路,直插敌国纵深。不料水源被敌人切断。军中乏水,犹如缺粮一样,战斗力受到严重威胁。齐桓公传令军士凿山取水,先得水者给予重赏。隰朋告诉大家:"蚂蚁知水,要找蚂蚁集中处掘凿,不可到处乱挖。"军士们四处寻找,并不见蚂蚁踪迹。隰朋又告诉大家:"蚂蚁在冬季要找暖和的地方,居住在山的阳面;夏天则要找凉爽的地方,居住山的阴面。现在是冬月,蚂蚁必然在山的朝阳面。"并告诉大家:"地上蚁壤有一寸高的话,地下八尺深的地方就会有水。"军士们按隰朋的指点去做,果然在山的阳面山腰掘得泉水。齐桓公见部队按隰朋所言掘得清泉,高兴地称隰朋为"圣者",将所掘清泉取名"圣泉"。敌人本想通过截断水源的方法逼齐军退兵,闻知齐军于山岭中得水,惊骇万分,怀疑齐军有"神鬼相助",斗志大受影响。

两个排危解难的奇谋良策,令人拍案叫绝。它说明学问和见识是谋略的基石,智力的强弱主要取决于学识的多寡。而学识只有与智慧有机融合,方能在紧要关头产生良策。多学方能多智,多智方能善谋。学、智、谋在逻辑上具有明显的递进关系。

这则故事还告诉我们,凭管仲的智慧和隰朋的聪明,碰到他们不知道的事情，且不惜向老马和蚂蚁学习，我们却不知道用自己的愚蠢之心去向圣人的智慧学习，不是愚上加愚了吗？每个人都有自己的长处，孔子说，三人行必有我师，只要我们善于观察和学习，就会受益无穷。即使是动物也往往会给我们意想不到的启示和帮助。

另外，人各有所长，各有所短，对自己首先要知其所短，做到用其所长，避其所短。在此，韩非还讲了一个鲁人迁徙的故事，说的是鲁国有一个善于编织草鞋的人，他的妻子善于织生绢，他们想迁徙到越国。有人告诉他说："你们肯定会受穷。"鲁国人问为什么？那个人回答说："鞋子是用来穿在脚上的，但越国人都喜欢不穿鞋走路；生绢是用来织帽子的，但越国人都喜欢披长发，不戴帽子。以你们的长处，迁徙到不能发挥长处的地方，想不穷，怎么可能呢？"这个故事告诉我们，经营好自己的长处是需要环境和条件的，而环境和条件除了可以去适应，也是可以拓展和开创的。比如，现代营销学上也有一个流传甚广的关于卖鞋的类似故事。说的是一个推销商到一个岛上考察鞋子市场，他看到岛上的居民祖祖辈辈有赤脚的传统习俗，便失望地走了。不久，又有一个推销商到了岛上，当他得知岛上居民没有穿鞋子的习惯后却喜出望外，认为这里大有开拓市场的潜力。在他看来这个岛屿的销售市场太大了，现在每一个人都不穿鞋，要是一个人穿一双鞋，那要销出多少双鞋呀。果然，经过努力，他大获成功。同样一个问题，不同的思维会得出完全不同的结论，收到完全不同的效果。

其实，归根到底是由我们的心智模式造成的。彼得·圣吉在 1990 年出版的《第五项修炼——学习型组织的艺术与实践》一书中指出：所谓心智模式就是根深蒂固于我们心中，影响我们如何了解这个世界，以及如何采取行动的许多假设、对事物作出的价值评价和沉积在自我心灵深处的印象等，我们通常不易察觉，心智模式影响我们的行为，通常在刹那间决定什么可以做或不可以做，这就是心智模式在发挥着作用。事实上，我们总是透过自己的心智模式来看这个世界，而心智模式恰恰又总是不完全的。那么，我们应该如何突破自己的心智模式呢？可谓难者难于上青天，易者易如反掌。问题的关键在于我们肯不肯走出自己思维的怪圈，只要敢于当即放下执念，换个视角看问题，瞬间便可提升思维的层次，找到解决问题的方案。相反，我们便只能是一条路走下去直至碰壁。俗话说："你永远赚不到超出自己认知范围之外的钱。你所赚的每一分钱，都是你对世界认知的变现；你所亏的每一分钱，都是因为对世界的认知有缺陷。"此言千真万确，毋庸置疑。正如刘丰老师在《开启你的高维智慧》一书中所说，生命中最重要的事情就是提升我们的维度。看待世界的维度不同，你的认知度和自由度就不同。也就是说，生命的自由来自于意识维度的纵向提升。

第二十三 说　林 [下]

　　《说林》下篇汇集了三十七则故事，主要讲了伯乐教二人相踶马、三虱相与讼等故事，短小精悍，寓意深刻，给人以许多启迪。

【原文】

伯乐教二人相踶马①，相与之简子厩观马。一人举踶马。其一人从后而循之，三抚其尻而马不踶②。此自以为失相。其一人曰："子非失相也③。此其为马也，蹻肩而肿膝④。夫踶马也者，举后而任前，肿膝不可任也，故后不举。子巧于相踶马而拙于任肿膝。"夫事有所必归，而以有所肿膝而不任，智者之所独知也。惠子曰："置猿于柙中⑤，则与豚同。"故势不便，非所以逞能也。

【注释】

① 踶 (dì)：义同"踢"。

② 尻 (kāo)：屁股。

③ 失相：观察错误。

④ 蹻 (wō)：《说文》："足跌也。"肩：前腿。

⑤ 柙 (xiá)：兽笼。

【译文】

伯乐教授两个人识别会踢人的烈马。他和这两个人一起到赵简子的马棚里来观察马。一个人选中了一匹踢人的马。另一个人从后面去抚摸它，三次摸马的屁股，马却不踢人。选中马的人自以为识别错了。另一个人说："你并没有识别错。这是因为这匹马前腿受伤，膝关节肿了。凡是踢人的马，抬起后腿就要靠前腿支撑全身，这匹马的前膝肿了，就无法承受全身重量，所以后腿抬不起来。你善于识别踢人的马，却拙于了解马因前膝肿大所带来的影响。"任何事情的发生都有一定的起因，然而由于马前膝肿大而不能承受全身重量的道理，却只有聪明人才会知道。惠子说："把猿放到笼子里，就和小猪一样。"所以，形势不利，它就没有条件表现出才能。

【原文】

鸟有翢翢者①，重首而屈尾②，将欲饮于河，则必颠③，乃衔其羽而饮之。人之所有饮不足者，不可不索其羽也。

【注释】

① 翢翢（zhōu）：鸟名。

② 重首而屈尾：头重尾短。

③ 颠：跌倒。

【译文】

有一种叫翢翢的鸟，头部沉重而尾巴短小，如果到河边饮水，就一定会栽到河里，于是就需要另一只鸟衔着它的羽毛才能饮水。人们有了欲望，能力却又达不到的话，就不能不寻求帮手了。

【原文】

桓公问管仲："富有涯乎？"答曰："水之以涯，其无水者也；富之以涯，其富已足者也。人不能自止于足，而亡其富之涯乎！"

【译文】

桓公问管仲:"富裕有边际吗?"管仲回答说:"水有边际,就是因为存在没有水的地方;富裕有边际,就是富裕到已经满足的时候。人们不知道把自己控制在知足的境地,那么就没有富足的边际吧!"

【原文】

桓赫曰①:"刻削之道,鼻莫如大,目莫如小。鼻大可小,小不可大也;目小可大,大不可小也。"举事亦然。为其后可复者也②,则事寡败矣。

【注释】

① 桓赫:战国时期著名的雕刻家。
② 复:重复,修复,引申为补救。

【译文】

桓赫说:"雕刻的原则是,鼻子不如先刻大一些,眼睛不如先刻小一些。鼻子刻大了可以修小,刻小了就不能修大;眼睛刻小了可以修大,刻大了就不能修小。"办事也是这样。做那种日后还能补救的事,那所办的事就很少会失败了。

【原文】

尧以天下让许由①,许由逃之,舍于家人②,家人藏其皮冠。夫弃天下而家人藏其皮冠,是不知许由者也。

【注释】

① 许由：古代的隐士。

② 家人：百姓。

【译文】

尧把天下让给许由，许由逃避不接受，住到一个普通人家里。这家人把皮帽藏起来了，怕被许由偷走。许由连天下都抛弃了，而这家人却把自己的皮帽藏起来怕他偷走，这是真不了解许由这个人啊。

【原文】

三虱相与讼，一虱过之，曰："讼者奚说？"三虱曰："争肥饶之地。"一虱曰："若亦不患腊之至而茅之燥耳①，若又奚患于是？"乃相与聚嘬其母而食之②。彘臞③，人乃弗杀。

【注释】

① 腊：年终祭祀名。

② 嘬（zuō）：吮吸。

③ 彘臞：母猪消瘦了。

【译文】

三只虱子互相争吵，另一只虱子从旁经过，问道："你们争吵些什么？"三只虱子说："争占猪身上肥腴的地方。"那只过路虱子说："你们也不担心腊祭到了，人们要用茅草烤猪，火烧火燎的，你们又何必在这方面计较呢？"这些虱子便相互聚在一起吸食猪身上的血肉。母猪消瘦了，人们就不再杀它祭祀。

【品鉴】

为其后可复者也，则事寡败矣。

刻削之道——做事要留有余地。韩非借用战国时期著名的雕刻家桓赫的话说，雕刻的学问，刻鼻子时不如先刻得大一点，刻眼睛时不如先刻得小一点。鼻子刻大了可以加工变小，刻小了就不能加大了；眼睛刻得小一点可以加工变大，刻大了就不能缩小了。同样的道理，裁缝最忌讳把衣服裁瘦了，因为衣料瘦了无法再肥。厨师都知道，做菜时先少放点盐，因为味道淡了还可以补盐。这些都是为进一步完善工作，留有修饰的余地。做事情也是这样，一件事情做了以后还可以弥补，这样做事就很少失败了。《周易》曰：物极必反，否去泰来。这句话的意思是说，行不可至极处，至极则无路可续行，言不可称绝对，称绝则无理可续言。做人做事也是一样，任何时候都要留有余地。古人云："处事须留余地，责善切戒尽言。"

李世民当了皇帝后，长孙氏被册封为皇后。当了皇后，地位变了，长孙氏的考虑更多了。她深知作为"国母"，其举止对皇上的影响之大。因此，她处处注意约束自己，处处做嫔妃们的典范，从不把事情做过头。她不尚奢侈，吃穿用度，除了宫中按例发放的，不再有什么要求。她从不干预朝中政事，尤其害怕她的亲戚以她的名义结成团伙，威胁李唐王朝的安全。长孙皇后从不把各种好处占全，不把所有功名占满，始终坚持为自己留余地。这样，不但不会使自己招至损害，而且还使自己在未来的人生旅途中进退有据，上下自如。集处世经验之大成的《菜根谭》说："滋味浓时，减三分让人食；路径窄处，留一步与人行。"留人宽绰，于己宽绰；与人方便，于己方便。这是古人告诫我们的处世秘诀。

让三分，留余地，字面上包含两方面意思：一是给自己留余地，使自己行不至于绝处，言不至于极端，有进有退，措置裕如，以便日后能更机动灵活地处理事务,解决复杂多变的社会问题。二是给别人留余地,无论在什么情况下,也不要把别人推向绝路,万不可逼人于死地,迫使对方做出极端的反抗。给别人留有余地,实质上也就是给自己留了余地。断尽别人的路径,自己路径亦必危,不使别人为难,不与自己为难,让别人活得轻松,自己才能活得超然,这就是让三分、留余地的妙处所在。

然而,在现实生活中,我们经常会遇到把话说过或把事做绝的现象。因为把话说得太过而给自己造成窘迫的例子到处可见。比如,一位上司经常对下属拍桌子瞪眼,嘴上常挂着三句话:"你是干什么吃的?!""你还想干不想干了?!""两条腿的蛤蟆不好找,两条腿的人到处都是,不好好干下岗走人!"没想到他的一位下属被破格提拔成了他的上司,弄得这位"上司"很是尴尬,不得不被迫辞职,另谋他就。凡事总会有意外,留有余地,就是为了化解这些"意外"。这样一来,对己对人都有好处。

俗话说:"利不可赚尽,福不可享尽,势不可用尽。"说的就是做任何事都要给自己留点余地,以备不时之需。当今社会是一个充满风险、充满挑战的社会,人们的生活方式和思维方式随时发生很大的变化,随时都可能有不测风云,要在这样的环境里好好生存,就要学会深思远虑,防患于未然。

孔子曾说过"己所不欲,勿施于人","己欲立而立人,己欲达而达人"。意思就是说不要把自己不喜欢的事情强加于人,而要设身处地为别人着想,凡事要学会换位思考。如果是自己都不愿意去做、不愿意接受的事情,就不要强加到别人的身上。

所以,无论做人还是做事,留有余地,方可进退自如,从容转身。在中国传统文化中,向来都有"争者不足,让者有余"的俗语。这种"留余"文化在很多地方已经成为一种共识、一种行为准则。现存于河南省巩义市康百万庄园的中华名匾《留余匾》,可谓浓缩了中国传统留余文化的精髓:"留有余,不尽之福以还造化;留有余,不尽之禄以还朝廷;留有余,不尽之财以还百姓;留有余,不尽之福以还子孙……临事让人一步。"这种让巧于天、让禄于国、让利于民、让福于后的"四让"哲学,对于时下很有启示价值。

第二十四

观　行

观行,即观察人的行为。本文集中论述了观察自己和他人行为的基本原则。韩非认为,人的智慧和才能各有其局限,明君应当懂得"尺有所短,寸有所长"的道理,要清楚地知道自己的长处和短处,"以有余补不足",正确认识自己,正确对待别人。

【原文】

古之人目短于自见①，故以镜观面；智短于自知，故以道正己。故镜无见疵之罪，道无明过之怨。目失镜，则无以正须眉；身失道，则无以知迷惑。西门豹之性急，故佩韦以缓己②；董安于之心缓，故佩弦以自急。故以有余补不足、以长续短之谓明主。

【注释】

① 见：通"现"。
② 韦：熟牛皮皮带。

【译文】

古时的人眼睛看不见自己，所以用镜子照着观察面孔；才智不足以认识自己，所以用道术来修正自己。因此镜子没有照出毛病的罪过，道术没有暴露过失引起的怨恨。眼睛离开镜子，就不能修整胡子眉毛；人们离开道术的指导，就不能辨别是非。西门豹性情急躁，所以佩带柔韧的皮带来提醒自己从容沉着；董安于性情迟缓，所以佩带绷紧的弓弦来鞭策自己敏捷。所以，以有余来弥补自己的不足，借助事物的长处来弥补自己的短处，就可以称得上是英明的君主。

【原文】

天下有信数三：一曰智有所不能立，二曰力有所不能举，三曰强有所不能胜。故虽有尧之智而无众人之助，大功不立；有乌获之劲而不得人助①，不能自举；有贲、育之强而无法术②，不得长胜。故势有不可得，事有不可成。故乌获轻千钧而重其身，非其身重于千钧也，势不便也。离朱易百步而难眉睫③，非百步近而眉睫远也，道不可也。故明主不穷乌获以其不能自举，不困离朱以其不能自见。因可势，求易道，故用力寡而功名立。时有满虚，事有利害，物有生死，人主为三者发喜怒之色，则金石之士离心焉④。圣贤之扑浅深矣⑤。故明主观人，不使人观己。明于尧不能独成，乌获之不能自举，贲、育之不能自胜，以法术则观行之道毕矣。

【注释】

① 乌获：古之力士。

② 贲、育：皆古之勇士。

③ 离朱：古之明目者，亦写作离娄。

④ 金石之士：坚贞如金石之人。

⑤ 扑：当作"朴"。

【译文】

天下有三种定数：一是智者也有办不成的事情，二是力士也有举不起的东西，三是勇士也有不能战胜的对手。所以即使有唐尧的智慧，而没有众人的辅佐，大功就建立不起来；即使有乌获的力气，而得不到别人帮助，也不可能自己举起自己；即使有孟贲、夏育的勇猛，而没有法术作为保障，仍不能取得成功。因此形势总有不具备的，事情总有办不成的。所以乌获以千钧为轻而以自身为重，不是他的身体比千钧重，而是客观条件不允许他举起自己；离朱易于看清百步之外的毫毛，却难以看到自己的眉睫，并非百步近而眉睫远，而是自然法则不允许。所以明君不能因乌获不能自举而为难他，不能因离朱不能自见而刁难他。顺应可获成功的形势，寻找容易成功的条件，所以力少而功名成。季节有盛有衰，事情有利有害，万物有生有死，君主对这三种变化表现出喜怒之色，那么忠贞人士就会与他离心离德，聪明的人道术深就会揣摩到君主的底细。所以明君观察别人，而不让别人观察自己。明白唐尧不能单独成功，乌获不能举起自己，孟贲、夏育不能胜过自我，运用法术来观察臣下行为的道理就尽在其中了。

【品鉴】

天下有信数三：一曰智有所不能立，二曰力有所不能举，三曰强有所不能胜。故虽有尧之智而无众人之助，大功不立。

自见者明——自胜者强。在韩非看来，人的智慧、才能、勇力等都有其局限性，所以，即使有尧那样的智慧，如果没有众人的辅佐，大功也建立不起来；即使有乌获那样大的力气，如果没有别人的帮助，也不可能把自己举起来；即使有孟贲、夏育的勇猛，没有法术作为保障，仍不能总是取胜。

认识自己十分重要，因为认识自己是拯救自己的第一步。然而，正确认识自己并不是一件容易的事，所以韩非说："故知之难，不在见人，在自见。故曰：'自见之谓明。'""是以志之难也，不在胜人，在自胜也。故曰：'自胜之谓强。'"所以《老子》说：自己认识自己才叫作明察，能够战胜自己就叫作坚强。韩非认为，智慧就像眼睛一样，能够见到百步之外的东西，却看不见自己的睫毛，要清楚地认识自己的不足就更不易了。所以，聪明的统治者知道自己的长处和短处，能够做到以道正己，以有余补不足，以长续短。统治者不能苛求他人，要明白尺有所短，寸有所长的道理，这样才能正确认识自己，正确对待别人。正如孟子曰："挟泰山以超北海非不为也，诚不能也。为长者折枝是不为也，非不能也。"司马光在《资治通鉴》中说："夫人之材，各有所宜，虽周孔之材不能偏为人之所为，况其下乎？固当就其所长而用之。"这话是说人无完人，每个人都有这样或那样的短处。领导者不能只把眼光盯在下属的短处上，而应"当就其所长而用之"。

换个角度来看，领导者即使自己才智有限、能力不足，也不必沮丧，只要懂得人才的重要性，善于运用下属的聪明智慧，使人尽其能，物尽其用，也必将有所作为。这不免让人想起楚汉相争的刘邦和项羽。刘邦的才智、能力有限，为人傲慢，而且不尊重人，但他重视人才，知人善任，在他的身边有韩信、英布、张良、陈平等奇才猛将。项羽是叱咤风云的英雄，他深谙兵法，力可拔山举鼎，然而，这位盖世英雄却最终自刎于乌江。原因何在？说到底还是用人的问题。项羽自恃勇冠三军，对韩信、英布、陈平等谋臣武将视而不用，导致他们纷纷离楚归汉。人才在身边却不知任用，终把自己弄成了孤家寡人。因此，这场楚汉之争，谁胜谁败，早成定局。正如刘邦所说："运筹帷幄之中，决胜千里之外，吾不如子房；镇国家，抚百姓，给馈赏，不绝粮道，吾不如萧何；连百万之众，战必胜，攻必取，吾不如韩信。这三个人是当今天下的人杰，可是这三个人都能为我所用，所以我能够夺取天下。项羽呢？身边只有一个范增，他还不能用，所以他丢掉了天下。"刘邦认为，这是他夺取胜利，取得成功的根本原因。所以韩非说："不贤而为贤者师，不智而为智者正。臣有其劳，君有其功，此之谓贤主之经也。"（《主道》）君主不贤能却成为贤能者的老师，君主不聪明却成为聪明者的君长。臣子付出了他们的辛劳和智慧，君主则享受成就，这就是英明君主的治国之道。

这一点对于现代企业管理来说同样如此。微软公司总裁比尔·盖茨认为，成功经营公司的第一个法则，就是找最棒的人来帮你工作。他找的人不但懂计算机，同时也懂得如何做生意。所以他找的人一开始就具备了经营和技术上的条件，所以他的企业可以不断地发展壮大。

一个国家、一个企业或个人，要实现宏大的目标和远大的志向，关键在于战胜自己。一个国家如果只有狭隘的民族主义，是很难发展强大的。如果一个企业只把某一个企业作为竞争对手，仅以战胜这个对手为目的，也是目光短浅的。一个有志向的企业，并不以战胜别人为目的，而是把自己当作自己的竞争对手，这样才能不断超越自己，不断进步和发展。

同样，倘若一个人没有认识到自己的不足，他是不会有补救的愿望的。所以说，认识的困难在于认识自己，不在于认识别人。人只有不断地认识自我，完善自我，才能找回缺失的自我，超越自我。人最大的敌人就是自己。倘若一个人连自己都战胜不了，何谈去获得成功呢？人贵有自知之明，只有认识自己，才能战胜自己，才能取得成功。每个人都有其所长，有其所短，如能随时发现人之长处，则能发现更多的人才。如不见人之所长，只寻人之所短，便会误以为人才缺少。因此，只视人之所短，则不知才；能发现人之所长，则人才源源不断。所以说，"知人长中之短，不知人短中之长，则不可以用人，不可以教人"。事实上，人各有所长，也各有所短，只有扬长避短，天下便无不可用之人。

第二十五

安 危

安危，即安定与危亡。本文集中论述了国家安定之术和危亡之道。韩非提出了七条使国家安定的原则以及六种使国家致乱的错误做法，目的在于警诫君主。其中安定之术中的赏罚、祸福、死生、尺寸等都属于韩非法术思想的重要内容，而善恶、贤不肖、愚智、无意度、有信等都属于韩非刑名学说的重要内容。其中特别提到"存亡在虚实"，而"虚实"一词特指君王之握有实权与否；最后指出"明主之道忠法，其法忠心"，所谓"忠心"，即忠于心，谓君王决策要师心自用，即独断，从中可以看出韩非学说的立足点。

【原文】

安术有七，危道有六。

安术：一曰赏罚随是非，二曰祸福随善恶，三曰死生随法度，四曰有贤不肖而无爱恶，五曰有愚智而无非誉①，六曰有尺寸而无意度②，七曰有信而无诈。

危道：一曰斫削于绳之内③，二曰断割于法之外，三曰利人之所害，四曰乐人之所祸，五曰危人于所安，六曰所爱不亲、所恶不疏。如此，则人失其所以乐生，而忘其所以重死④。人不乐生，则人主不尊；不重死，则令不行也。

【注释】

① 非誉：诽谤或赞美。

② 尺寸：指客观标准。

③ 斫(zhuó)：砍、斫削。

④ 忘：通"亡"。

【译文】

使国家安定的方法有七种，使国家危乱的途径有六种。

安定的方法：一是赏罚根据是非；二是福祸根据善恶；三是生死根据法律；四是人贤和不贤根据德才评判，不能根据个人的好恶进行判断；五是愚和智根据本人的客观存在，而不能根据别人的诽谤或赞美来确定；

六是衡量事物根据客观标准而不能凭主观猜想；七是守信用而不欺诈。

危乱的途径：一是像砍削木材偏到准线以内那样，对遵纪守法的臣民乱加诛杀；二是对违法行为不依据法令处罚而任意裁决；三是从别人的祸害中谋取利益；四是对别人的灾难幸灾乐祸；五是危害别人的平安生活；六是不亲近自己喜欢的人，不疏远自己厌恶的人。如果这样，人们就失去了乐于生存的愿望，失去了对死亡的惧怕。人们不乐于生存，君主就受不到尊重；不害怕死亡，法令就难以实行。

【原文】

人主不自刻以尧而责人臣以子胥，是幸殷人之尽如比干；尽如比干，则上不失、下不亡。不权其力而有田成，而幸其身尽如比干，故国不得一安。废尧、舜而立桀、纣，则人不得乐所长而忧所短。失所长，则国家无功；守所短，则民不乐生。以无功御不乐生，不可行于齐民。如此，则上无以使下，下无以事上。

【译文】

君主不要求自己像尧，却要求臣下都像伍子胥，这好比希望殷人都像忠直的比干那样；都像比干那样，君主自然就不会有什么过失，臣下自然不会背弃君主。君主不能正确估计自己的力量，下面又有田成那样图谋篡权的臣子，还要希望他们都像比干，所以国家得不到一点安宁。假如圣君被废，暴君得立，那么人们就不可能发挥长处，却要时常为短处忧虑。失掉了长处，国家就建不起功业；拘束于短处，民众就不再乐于生存。以没有功业的国君驾驭失去生存乐趣的民众，这样的治国方法在百姓中是行不通的。像这样的话，君主就无法役使臣下，臣下就无法侍奉君主。

【原文】

安危在是非，不在于强弱。存亡在虚实，不在于众寡。故齐，万乘也，而名实不称，上空虚于国，内不充满于名实，故臣得夺主。桀，天子也，而无是非；赏于无功，使谗谀以诈伪为贵；诛于无罪，使伛以天性剖背①。以诈伪为是，天性为非，小得胜大。

【注释】

① 伛（yǔ）：驼背。

【译文】

国家的安危在于君主能明辨是非，而不在于国力的强弱。国家的存亡在于君主是徒有虚名还是握有实权，而不在于臣属和拥有人口的多少。所以，齐国是拥有万辆兵车的大国，但由于名不符实，君主在国内被架空，名位和实权都已旁落，所以臣下得以篡夺君位。夏桀是天子，但却没有是非观念；对无功的人给予奖赏，使那些中伤贤良、阿谀奉承的人凭着欺诈手段取得了高位；对无辜的人横加刑戮，使驼背的人因为先天不足而被剖背。把欺诈手段当成好的行为，把纯朴的天性当成错误的，所以弱小的商汤战胜了强大的夏桀。

【品鉴】

安危在是非，不在于强弱。存亡在虚实，不在于众寡。故齐，万乘也，而名实不称，上空虚于国，内不充满于名实，故臣得夺主。

韩非从正反两个方面提出了影响国家政权安定的十三种情形。其中关乎国家安定的情形有七种：一是赏罚根据是非；二是福祸根据善恶；三是生死根据法律；四是人贤和不贤是根据德才评判，不能根据个人的好恶进行判断；五是愚和智根据客观存在，而不能根据别人的诽谤或赞美来确定；六是衡量事物根据客观标准而不能凭主观猜想；七是守信用而不欺诈。他强调统治者要注重客观实际，治国要有章法，奖惩要有根据。桀虽为天子，而无是非观念，赏于无功，诛于无罪，使谗谀以诈伪为贵，导致了夏的灭亡。并以齐国为例，说明由于名不符实，致使君主被架空，名位和实权都已旁落，所以臣下得以篡夺君位。韩非认为，要制定正确的法律才能避免国家的灭亡。他指出了六种危险的途径，并告诫君主如何才能避免危险。韩非用小商胜大夏和齐亡的教训从正反两个方面告诫君主确保国家的安定而避免陷入危险的境地，为此他提出了一整套的治国方略。韩非认为归根到底还是要"以法治国"，因为只有法治才是国家长治久安的根本保证。所以必须做到依法论是非、行赏罚、定生死，而不是靠君主个人的主观喜好，决不能像桀那样"无是非，赏无功，使谗谀以诈伪为贵"。同时韩非还强调了法治对于形成良好的社会风气的巨大的作用。

韩非告诫君主要居安思危，未雨绸缪。在现代管理中，管理者必须具备危机预测和危机管理的能力。韩非给管理者提出了一些忠告，认为危机发生时总会有一些征兆。"居安思危"这个成语包含着丰富的哲理，成为中国几千年来从政者的警语和座右铭。唐朝著名的宰相魏徵，为辅佐唐太宗李世民治理国家做出了卓越的贡献。他常常以隋朝灭亡作为教训，规劝唐太宗要"居安思危"。他认为自古失国之主、亡国之君，皆居安忘危，处治忘乱，所以不能长久。魏徵政治观点的核心是"居安思危，善始克终"。一个国家是这样，一个企业、团体，甚至个人何偿不是如此呢？

海尔集团总裁张瑞敏常讲"战战兢兢，如履薄冰"。早在 1984 年，他就当着全体员工的面，将 76 台带有轻微质量问题的电冰箱当众砸毁，使员工产生了一种危机感与责任感。海尔集团也逐渐创造出了一套独具特色的海尔服务，最有名的广告语如"用户永远是对的""海尔卖的不是产品，而是信誉""真诚到永远"等。海尔的生存理念是"永远战战兢兢，永远如履薄冰"，给人一种强烈的忧患意识和危机意识。这是海尔集团打开成功之门的钥匙。所以我们说，危机意识也是财富，是一笔巨大的无形资产。"人无远虑，必有近忧"，海尔集团正是在这种危机意识的指导下，按照自己的轨迹，一步一步地走向辉煌。

通向成功的路是艰难的。那些优秀而成功的领导者正是因为能随时意识到危机的存在并及时采取了应对措施，才取得了成功。

守 道

第二十六

守道，即保住国家政权的基本原则。韩非认为守国的基本原则就是立法和执法，所以本文实为一篇论述法治的短文。其主要精神有两个：一是"其赏足以劝善，其威足以胜暴，其备足以必完法"；二是"以其所重禁其所轻，以其所难止其所易"，而且要严格执法，使"功多者位尊，力极者赏厚"，使"贞士不失分，奸人不侥幸"，这样才能劝善、胜暴，最终实现完治。这是韩非一贯倡导的严刑峻法思想的体现。

【原文】

圣王之立法也，其赏足以劝善，其威足以胜暴，其备足以必完法①。治世之臣，功多者位尊，力极者赏厚，情尽者名立。善之生如春，恶之死如秋，故民劝极力而乐尽情，此之谓上下相得。上下相得，故能使用力者自极于权衡，而务至于任鄙②；战士出死，而愿为贲、育；守道者皆怀金石之心③，以死子胥之节。用力者为任鄙，战如贲、育，中为金石，则君人者高枕而守己完矣。

【注释】

① 必完法：坚决实施和完善法律。

② 任鄙：秦武王时的力士。

③ 金石：比喻人的性格、精神坚定忠实。

【译文】

圣王确立的法治，赏赐足以鼓励善行，威严足以制伏暴乱，措施足以保证法律完全贯彻下去。太平盛世的臣子，功劳多的地位尊贵，出力大的赏赐优厚，竭尽忠诚的名声得以树立。善行就像春草层出不穷，恶行就像秋叶枯萎凋谢，所以民众奋勉竭力，乐于尽忠，这就叫君臣相宜。君臣相宜，所以能使出力的人自觉地服从法度竭尽全力，务求能像大力士任鄙那样；战士们出生入死，情愿像勇士孟贲、夏育那样；维护法治的人都怀有忠贞之心，抱定伍子胥尽忠守节那样的献身精神。出力的人都像任鄙，战士们都像孟贲、夏育，维护法治的人都心如金石，做君主的就可以高枕无忧而确保国家政权的原则也就完备了。

【原文】

古之善守者①，以其所重禁其所轻，以其所难止其所易，故君子与小人俱正，盗跖与曾、史俱廉②。何以知之？夫贪盗不赴溪而掇金③，赴溪而掇金则身不全。贲、育不量敌，则无勇名；盗跖不计可，则利不成④。明主之守禁也，贲、育见侵于其所不能胜，盗跖见害于其所不能取，故能禁贲、育之所不能犯，守盗跖之所不能取，则暴者守愿，邪者反正。大勇愿，巨盗贞⑤，则天下公平，而齐民之情正矣。

【注释】

① 善守：指把持君权。
② 史：史鰌（qiū），一名史鱼，春秋时卫国大夫，孔子称其直。
③ 掇（duō）：拾取。
④ 计可：预计成败。
⑤ 贞：同"正"，正派。

【译文】

古代善于守道的君主，用重刑禁止轻罪，用人们不敢违反的法令制止人们容易犯的罪行，所以君子和小人都安分守法，像盗跖这样的贪鄙者都和曾参、史鰌一样廉洁。根据是什么呢？贪婪的盗贼不去深涧拾金，因为去深涧拾金，生命就难以保全。孟贲、夏育不估量敌情，就得不到勇武的名声；盗跖不估量可行性，就不能获利。英明的君主掌握禁令时，就是要使孟贲、夏育在不该取胜的地方去取胜受到制裁；使盗跖在不该窃取的地方去窃取，就要受到惩罚；所以英明的君主能禁止孟贲、夏育在不该取胜的地方取胜，能防止盗跖在不该窃取的地方窃取。这样，强暴的人就会谨慎了，奸邪的人就会改邪归正了。强暴的人小心了，大盗贼正派了，天下就会公正太平，民众的思想也就归于正道了。

【原文】

人主离法失人①，则危于伯夷不妄取，而不免于田成、盗跖之祸。何也？今天下无一伯夷，而奸人不绝世，故立法度量。度量信，则伯夷不失是，而盗跖不得非。法分明，则贤不得夺不肖，强不得侵弱，众不得暴寡。托天下于尧之法，则贞士不失分，奸人不侥幸。寄千金于羿之矢，则伯夷不得亡，而盗跖不敢取。尧明于不失奸，故天下无邪；羿巧于不失发②，故千金不亡。邪人不寿而盗跖止。如此，故图不载宰予③，不举六卿④；书不著子胥，不明夫差。孙、吴之略废，盗跖之心伏。人主甘服于玉堂之中⑤，而无瞋目切齿倾取之患⑥；人臣垂拱于金城之内，而无扼捥聚唇嗟唶之祸⑦。服虎而不以柙⑧，禁奸而不以法，塞伪而不以符，此贲、育之所患，尧、舜之所难也。故设柙，非所以备鼠也，所以使怯弱能服虎也；立法，非所以备曾、史也，所以使庸主能止盗跖也；为符，非所以豫尾生也⑨，所以使众人不相谩也。不独恃比干之死节，不幸乱臣之无诈也；恃怯之所能服，握庸主之所易守。当今之世，为人主忠计，为天下结德者，利莫长于如此。故君人者无亡国之图，而忠臣无失身之画。明于尊位必赏，故能使人尽力于权衡，死节于官职。通贲、育之情，不以死易生；惑于盗跖之贪，不以财易身；则守国之道毕备矣。

【注释】

① 离法失人：背离法度用人失当。

② 不失发：百发百中。

③ 宰予：孔子弟子，贤者。

④ 六卿：指晋国的范氏、中行氏、智氏、赵氏、韩氏、魏氏六大家族。

⑤ 甘服：指锦衣玉食。

⑥ 瞋目切齿：喻愤怒之状。倾取：篡夺。

⑦ 聚：当是"最"字之形误，通"撮"。喈（jiè）：嗟喈，悲叹。

⑧ 柙（xiá）：兽笼。

⑨ 豫：通"预"，预备。尾生：《史记·苏秦列传》："信如尾生，与女子期于梁下，女子不来，水至不去，抱柱而死。"古人以此为守信的典范。

【译文】

君主背离法治失掉人心，即使遇上像伯夷那样清廉的人都会有危险，更难避免田成、盗跖这类人的祸害了。为什么会这样呢？如今天下没有一个伯夷，而奸人在社会上却不断出现，所以要确立法律制度。坚决按照法制标准办事，那么，不但伯夷会保持善行，而且盗跖也不能为非作歹了。法制分明，贤人不能侵犯不贤的人，强者不能侵扰弱者，人多的不能欺负人少的。把天下置于类似尧的法令管制中，那么忠贞的人就不会失去本分，奸邪的人就难存侥幸心理。把千金置于后羿的神箭保护下，盗跖也不能窃取。尧懂得不放过坏人，所以天下没有奸邪；羿技艺高超、箭不虚发，所以千金不会丢失。这样一来，奸人等乱臣贼子就都不会出现了。所以书籍里就不会记载宰予，不会提到六卿，也不会记载伍子胥，不会提到夫差了，孙武、吴起的谋略就会被废弃，盗跖的贼心也会被收服。君主在王宫里过着甘食美衣的生活，再不会与奸臣结下怒目切齿的仇恨，遭到篡权颠覆的灾难；臣下在都城中垂衣拱手，无忧无虑，再不会遭到意外的灾祸，激起强烈的怨恨。制伏老虎而不用笼子，禁止奸邪而不用刑法，杜绝虚假而不用符信，这是孟贲、夏育感到担心的，也是尧、舜感到为难的。所以设下笼子，不是用来防备老鼠的，而是为了使怯懦的人也能制伏老虎；立下法度，不是用来防备曾参、史鳅的，而是为了使庸君也能禁止盗跖；制作符信，不是用来防备尾生的，而是为了使大家不再互相欺诈。不要只依靠比干那样的誓死效忠，也不要幻想乱臣会不行欺诈；而要依靠能使怯懦的人制伏老虎的笼子，把握住能使庸君容易保住政权的法令。处在当今这个时代，为君主尽忠思虑，为天下造福的法宝，再没有比上述这些法治更符合长远利益了。所以做君主的没有亡国的担忧，忠臣没有杀身的危险。知道尊法必赏，所以能使人们根据法制竭尽全力，誓死忠于职守。纵有孟贲、夏育一样勇猛的性格，人们也不敢轻易地去送死；纵受盗跖一样贪心的迷惑，人们也不会为了财物去丧生；社会形成了这样的环境，确保政权稳固的条件就算完备无缺了。

【品鉴】

圣王之立法也，其赏足以劝善，其威足以胜暴，其备足以必完法。

守国之道——重刑厚赏。韩非作为法家思想的集大成者，自然继承了早期法家人物的法治思想并加以发展，但韩非的智慧远不止于此，他给自己的理论找到了更为深刻的哲学基础和更为深远的历史源头，那就是老子的《道德经》。所以在《解老》《喻老》之后，又写了《大体》《守道》等篇章。他从《道德经》中悟出了"道"的社会价值，把老子的

"道"从宇宙、自然引入社会层面用来思考与解决社会现实问题。他说："道者，万物之始也，是非之纪也。"意思是说"道"不仅是万物的本源也是社会的是非准则。不难看出，他将"道"进行了巧妙的演化，创立了他的法制理论体系，所以本篇所谓"守道"其实就是守法。他从立法、守法和执法等不同角度论述了以法治国的重要性。韩非特别强调实行以法治国，首先是要制定完善的法律体系。所以首先要立法，"圣王之立法也，其赏足以劝善，其威足以胜暴，其备足以必完法"。立法原则就是：一是厚赏，二是重刑，三是完备。守法是指不仅臣民要守法，君主也同样必须守法。而执法则莫若威，其实重刑本身就已经是"威"了，但韩非还是特别强调其威足以胜暴。因为韩非认为，要让每个人都如同伯夷、伍子胥一样谦让敬人，恪尽职守是不现实的，因此，要调动人的积极性，消除其破坏性，就要做到有法可依，执法必严。守国的基本原则就是制定法律和执行法律。在此，韩非提出了一个十分重要的范畴——"命"。可以说，"命"与"自利"一起构成了韩非的人性论框架。关于"自利"和"命"，韩非说："夫智，性也；寿，命也。性命者，非所学于人也。"（《显学》）这里韩非一以贯之地把性当作人的内在本质，韩非把命看作生命过程的一个标识。没有了这个标识，生命便烟消云散，而命一旦随风飘逝，性自然不复存在，性和命二者相互依存。所以韩非认为，生命是人的最大利益。他曾比喻说：如果人意识到拥有天下会有生命危险，那么就会毫不犹豫地放弃天下。再贪婪的强盗也不会去深涧捡金子，那是因为去深涧捡金子性命难保，生命比金子更重要。

韩非认为，正是由于人总是会把命看得比利更重要，所以，古代善于守道的人，用重刑来禁止轻罪。严酷的法律使君子和百姓都能公正，就像跖这样的强盗也能变得和曾参、史䲡这样的贤人一样廉洁。而且，刑罚的作用并不单纯是为了惩罚犯人，同时也是为了威吓一般人，为了实现预防的目的就必须采用"重刑","重一奸之罪而止境内之邪,此所以为治也。重罚者,而悼惧者良民也,欲治者奚疑于重刑?"

现代管理也是如此。无论是国家法律还是企业的规章制度,必须做到违法必究,执法必严。如果上有政策,下有对策,甚至有令不行,有禁不止,如同一个喜欢偷吃鱼的猫,猫偷吃了鱼不处罚,就等于鼓励猫下次继续偷吃鱼。管理人也是同样的道理。严格执行制度,对小的错误也加以纠正。这样无论是自觉遵守制度的人,还是那些有潜在动机会触犯制度的人,都不会违反严格的管理制度。

第二十七

用 人

　　用人，即使用臣子。本文着重论述了君主用人时应该遵循的基本原则。贯穿于全文的是韩非在其他篇章反复强调的见能授官、赏罚分明等思想，这里再次强调了反对心治、力倡法治思想的重要性。

【原文】

闻古之善用人者，必循天顺人而明赏罚。循天，则用力寡而功立；顺人，则刑罚省而令行；明赏罚，则伯夷、盗跖不乱。如此，则白黑分矣。治国之臣，效功于国以履位，见能于官以受职，尽力于权衡以任事。人臣皆宜其能，胜其官，轻其任，而莫怀余力于心，莫负兼官之责于君。故内无伏怨之乱①，外无马服之患②。明君使事不相干，故莫讼；使士不兼官，故技长；使人不同功，故莫争。争讼止，技长立，则强弱不觳力③，冰炭不合形④，天下莫得相伤，治之至也。

【注释】

① 伏怨之乱：心怀怨恨以致作乱。

② 马服之患：马服，战国时赵将赵奢之赐号，其子赵括继廉颇为将，好纸上谈兵，在长平大败，损兵四十多万。

③ 觳（jué）：通"角"。

④ 形：通"型"。不合型，指不同器。

【译文】

听说古代善于用人的君主，必定会遵循自然规律，顺应世道人情，并且赏罚分明。遵循自然规律，就能够少用气力而建立功业；顺应世道人情，就能够少用刑罚而推行法令；赏罚分明，像伯夷那样的清廉之士和盗跖那样的贪婪之徒就不会混淆。这样一来，是非黑白就分明了。凡治理得好的国家中的臣子，都是因为为国立功才获得了官位并履行职守，都是因为表现出了才能才得到职务，都是因为依法尽力来担任职事。做臣子的都能在适宜的职位上发挥他们的才能，胜任他们的官职，尽力完成他们的任务，而不会把余力保存在心里，也不需要对君主承担兼职的责任。所以在国内没有心怀怨恨的祸乱，在国外没有像赵括那样轻敌冒进的祸患。英明的君主使职事不相干挠，所以不会发生争辩诉讼；使臣下不兼任其他官职，所以各自都发挥擅长的技能；使人们不为同一件事情而立功，所以不会发生争斗。争辩诉讼止息了，擅长的技能表现出来了，强弱之间就不会争胜，如同冰炭不在同一个器皿中一样，天下所有的人不得相互伤害，这是治世的最高境界。

【原文】

释法术而心治①，尧不能正一国；去规矩而妄意度②，奚仲不能成一轮③；废尺寸而差短长④，王尔不能半中⑤。使中主守法术⑥，拙匠守规矩尺寸，则万不失矣。君人者能去贤巧之所不能，守中拙之所万不失⑦，则人力尽而功名立。

【注释】

① 释：放弃，丢弃。

② 意：通"臆"。

③ 奚仲：传说中夏代造车的巧匠。

④ 差：等差，这里是比较之意。

⑤ 王尔：古代巧匠。

⑥ 中（zhòng）：符合。

⑦ 中拙：作名词。

【译文】

放弃法术而凭主观办事，就是尧也不能治理好一个国家；不要规矩而胡乱猜测，就是奚仲也不能做好一个轮子；废弃尺寸而比较长短，就是王尔也不能做成功一半。假如让中等才能的君主遵循法术，让笨拙的匠人掌握规矩尺寸，那也会万无一失了。做君主的如果能去掉贤人、巧匠也办不成的，谨守中等才能的君主和拙匠都万无一失的做法，人们就会竭尽全力，功名也会建立起来。

【原文】

明主立可为之赏，设可避之罚。故贤者劝赏而不见子胥之祸，不肖者少罪而不见伛剖背①，盲者处平而不遇深溪，愚者守静而不陷险危。如此，则上下之恩结矣。古之人曰："其心难知，喜怒难中也。"故以表示目，以鼓语耳，以法教心。君人者释三易之数而行一难知之心②，如此，则怒积于上而怨积于下。以积怒而御积怨，则两危矣。明主之表易见，故约立；其教易知，故言用；其法易为，故令行。三者立而上无私心，则下得循法而治，望表而动，随绳而斫，因攒而缝③。如此，则上无私威之毒④，而下无愚拙之诛⑤。故上居明而少怒，下尽忠而少罪。

【注释】

① 伛剖背：意为先天驼背者被剖。

② 三易：指"表""鼓""法"。

③ 攒：当作"簪"，女红工具，状似针。

④ 私威之毒：不按法而徇私枉法的坏处。

⑤ 愚拙之诛：因愚蠢笨拙而受罚。

【译文】

英明的君主设立臣民可以得到的赏赐，设立臣民可以避免的刑罚。所以贤者奋力立功得赏而没有伍子胥那样的灾祸，不贤者少犯罪而不会遭到先天驼背被剖那样的冤枉刑罚，盲人处在平地而不会遇到深渊，愚人过着安静的生活而不会陷入危险境地。这样的话，君臣之间就结下了恩情。古人说："人心难以捉摸，喜怒难以猜中。"所以要用华表给眼睛当坐标，用鼓声给耳朵传信息，用法制给人心作规范。如果做君主的放弃这三种容易实行的方法，而用一种难以摸透的心计行事，君主就会积聚愤怒，臣下就会积聚怨恨。用积怒的君主来驾驭积怨的臣下，君臣就都危险了。英明君主的标准应容易让人看到，信约就能确立；他的教导容易懂得，说话就起作用；他的法制容易遵守，命令就会得到执行。这三方面都做到了，君主又没有私心，臣下就可以遵循法令而治理政事，如同看着标志来行动，随着墨线来下斧，根据锥孔来上针一样。这样一来，君主就没有滥施淫威的残酷，臣下也没有愚蠢笨拙的过失。所以君主明察而少怒，臣下尽忠而少罪。

【原文】

人主立难为而罪不及，则私怨生；人臣失所长而奉难给^①，则伏怨结。劳苦不抚循^②，忧悲不哀怜；喜则誉小人，贤不肖俱赏；怒则毁君子，使伯夷与盗跖俱辱；故臣有叛主。

【注释】

① 奉：指所奉之职责。难给：难以胜任职事。
② 抚循：抚慰。

【译文】

君主设立了难以达到的标准，而去怪罪臣下没有达到，臣下就会产生私怨；臣下丢掉特长而去从事难以胜任的事情，心中就会产生怨恨。君主对臣子的劳苦不抚慰、忧伤不同情；高兴时连小人都称誉，对贤和不贤的人一律赏赐；发怒时连君子也诋毁，使伯夷和盗跖同遭侮辱；所以臣子中就会有背叛君主的人。

【品鉴】

闻古之善用人者，必循天顺人而明赏罚。循天，则用力寡而功立；顺人，则刑罚省而令行；明赏罚，则伯夷、盗跖不乱。

善用人者——循天顺人。韩非的用人之道十分独到，他认为用人是治国之本。他说："任人以事，存亡治乱之机也。无术以任人，无所任而不败。"(《八说》)"明主之行制也天，其用人也鬼。"因此，他提出了君主用人应遵守的五大基本原则：一是要"循天顺人明赏罚"；二是循名责实，因能授官；三是用其所长，不使官吏兼职；四是以法治官，不能以心治官；五是惟才是举，不避亲仇。这些用人原则既体现了韩非重视法治的思想，也体现了韩非的用人技巧。

韩非用人的第一个原则是循天顺人、赏罚分明。"闻古之善用人者，必循天顺人而明赏罚。循天，则用力寡而功立；顺人，则刑罚省而令行；明赏罚，则伯夷、盗跖不乱。如此，则白黑分矣。"韩非认为，提拔、任用官吏要遵循客观规律，对所用的官吏不要随意限制，也不能脱离实际地苛求他们，即要"循天顺人"。韩非主张设立赏罚，确立赏罚的标准，用赏赐鼓励人行善，用刑罚防止人作恶。赏罚严明，像伯夷一样的廉洁之士和盗跖之类的贪婪之徒就不会错乱混淆。

韩非用人的第二个原则是循名责实、因能授官。所谓"名"，即组织中的某一职务、头衔；"实"，即担任这一职务人的能力。"循名而责实"，就是说在组织中担任某一职务的人，要有担任这一职务相应的能力。韩非说，君主要驾驭臣子，就一定要考察形和名是否相符，一定要看臣下说的话跟他做的事是否一致。强调表面情况和实质要互相验证，综合来考察一个人。他提出了考察群臣言行的一个具体方法——"参伍之道"，即从多方面进行检查，以追究责任人的过失，对各种因素进行分析，以找到取得成功的原因。所谓"因能授官"，就是"见能于官以受职"。因为在官位上表现出才能而得到职务。"人臣皆宜其能，胜其官，轻其任，而莫怀余力于心，莫负兼官之责于君。"在韩非看来，人才与职位必须相称，将每个人置于最适合的岗位上，才能使组织利益最大化。其位不当、大材小用或小材大用都是用人的失败之处。其位不当就无法发挥人才的长处，空有满腹经纶却无处施展；大材小用会浪费人才，必定挫伤人才的积极性；小材大用，只会把局面越弄越糟，成为组织发展的绊脚石。所以"用人必考其终，授任必求其当"。

韩非用人的第三个原则是用其所长，知人善任。所谓"尺有所短，寸有所长"。有短之存，必有用短之术，关键是将短用到正需要短的地方，即所谓"短中见长之术"。《贞观政要》记载了唐太宗李世民的短中见长之术。李世民说："明主之任人，如巧匠之制木。直者以为辕，曲者以为轮，长者以为栋梁，短者以为拱角，无曲直长短，各种所施。明主之任人亦由是也。智者取其谋，愚者取其力，勇者取其威，怯者取其慎，无智愚勇怯兼而用之，故良将无弃才，明主无弃士。"清代思想家魏源讲过一段这样的话："不知人之短，不知人之长，不知人长中之短，不知人短中之长，则不可以用人。"无论大才小才、奇才怪才、"庸才""不才"都通过这样的"见长之术"来考察，那么，将会有无数的"千里马"奔腾起来。因此，使用人才，还有个"发掘人才"的任务，要谨防"以短掩长"。有的人之所以被人视为"无长""无用"，是因为我们只看到了一些表面现象，没有看到其真正的本事，要知道，晶光闪闪的水晶石刚出土时，也不过是一块很普通的东西，只看表面，也一定会把它当废物扔掉。所以，用人一定要用其所长，做到知人善任。既不能让统率千军的将帅之才去做火头军，也不能让县衙之才去当宰相；既不能让温文尔雅、坐谈天下大事的文官去战场上驰骋，也不能让叱咤风云、金戈铁马的武将成天待在宫廷内议事。而应该辨清各自的特长，派其到合适的地方，授予其相应的职位。

韩非用人的第四个原则是以法治官，不可以心治官。与儒家维护贵族世袭特权的礼治相反，法家的法治要求不别亲疏，不殊贵贱，一断于法。韩非强调治国的关键是法而不是人。认为以法治国，即使是中等才能的君主只要遵循法术，就如同使笨拙的匠人掌握规矩尺寸，也一定会万无一失的。他说："释法术而心治，尧不能正一国；去规矩而妄意度，奚仲不能成一轮；废尺寸而差短长，王尔不能半中。使中主守法术，拙匠守规矩尺寸，则万不失矣。君人者能去贤巧之所不能，守中拙之所万不失，则人力尽而功名立。"如果君主"以心治官"，"喜则誉小人，贤不肖俱赏；怒则毁君子，使伯夷与盗跖俱辱"，则臣必有叛主。

韩非用人的第五个原则是惟才是举，不避亲仇。韩非在谈到人才的选拔和使用时，提出了一个很重要的命题——"外举不避仇，内举不避子"。韩非认为，用人必须以才能为标准，不能因为他是自己的仇人，而心存偏见；也不能因为他是自己的亲人，而怕非议。任用仇人并非易事，这需要君主有博大的胸怀和超人的胆识,能做到不计前嫌,一心为公。同样,任用亲人也非易事,这需要君主对亲人严格要求,还要忍受各种非议。在韩非看来,"外举不避仇,内举不避子"是统治者用人的重要准则之一。

事实上,要做到"外举不避仇,内举不避子"并非易事。这需要领导者有远见卓识和博大胸怀。但正是因为其不易,才使得统治者的形象更加伟大,才能有助于其成就大业。春秋霸主齐桓公不计前仇而重用管仲,成就了春秋霸业。唐太宗李世民以其博大胸怀任用魏徵,成就了他在中国历史上的一世英名。

第二十八

功 名

功名，即功业与名声。本文主要阐述君主立功成名的计策。韩非认为，君主要成就功名，必须具备四个条件：顺天时，得人心，通技能，高居势位。其中韩非对势位进行了重点分析，集中阐述了君主凭势位驾驭臣下的重要性。文章还分析了君主和臣民的相互依赖关系，认为国君只有在"众人助之以力，近者结之以成，远者誉之以名"的情况下，才可能"立功成名"。

【原文】

明君之所以立功成名者四：一曰天时，二曰人心，三曰技能，四曰势位。非天时，虽十尧不能冬生一穗；逆人心，虽贲、育不能尽人力。故得天时，则不务而自生；得人心，则不趣而自劝[①]；因技能，则不急而自疾；得势位，则不推进而名成。若水之流，若船之浮。守自然之道，行毋穷之令[②]，故曰明主。

【注释】

① 趣：通"促"，督促。
② 毋：通"无"。

【译文】

英明的君主立功成名的条件有四个：一是天时，二是人心，三是技能，四是势位。不顺应天时，即使十个尧也不能让庄稼在冬天里长出一个穗子；违背人心，即使孟贲、夏育这样的勇士也不肯多出力气。所以顺应了天时，即使不太费力气，庄稼也会自然生长；得到了人心，就是不督促，民众也能自我勉励；凭借技能，即便不急于求成，事情也会很快完成；得到了势位，即使不去追求，名声也会形成。事情就好像水的流动，就好像船的漂浮。君主把握自然之道，推行畅通无阻的法令，所以称为明君。

【原文】

夫有材而无势^①，虽贤不能制不肖。故立尺材于高山之上^②，则临千仞之溪，材非长也，位高也。桀为天子，能制天下，非贤也，势重也；尧为匹夫，不能正三家，非不肖也，位卑也。千钧得船则浮，锱铢失船则沉^③，非千钧轻锱铢重也，有势之与无势也。故短之临高也以位，不肖之制贤也以势。人主者，天下一力以共载之^④，故安；众同心以共立之，故尊。人臣守所长，尽所能，故忠。以尊主御忠臣，则长乐生而功名成。名实相持而成，形影相应而立，故臣主同欲而异使。人主之患在莫之应，故曰，一手独拍，虽疾无声^⑤。人臣之忧在不得一，故曰：右手画圆，左手画方，不能两成。故曰：至治之国，君若桴^⑥，臣若鼓，技若车，事若马。故人有余力易于应，而技有余巧便于事。立功者不足于力，亲近者不足于信，成名者不足于势，近者已亲，而远者不结，则名不称实者也。圣人德若尧、舜，行若伯夷，而位不载于世，则功不立，名不遂。故古之能致功名者，众人助之以力，近者结之以成^⑦，远者誉之以名，尊者载之以势。如此，故太山之功长立于国家^⑧，而日月之名久著于天地。此尧之所以南面而守名，舜之所以北面而效功也。

【注释】

① 材：通"才"。

② 材：这里指树木。

③ 锱铢：喻极轻的事物。锱：一两的二十四分之一。铢：一两的四分之一。

④ 载：通"戴"，拥戴。下文"而位不载于世""尊者载之以势"之

"载"与此同。

⑤ 疾：用力重。

⑥ 桴：鼓槌。

⑦ 成：通"诚"。

⑧ 太山：即泰山。

【译文】

有才能而没有权势，即使是贤人，也不能制伏不贤之人。所以在高山上一尺高的树木，就能俯视千仞深的峡谷，并非树高，而是位置高。夏桀做天子，能控制天下，不是因为他圣贤，而是因为他权势重；尧做普通人，不能管理好三户人家，不是因为他不贤，而是因为他地位卑贱。千钧重物依靠船就能浮起来，锱铢物轻没有船也会沉下去，不是因为千钧轻而锱铢重，而是因为有没有依靠船的浮力这种势的差别。所以短木居高临下凭借的是位高，不贤者制伏贤人凭借的是权势。做君主的，天下合力来共同拥戴他，所以稳定；天下齐心来共同推举他，所以尊贵。臣下发挥特长，竭尽所能，所以忠诚。以尊贵的君主驱使忠诚的臣子，就会出现长治久安的局面，建立起功业和名望。名、实相依赖而成立，形、影相对应而出现，所以君臣愿望相同而各自要做的事情不同。君主的祸患在于没有人响应，所以说，一只手单独来拍，虽然用力很大，速度很快，但发不出声音来。臣子的忧患在于不能专职，所以说：右手画圆，左手画方，不能同时成功。因此说：治理得最好的国家，君主如同鼓槌，臣子如同鼓，技能如同车，事情如同马。所以人有余力容易响应君主的召唤，技巧高超容易办成事情。想建立功业的人力量不够，亲近的人忠诚不够，成就名望的人权势不够，贴身的人不贴心，远方的人不交结，那么君主就名不符实了。圣人的道德如同尧舜，行为如同伯夷，但势位不为世人所拥护就不会功成名就。所以古代能够成就功名的人，是因为众人用力帮助他，身边的人真心交结他，远处的人用美名赞誉他，位尊的人用权势拥戴他，正因如此，所以君主的丰功伟绩就如同泰山一样长期在国家之中建立起来，君主的盛名威望就如同日月一样在天地之间永放光芒。这就是尧所以能南面称王而保持名位，舜所以要北面称臣而献功效忠的原因。

【品鉴】

明君之所以立功成名者四：一曰天时，二曰人心，三曰技能，四曰势位。

要想立功成名，天时、人心、技能、势位一个都不能少。

一是顺天时，即按客观规律办事。韩非继承了荀子"天行有常，不为尧存，不为桀亡"的思想，认为自然界的变化是有规律的，自然界的规律是不以人的意志为转移的。遵循事物的法则，遵循客观规律，就能事半功倍，"因事之理，则不劳而成"，即遵循客观规律，不费劳苦就能成功。反之，一旦违背了规律，就会受到规律的惩罚。他说，不顺天时，即使十个尧也不能让庄稼在冬天里长出一个穗子，拔苗助长结果只能是更糟。任何事物的发展都有其自身的规律，只有掌握了其中的规律，并且尊重规律，按规律办事才能推进事物向前发展。

二是得人心，俗话说得人心者得天下。荀子曾提出"水可载舟，亦可覆舟"的思想，认为国家政权的得失，在于人心的向背，得人心者得天下，失人心者失天下。韩非也多次提及民心的重要性。他说，逆人心，虽贲、育不能尽其力。治理国家要赢得民心，才能留住人才。

三是通技能。对于君主而言，技能主要是指法术，韩非认为："人主之大物，非法则术也。"（《难三》）所谓法，是指制度和法令，它既是规范臣民言行的一种准则，又是决定赏罚的标准。因此，君主必须做到"以法治国"。但仅有法还是不够的，还必须要有术。所谓术，是指君主驾驭群臣的策略和手段。作为治国的手段，术与法的不同，主要表现在法是公开的，而术则是隐蔽的。"法者，编著之图籍，设之于官府，而布之于百姓者也。术者，藏之于胸中，以偶众端而潜御群臣者也。故法莫如显，而术不欲见。"(《难三》)

四是居势位。韩非认为，势由位生，只有处于君位，才能握有权势。权势首先是君主对臣下的支配权，对举国的发号施令权。君主必须得到臣下的支持与服从。势位对治理国家、巩固君权具有重大意义。高居势位，君权就具有至高无上的尊严。反之，失势就意味着丢掉君主的位置。对于统治者来说，加强君权，巩固权势，就必须牢牢抓住"任势"这个纲。韩非认为势位在各种因素中占有极为重要的地位。因为"有材而无势，虽贤不能制不肖"，有了势位，才能驾驭臣民，统治天下。然而，权势也不是万能的，有权势，不顺天时，不得人心，不通法术，君主也会成为孤家寡人。

第二十九

大　体

大体，即大局，是指事物的整体和根本，几乎相当于韩非所说的"道"。在此也可以看出韩非对老子道家思想的继承。韩非从整个宇宙出发，论述了顾全大局的君主所应掌握的治理国家的基本法则，并给人们描述了他心目中的理想境界。

【原文】

古之全大体者①：望天地，观江海，因山谷，日月所照，四时所行，云布风动；不以智累心，不以私累己；寄治乱于法术，托是非于赏罚，属轻重于权衡②；不逆天理，不伤情性；不吹毛而求小疵，不洗垢而察难知；不引绳之外，不推绳之内；不急法之外，不缓法之内；守成理，因自然；祸福生乎道法，而不出乎爱恶；荣辱之责在乎己，而不在乎人。故至安之世，法如朝露，纯朴不散，心无结怨，口无烦言。故车马不疲弊于远路，旌旗不乱于大泽③，万民不失命于寇戎④，雄骏不创寿于旗幢；豪杰不著名于图书，不录功于盘盂⑤，记年之牒空虚。故曰：利莫长于简，福莫久于安。

【注释】

① 大体：事物的整体和根本。
② 属：托付。
③ 大泽：湖泊。古代造反者常以大泽为屏障与官军对抗。
④ 寇戎：强盗和战争。
⑤ 盘盂：都是器皿，上古时有记功于青铜器皿上的习惯。

【译文】

古代能够全面把握事物的整体和根本的人，能够瞭望天地了解它们的变化规律，观察江海掌握水的流动情况，顺应和凭借山谷的高低，日月光照、四时运行、云层分布、风向变动的自然法则；不让智巧烦扰自己的心境，不让私利拖累自己的身体；把国家的治乱寄托在法术上，把对事物的肯定和否定寄托在赏罚上，把物体的轻重寄托在称杆上；不违背自然规律，不伤害人的本性；不吹毛求疵，不洗去污垢来了解隐秘；不拉到准绳的外面，也不推到准绳的里面；对法禁以外的事情不苛刻，对法禁以内的事情不宽容；遵守既定的法则，顺应自然的规律；祸和福产生于是否遵守自然规律和国家法度，而不是产生于主观上的喜好和厌恶；荣誉和耻辱的责任在于自己，而不在于他人。所以，治理得最好的国家，法制好比早晨的露水那样纯洁质朴而不散漫，人们的心里没有积聚难解的怨恨，人们的口中没有愤愤不平的言论。所以，车马没有远途奔跑的劳累，旌旗没有兵败大泽的纷乱，民众不会因为外敌侵犯而丧命，勇士不夭折在将军的战旗之下；英雄豪杰不把名字记录在图书上，不把战功铭刻在盘盂上，国家编年的史册无事可记。所以说，没有比政令清简的好处更大的了，没有比天下太平更能使幸福长久的了。

【原文】

上不天则下不遍覆，心不地则物不毕载。太山不立好恶[1]，故能成其高；江海不择小助，故能成其富。故大人寄形于天地而万物备，历心于山海而国家富。上无忿怒之毒，下无伏怨之患，上下交朴[2]，以道为舍[3]。故长利积，大功立，名成于前，德垂于后，治之至也。

【注释】

[1] 太山：即泰山。

② 上下交朴：君臣上下都纯真质朴。

③ 舍：栖息之处，归宿。

【译文】

上若无辽阔的天，就不能覆盖整个世界；心胸若没有大地那样宽广，就不能负载万物。泰山对土石没有好恶之心，所以能够形成它的高大；江海对细流不加选择，所以能够形成它的浩瀚。所以君子要像天地那样遍覆毕载而使万物齐备，要像山海那样不立好恶、不择小助而使国家富强。君主没有因愤怒而引起的危害，臣民没有因积怨而造成的祸患，君主和臣下都纯真质朴，把道作为归宿。所以长远的利益积聚了，巨大的功业建立了，名望形成于生前，恩德流传于后世，从而达到治理国家的最高境界。

【品鉴】

上不天则下不遍覆，心不地则物不毕载。太山不立好恶，故能成其高；江海不择小助，故能成其富。故大人寄形于天地而万物备，历心于山海而国家富。

江海不择小助，故能成其富。"大体"指事物的整体和关键，也就是大局。韩非认为，统治国家、治理社会的关键就是因道全法。所谓"道"就是宇宙发展的法则和规律，即天地、江海、山谷、日月、四时的发展变化规律。对此，人们只能守成理，因自然，以道为舍，而不能逆天理。所谓全法，就是"寄治乱于法术，托是非于赏罚，属轻重于权衡"。韩非以天地、山海作比喻，说明君主的心胸要像天地一样宽广，能包容万物。君主对人对事，要像山海一样"不立好恶""不择小助"，一切从国家利益出发，只要是对国家有用、有利的人和事，都能容纳，都能接受。君主不因为自己的愤怒而加害臣民，臣民也不因心中的怨恨而祸害君主。君主有这样宽广的胸怀和伟大的气魄，就能做到君臣上下淳朴一致，就能达到国家大治的最高境界。

无论是取天下，还是治天下，统治者首先必须要能够容天下。俗话说，心胸有多大，事业就有多大。海纳百川，有容乃大。领导者心胸的开阔度以及对事物的心理承受能力和包容能力是决定其事业成就大小和成败的关键因素。

《国语·齐语》记载：桓公自莒反于齐，使鲍叔为宰，辞曰："臣，君之庸臣也。君加惠于臣，使不冻馁，则是君之赐也。若必治国家者，则非臣之所能也。若必治国家者，则其管夷吾乎。臣之所不若夷吾者五：宽惠柔民，弗若也；治国家不失其柄，弗若也；忠信可结于百姓，弗若也；制礼义可法于四方，弗若也；执枹鼓立于军门，使百姓皆加勇焉，弗若也。"桓公曰："夫管夷吾射寡人中钩，是以滨于死。"桓公虽然这么说，但还是重用了管夷吾。

管夷吾，原是公子纠的家臣，曾死心塌地地为公子纠出谋划策。在避难鲁国的公子纠和避难莒国的公子小白争着回齐国抢夺君位的斗争中，他担任途中刺杀公子小白的任务。要不是公子小白命大，也就不会有后来的齐桓公了，当时管仲的一箭竟正巧射中了公子小白的衣带钩。在公子小白成了齐国的君主后，管仲就只能继续待在鲁国避难了。齐桓公（公子小白）在提出让鲍叔牙出任宰相时，鲍叔牙用一句"臣，君之庸臣也"加以拒绝，转而推荐了还在鲁国避难且与齐桓公有一箭之仇的管仲。齐桓公在听了鲍叔牙的话后，不仅没有勃然大怒，而只是自言自语地说："夫管夷吾射寡人中钩，是以滨于死。"他提到了管仲射他一箭的事，可从语气中好像也没有深究的意思。于是在鲍叔牙说了"夫为其君动也。君若宥而反之，夫犹是也"之后，他立即"使请诸鲁，如鲍叔之言"，随后他还"逆之于郊",亲自去迎接差点要了自己性命的管仲。正是由于齐桓公的大度、智慧与管仲的谋略共同把齐国打造成了春秋霸主。

类似的故事在我国历史上还有很多。周定王元年,楚庄王平定叛乱后,大宴群臣,并让爱妾许姬为大臣们敬酒。一阵轻风吹灭了厅堂内的灯烛。黑暗中,有个人越礼拉住了许姬的衣袖。许姬顺手扯下了他的帽缨,并悄悄告诉了楚庄王,并要求立即查出帽子上没有缨的人。庄王哈哈大笑,并当即发话:寡人今日要与诸卿开怀畅饮,请大家统统都把帽缨摘掉,以尽情痛饮。待莫明其妙的文武官员都把帽缨扯下后,庄王才下令点灯。这样,究竟谁是越礼者,已无法分辨。许姬不理解,庄王却说:"酒后狂态,人常有之,倘若治罪,必伤国士之心。"后来,在吴兵伐楚的战争中,有个人奋不顾身,英勇杀敌,为保卫楚国立了大功。此人名叫唐狡,他就是先前殿上那个越礼者。

《三国演义》第三十回讲到,官渡之战结束后,曹军打扫战场时,从袁绍的图书案卷中,检出一束书信,皆是曹营里的人暗中写给袁绍的投降书。当时有人向曹操建议,将写了黑信的人统统抓起来杀掉。然而曹操却说:"当绍之强,孤亦不能自保,况他人乎?"于是,他看也不看一眼便下令将这些密信付之一炬。这一把火稳定了军心,曹操也落得个宽宏大量的美名。可见,人们称曹操为伟大的政治家和军事家并不无道理。除了官渡焚书外,曹操在对张绣的使用上也颇豁达大度。比如,在宛城之战中,张绣率军杀死了曹操的长子曹昂、侄子曹安民和大将典韦,曹操的右臂也在乱军中被流矢射中。后来,张绣听从贾诩的劝告投靠了曹操。曹操热烈欢迎张绣的到来,不仅没有报杀子之仇,还拜张绣为扬武将军。张绣十分感激,在后来的作战中,为曹操统一北方立下了汗马功劳。凡有大作为的人都有大的度量,干成大事业者必有大的胸怀。

在中国历史上,像齐桓公、楚庄王、曹操这样的人还有很多,他们有一个共同的特点,那就是在用人上不仅有过人的胆识和魄力,而且有超越常人的宽容和气度。这样的气度,这样的胆略就是他们成功的秘诀;这样的原则,这样的智慧才是值得后人学习的。

第三十

内储说 [上] 七术

"储"是积储之意,"说"即历史、传说故事。《储说》各篇都是先扼要地提出论点,叫作"经",后广泛征引历史、传说故事详加阐述,即是"说"。"经""说"配合前后呼应。从正文看来,所有这些故事又都被分门别类地安排在作者特定的法、术、势论点下,因此其中许多故事在韩非其他篇章中也曾出现过。因为思想丰富,故事众多,《储说》分为内、外篇,内、外篇又各分上、下,《外储说》又分左、右。

【原文】

主之所用也七术,所察也六微①。七术:一曰众端参观②,二曰必罚明威,三曰信赏尽能,四曰一听责下,五曰疑诏诡使③,六曰挟知而问④,七曰倒言反事⑤。此七者,主之所用也。

【注释】

① 微:隐微。

② 众端:头绪。

③ 疑诏:传出可疑的诏令。

④ 挟知而问:谓拿已经了解的事情去向臣下询问,以考察臣下的忠心。

⑤ 倒言反事:谓说与本意相反的话、做与本意相反的事。

【译文】

君主用来控制臣下的方法有七种,称为七术,君主需要明察的隐秘情况有六种,称为六微。所谓七术:一是从各个方面参验、观察臣下的一言一行,二是必须运用惩罚手段以显示君主的威严,三是兑现奖赏激励尽力效忠之人,四是逐一听取意见,督促他们行动,五是传出可疑的诏令,诡诈地驱使臣下,以考察他们是否忠诚,六是掌握了事实反而询问臣下,以测验他们言论的真假,七是正话反说,以逆理之事来刺探臣下的阴谋。这七种方法是君主所使用的。

【品鉴】

　　主之所用也七术，所察也六微。七术：一曰众端参观，二曰必罚明威，三曰信赏尽能，四曰一听责下，五曰疑诏诡使，六曰挟知而问，七曰倒言反事。此七者，主之所用也。

　　熊十力先生曾说："韩非之书，千言万语，壹归于任术而言法，虽法术兼持，而究以术为先。"韩非所言之术，绝大部分是驾驭群臣之术，他认为历代"法治"之所以失败，并不在于法治本身，而在于君主无术驾驭群臣。在他看来"术"与"法"的作用是各不相同的。"术者，因任而授官，循名而责实，操生杀之柄，课群臣之能者也。此人主之所执也。"韩非将"术"概括为以下七种：

　　一是"众端参观"，即通过各种方法多方面地观察来验证臣下的言行。韩非用"侏儒梦见灶"等故事来告诫君主"观听不参则诚不闻，听有门户则臣壅塞"的道理。这个故事说的是：卫灵公时，弥子瑕受到宠信，专权于卫国，引起国人不满。一天，有个谒见灵公的侏儒说："我的梦应验了。"灵公问："什么梦？"侏儒回答说："梦见灶，结果见到了君主。"灵公发怒说："我听说将见君主的人会梦见太阳，为什么你要见我，会梦见灶呢？"侏儒回答说："太阳普照天下，一件东西遮挡不了它；君主普照一国人，一个人蒙蔽不了他。所以将见君主的人会梦见太阳。要是灶的话，一人对着灶门烤火，后面的人就无从看见火光了。现在或许就有一个人挡住君主的光辉了吧？那么我梦见灶，不也是可以的吗！"

　　二是"必罚明威"，即一定要惩罚那些犯错误的人，而且主张重罚轻罪。比如，卫嗣君在位时，有个囚犯逃往魏国后，替魏襄王的王后治病。卫嗣君听说了，就派人求襄王允许用五十金赎回囚犯，使者往返五趟，魏王就是不给人，卫君就用左氏城来交换囚犯。群臣近侍劝卫君说："用一个大城邑去买一个囚犯，值得吗？"卫君说："不是你们所能理解的。治不在小，乱不在大；如果法令不设立，诛罚不兑现，即使有十个左氏城也没有裨益；如果法令设立，诛罚兑现，即使失去十个左氏城也没有损害。"魏王听说后，用车子装了囚犯送到卫国，无条件地交付给了卫君。

三是"信赏尽能"，即兑现奖赏鼓励那些有才能和立有功劳的人。比如，李悝担任魏文侯时的上党地区郡守，他想使当地的人都善于射箭，于是就下令道："遇着难断是非的诉讼时，就让他们用弓箭射靶，射中的胜诉，射不中的败诉。"命令下达后，人们都急忙去练习射箭，日夜不停。等到和秦军打起仗来，魏国大胜敌人，这是因为上党地区的人都精于作战射箭的缘故。

四是"一听责下"，就是一一听取臣下的意见然后进行评判。韩非借用"滥竽充数"的故事，在讽刺南郭先生不学无术的同时，还告诫君王必须一一听取臣下的意见然后进行评判。不要像齐宣王喜欢许多人一起合奏那样，使那位根本不会吹竽的南郭先生无功受赏，过着舒适的生活。而应像齐湣王那样对乐队中的每一个人一一考察。南郭先生只好趁齐湣王还没有叫他演奏，就自动溜走。韩非用滥竽充数的故事告诫君主要考察每个人的能力和尽职尽责的效率，就要逐一认真考察。

五是"疑诏诡使"，就是指君主安排一些人长期在自己身边工作，但并不给他们任务，使别人感觉到这些人是受了秘密指令，所以做坏事的人就会害怕，心存疑心而不敢胆大妄为。东周君故意弄丢了玉簪，让官吏们去找，三天没能找到。东周君又派人寻找，结果在居民的房子中间找到了。东周君说："我的官吏都不做事，找根玉簪，三天没有找到；我派人寻找，不到一天就拿回来了。"于是官吏都震恐不已，认为君主神明。

六是"挟知而问"，即用已经知道的事情来询问下属，通过观察下属的态度来考察其忠诚度。通过对照核查，从而了解许多隐情。同时，故意放出虚假信息也可以用来考验臣下。韩昭侯用手包住指甲，假装掉了一个指甲，寻找得非常着急，于是近侍就割掉自己的指甲呈献给他。昭侯通过此事来考察近侍忠诚与否。

七是"倒言反事"，就是本来想说一件事情，但却说一个与本意相反的事情，以逆理之事来考察臣下的真实态度和言行。子之相燕，坐在那里故意说："跑出去的是什么？是白马吗？"侍从都说没看见。有一个人跑出去追赶，回报说："有白马。"子之通过这种方法了解侍从中那些不诚实的人。卫嗣公派人装扮成客商通过关口上的集市，管理关市的官吏刁难他，他就用金贿赂了关吏，这样，关吏才放他过关。嗣公对关吏说："某时有个客商经过你的地方，给了你贿金，你才放他走的。"关吏因而非常害怕，深感嗣公之明察。

七术是君主驾驭臣下时使用的七种不可示人的手段，其中不乏权力斗争的经验，浸透在文中的官场厚黑思想不断被后世的专制者使用。

第三十一

内储说 [下]　六微

所谓六微，是指臣下和外敌危害君权的六种隐微手段，即权借在下、利异外借、托于似类、利害有反、参疑内争、敌国废置。韩非在本文中以大量生动的历史、传说故事告诫君主要提高警惕、加强防范，对内要杜绝六微，对外要运用六微，达到巩固君权的目的。

【原文】

六微：一曰权借在下，二曰利异外借，三曰托于似类，四曰利害有反，五曰参疑内争①，六曰敌国废置②。此六者，主之所察也。

【注释】

① 疑：通"拟"，参疑，据下文指太子或权臣权势相等。
② 废置：敌对的国家操纵本国储君和大臣的废立。

【译文】

有六种隐蔽微妙的情况：一是君主把权势借给臣下，二是君臣利益不同而臣下借用外力谋私，三是臣下假托类似的事蒙骗君主，四是君臣利害关系彼此相反，五是等级名分不同的臣子上下混乱而导致内部争权夺利，六是敌国设谋按他们的意图任免大臣。这六种现象是君主必须明察的。

【品鉴】

君臣之利异，故人臣莫忠，故臣利立而主利灭。

智者之虑——必杂于利害。韩非从人性好利恶害和君臣异利出发，认为"人臣之于其君，非有骨肉之亲也，缚于势而不得不事也。故为人臣者，窥觇其君心也，无须臾之休"。所以他特别强调君主要时刻警惕，他用大量的历史典故阐述了危害君权、破坏法治的六大隐患，提醒君主对这些情况要仔细审察，严加防范，从而消除消极因素，杜绝隐患。

一是"权借在下"。权势是统治者的专利，韩非认为必须防止君主权力分散和被架空，强调核心权是不可以借给别人的。"势重者，人君之渊也；臣者，势重之鱼也。鱼失于渊而不可复得也，人主失其势重于臣而不可复收也"。简公失之于田成，晋公失之于六卿，而邦亡身死。君主的权势落到了臣下手里，失去后就不可能再得到了。赏罚是国家之利器，握在君主手中就能控制臣下，握在臣下手中就可控制君主。"赏罚者，利器也，君操之以制臣，臣得之以拥之。故君先见所赏，则臣鬻之以为德；君先见所罚，则臣鬻之以为威"。故曰："国之利器不可以示人。"

二是"利异外借"，君臣之利异，故人臣莫忠，故臣利立而主利灭。君臣并非一心，君主靠计蓄养臣子，臣子靠算计侍奉君主，君臣之间只是算计。所以要防备臣下内外勾结，内部的人会借助外力来削弱和反对君主。在韩非看来，君臣的利益不同，所以臣下没有一个是忠诚的。所以臣下的利益确立了，君主的利益就失去了。因此，统治者与臣下之间具有很强的功利性。那些奸臣贼子，可能会招敌国军队来除掉国内私敌，用涉外事情来迷惑君主，假如能取得他的私利，就会不顾国家的忧患。这是君主一定要防范的。比如，在赵国的大成牛对在韩国的申不害说："您用韩国的力量使我得到赵国的重用，我再用赵国的力量使您得到韩国的重用，这样一来，就像您有两个韩国，我有两个赵国一样了。"不仅君臣之间的利益不同，即使是夫妻的利益也并不一致，所以，夫妻间也需提高警惕。比如，卫人有一对夫妻在祈祷，妻子说："让我没有灾难，得到一百捆布。"她丈夫说："为什么这么少？"妻子回答说："超过这个数目，您将会用它去买小老婆。"

三是"托于似类"，这是一种用似是而非的假象欺骗君主，掩盖事实真相的奸术，君主要随时加以防范。比如，守门人因被夷射责骂而不满，便把水泼在廊门的檐沟下，像尿湿的样子，并在齐王面前诬陷"夷射在这儿站过"，使齐王杀了夷射。再如，郑袖由于嫉妒楚王另有新欢，便对那美人说："楚王非常喜欢别人捂住嘴巴，你要是靠近大王，一定要捂住嘴巴。"美女入见，走近楚王就捂住嘴巴。楚王询问其中的原因，郑袖却说："她曾说过讨厌大王的气味。"楚王大怒让人割掉了美女的鼻子！君主对这种"托于似类"谋取私利的奸臣要时刻加以提防，以免错杀无辜。

四是"利害有反"，这是告诫君主利和害总是会相随出现，有利必有害，有害必有利。利与害是紧密相关的，然而利有大小，害有轻重，必须全面考虑，详加权衡。"智者之虑，必杂于利害"。利大害小方可行，利小害大要警惕。统治者决策之前，一定要周密考察利与害两个方面，尽量减少盲目性。贪利忘害，不知权衡利弊，或错误地权衡利弊，必定会吃大亏。因此明君考虑问题时，若国家受害，就要察看谁能从中得到好处；若有臣下受害，就要考察与他利害相反的人。比如，韩昭侯洗澡，发现热水中有小石子。昭侯便问："主管洗澡的侍官如果免职，会由谁来继任，叫他进来。"那人被叫来后，昭侯怒责他说："为什么在热水里放小石子？"他回答说："因为主管洗澡的侍官如果免职，我就能够代替他。"韩昭侯正是通过审查利害关系而发现了事情的前因后果，找到了处理事情的关键。

五是"参疑内争"，权力斗争不可避免，而臣下争权夺利是产生变乱的根源。比如，晋献公时期，骊姬地位高，可以和献公的正妻匹敌。她想让自己的儿子奚齐来取代太子申生，就在献公面前陷害申生并杀了他，于是献公立奚齐为太子。再如，田常担任齐相，阚止也受到了齐简公的器重，田常、阚止这两个人互相憎恨并想杀掉对方。田常施行私人恩惠，收买了人心，结果杀了简公，夺取了政权。对此类内争，统治者要给予密切的关注和控制。

六是"敌国废置",要极力避免敌对国家插手本国重要官员的任免,一旦中了圈套,后果不堪设想。如,晋人叔向陷害周人苌弘时,伪造苌弘写给叔向信说:"你代我告诉晋君,和他的约会时机已经到了,为什么还不快点带兵来攻打呢?"随后假装大意把书信丢在周君朝廷上,接着就急忙离去了,周君认为苌弘出卖周朝,就杀了苌弘,造成了极为严重的后果。

"七术"是"主之所用"的防患措施。在明察六微的基础上运用"七术",即可防患于未然。

第三十二

外储说 [左上]

"外储说"与"内储说"同为脍炙人口的历史故事和民间传说短篇文集。因为内容较多,外储说又分为左上、左下、右上、右下四篇。一般说来,内篇主要是君主之谋及驭臣之术;外篇则多为对臣之赏罚、征战、外交一类。本文共有六段经文。韩非从功利原则出发,反对空谈,反对形式,反对智巧,反对礼贤,反对仁义。本篇通过大量生动形象的历史故事和民间传说,对其功利主义学说进行了全面深刻的阐述。

【原文】

经一

明主之道，如有若之应宓子也①。明主之听言也，美其辩；其观行也，贤其远。故群臣士民之道言者迂弘②，其行身也离世。其说在田鸠对荆王也。故墨子为木鸢③，讴癸筑武宫④。夫药酒忠言，明君圣主之以独知也。

【注释】

① 有若：与宓子俱为孔子弟子。宓子：即宓子贱。
② 迂弘：迂阔远于事情。
③ 鸢（yuān）：鹰的一种。
④ 武宫：宋国用于练习武艺的建筑物。

【译文】

英明君主治理国家的原则，像有若回答宓子所说的那样要有手段。君主听取言论时，一味欣赏说话人的口才；观察行动时，一味赞赏远离现实的作风。所以臣子和民众讲起话来，就高深莫测，做起事来就远离实际。此解说体现在田鸠回答楚王的故事中。所以有墨子用木头做鹰巧而无用，讴癸用唱歌鼓舞修筑武宫的故事。药酒苦口利于病，忠言逆耳利于行，这是只有明君圣主才能理解的。

经二

【原文】

人主之听言也，不以功用为的①，则说者多"棘刺""白马"之说；不以仪的为关，则射者皆如羿也。人主于说也，皆如燕王学道也；而长说者②，皆如郑人争年也③。是以言有纤察微难而非务也。故季、惠、宋、墨皆画策也；论有迂深闳大，非用也，故魏、长、瞻、陈、庄皆鬼魅也；行有拂难坚确，非功也，故务、卞、鲍、介、田仲皆坚瓠也④。且虞庆诎匠也而屋坏，范且穷工而弓折。是故求其诚者，非归饷也不可⑤。

【注释】

① 的：目标。
② 长说：长于说。
③ 争年：争论年龄大小。
④ 坚瓠（hù）：实心葫芦，喻其无用，其义又见《庄子·逍遥游》。
⑤ 归饷：回家吃饭。

【译文】

君主听取意见，不把功效作为目的，进说的人就多半说些"在棘刺上刻猴子""白马非马"这类的话；不把箭靶作为射击目标，射箭的人就都成为像羿一样的射箭能手了。君主对待进说，都像燕王派人学习不死之道一样被欺骗；而擅长辩说的人，都像郑人争论年龄长短一样没完没了。因此，言谈也有细致、明察、微妙但却不是迫切需要的，所以像季良、惠施、宋钘、墨翟这些人的学说，都像精绘竹简一样，华丽而无用；

议论也有深远阔达但却不切实用的，所以像魏牟、长卢子、詹何、陈骈、庄周这些人的学说，都是像乱画鬼怪一样，空洞而失真。行为也有违反常规，一般人难以做到，表现十分坚定固执的，但对于国家并不实用，所以像务光、卞随、鲍焦、介子推、田仲等人的作为，都和坚硬的实心葫芦一样，厚重而无益。再说虞庆虽能把匠人驳得无话可说，匠人照他的话造出的房屋最终还是坍塌；范且虽能把匠人说得无言可对，匠人照他的话造出的弓来最终还得折断。因此要想得到真实的东西，不能像小孩做游戏那样把泥巴当饭吃，最终还是不得不回家吃饭的。

【原文】

经四

利之所在，民归之；名之所彰，士死之。是以功外于法而赏加焉，则上不能得所利于下；名外于法而誉加焉，则士劝名而不畜之于君①。故中章、胥己仕，而中牟之民弃田圃而随文学者邑之半②；平公腓痛足痹而不敢坏坐，晋国之辞仕托者国之锤。此三士者③，言袭法，则官府之籍也④；行中事，则如令之民也⑤：二君之礼太甚⑥。若言离法而行远功，则绳外民也，二君又何礼之？礼之当亡。且居学之士，国无事不用力，有难不被甲。礼之，则惰修耕战之功；不礼，则害主上之法。国安则尊显，危则为屈公之威，人主奚得于居学之士哉？故明主论李疵视中山也。

【注释】

① 劝名：为声名所鼓励。
② 中牟：赵地，在今河南省境内。

③ 三士：指中章、胥己、叔向。
④ 袭法：依法。
⑤ 中事：符合法度。
⑥ 二君：赵襄子、晋平公。

【译文】

  利益所在之处，民众之所归；名声所扬之处，士为之死。因此对不符合法制的功劳给予赏赐，君主就不能从臣下那里获利；对不符合法制的名声给予赞誉，士人就会为追求名誉而不顺从君主。所以中章、胥己做了官，中牟县就有一半的百姓放弃田地而追随私学人士；晋平公敬重叔向，坐得腿痛脚麻也不敢违礼，晋国就有一半的人仿效叔向辞去官职，不再依附于贵族。这三个人，如果言论合法，那也不过是照官府中的法典讲话；行为合宜，那也不过是遵从法令的人；而两个君主对他们的礼遇太过分了。如果他们的言论背离法制而行动没有什么功劳，那就是法度之外的人了，两个君主又为什么要敬重他们呢？敬重这种人，国家必定要灭亡。况且那些隐居而从事私学的人，国家没有战争时不耕田出力，国家有难时又不披甲打仗。敬重这种人，就会使那些守法的民众不再努力从事耕战；不敬重这种人，他们就会危害君主的法制。国家安定，他们就尊贵显赫；国家遭到危难，他们就像屈公一样感到畏惧；君主从这些隐居而从事私学的人那里能得到什么呢？所以明君肯定李疵对中山国君的看法。

【品鉴】

夫药酒忠言，明君圣主之以独知也。

  良药苦口，忠言逆耳。韩非从历史的经验和教训中得出，明智的君主不会闭目塞听,而是善于听取臣下的意见。历史上直言劝谏的大臣众多,但真正虚心讷谏的君主却屈指可数。大多君主听不进臣下的谏言,谏言者甚至因此而遭到杀害。殷代的贤臣比干,因为对纣王的荒淫无道进谏而被杀。春秋时,吴国的贤臣伍子胥因为屡谏吴王夫差,夫差恼羞成怒,逼其自杀并将其尸首抛入江中。在韩非看来,不能对君主直言劝谏的大臣,不是贤明的大臣;而不能虚心接受大臣劝谏的君王,也不是贤明的君王。

李世民与魏徵,千百年以来一直被视为明君和诤臣的典范。用一个常人眼光看,魏徵的存在对任何人都是极大麻烦,与魏徵相处需要极大的心理承受能力。所以,李世民和魏徵的真实关系,比我们通常想象的要复杂得多。据史料记载,魏徵光上书谏言就有二百多条,数十万言,还不包括大量的口头谏言。这些谏议,不仅是有关国家大事的,更多是在生活上、道德上的。《资治通鉴》记载:有一次,李世民得到一只很好的鹞子,正在逗弄的时候,见魏徵进来,忙将它藏在怀中。魏徵这次向太宗奏事,时间太长,等魏徵离开,鹞子已经被闷死了。所以,李世民对魏徵,在感情上并不喜欢,但在理智上又不得不接受他的诤言。李世民面对魏徵这样的诤臣,生活上必然受到限制,很多时候要违背自己的想法,屈从魏徵的建议。魏徵在李世民心中,不可能有房玄龄那样的地位,也不可能取得李世民的绝对的信任,但为了国家,这种代价值得。

良药苦口利于病,忠言逆耳利于行。良药往往是苦的,而聪明的人知道竭力喝下去,因为他知道只有这样才能治好自己的病。发自肺腑的谏言往往使听者不舒服,可是英明的管理者却尽量听取,因为他知道只有这样才可以成就他的功业。尽管人人都明白其中的道理,但却都讨厌别人的忠言,因为忠言听起来总是不那么顺耳。只有那些勇于接受别人的意见,对任何事情都抱有客观态度的人,在生活中才会少走弯路,也才会有更大的成就。

　　一般而言，好言谁都爱听。但很多时候听取谏言和批评也是必要的。从另一角度来看，批评别人时一定要注意方式方法，恰到好处的批评能帮人改正错误，才能达到预期的效果。否则可能会适得其反，事与愿违。批评是一种技巧，更是一种艺术，巧妙的批评不但能使人接受，更能在彼此之间架起一座沟通的桥梁。奥斯特洛夫斯基曾经说过："批评，这是正常的血液循环，没有它就不免有停滞和生病的现象。"我们每一个人都不是生活在真空里，就像我们身上沾染许多病菌一样，我们的思想意识和言谈行为会不可避免地出现一些缺点、错误。管理者更要勇于接受别人的意见，对任何事情都抱有一种客观态度。

　　当然，赞美别人同样也能起到改正别人错误的作用。英国前首相丘吉尔曾经说过："你想要人家有怎么样的优点，那你就怎么样去赞美他吧。"这话是很有道理的，因为在人与人的交往中，适当的赞美能束缚对方的缺点，引其向善。一般人听到赞美就会鼓足勇气向自己的缺点发起挑战，努力朝着被赞许的方向转变。心理学家杰斯·莱尔就曾说过："赞扬就像温暖人们心灵的阳光。但绝大多数人都太轻易地吹去寒风似的批评，而不太情愿给予同伴一点阳光般温暖的赞扬。"《幸福计划》一书说："你对别人的评价，会影响别人对你的看法。"如果你将他人描述成一个真诚善良的人，被你所描述的对象也会向着这样的形象作出改变，反之亦然。这种现象称为"自发性特质转移"。这是一种神奇的心理效应，会在潜移默化中产生巨大的能量，往往会比批评所产生的效果更为明显。前提是这种赞美必须是真诚而恰如其分的，反之则会适得其反。因此，在日常人与人的交往中，尽可能多地让自己去发现别人的优点，并给予恰到好处的赞美，是一种生活的智慧。美人之美，美美与共，何乐而不为呢？

第三十三

外储说 [左下]

本文主要通过论述赏罚得当则去私怨，否定"德"；论述君主恃势则无往而不利，否定"信"；论述君主独尊的重要性，强调君主当依法独断。

【原文】

经二

恃势而不恃信，故东郭牙议管仲①；恃术而不恃信，故浑轩非文公②。故有术之主，信赏以尽能，必罚以禁邪，虽有驳行③，必得所利。简主之相阳虎④，哀公问"一足"⑤。

【注释】

① 东郭牙：即鲍叔牙，曾居齐都之东，故称。

② 浑轩：春秋时晋国大夫。文公：晋文公，名重耳，晋国君主，春秋五霸之一。

③ 驳行：行为不检点。

④ 简主：即赵简子。阳虎：又称阳货，春秋末期鲁国季孙氏的家臣。公元前502年（鲁定公八年）他起兵攻打季孙、叔孙、孟孙三家，欲夺取鲁国的政权，失败后出奔齐国，之后又逃到晋国，赵简子用他为相室。

⑤ 哀公问"一足"：鲁哀公了解到夔只有一个特长（守信用），认为也足可利用。

【译文】

君主依仗权势而不依赖臣下的诚实，所以东郭牙建议不能把大权全部交给管仲；君主依仗权术而不依赖臣下的诚实，所以浑轩反对晋文公断定箕郑以后不会背叛。所以懂得法术的君主，有功必赏，以便人尽其能；有罪必罚，以便禁止奸邪；即使臣下有不检点的行为，也一定有可以利用的地方。赵简子任阳虎为相室，充分发挥了他的才能。鲁哀公了解到夔只有一个优点，认为也足可利用。

【原文】

经三

失臣主之理，则文王自履而矜①。不易朝燕之处②，则季孙终身庄而遇贼。

【注释】

① 履：这里作动词。
② 燕：通"宴"。

【译文】

不顾君臣之间的等级关系，周文王亲自系好鞋带还要夸耀一番。不论是上朝还是平日在家都一个模样，季孙尽管一生庄重，最终还是被人杀害了。

【原文】

经四

利所禁，禁所利，虽神不行；誉所罪，毁所赏，虽尧不治。夫为门而不使入，委利而不使进①，乱之所以产也。齐侯不听左右，魏主不听誉者，而明察照群臣，则钜不费金钱②，屛不用璧。西门豹请复治邺，足以知之。犹盗婴儿之矜裘与跀危子荣衣③。子绰左右画，去蚁驱蝇。安得无桓公之忧索官与宣主之患臞马也？

【注释】

① 委：聚集。

② 钜：与"屛"一大一小，皆为假设的人名，此亦周秦古书著述之一体。

③ 矜：炫耀。跀危子：砍断脚的人的儿子。

【译文】

应当禁止的，反而使其得利，对于有利的，反而加以禁止，即便是神，也不能办好事情；该惩罚的，反而加以称赞，该奖赏的，反而加以诋毁，即便是尧也不能治理好国家。造了门又不让人进，聚焦了利又不让人获取，这就是祸乱产生的根源。如果齐侯不听信近侍，魏王不听信誉美之辞，而能洞察臣下的一切，那么钜就不会花费钱财了，屛就不会为打通关系送玉璧了。从西门豹请求治理邺地这件事，就足以明白这个道理。好像盗贼的孩子以他父亲的皮衣有尾巴而自夸，以及受刑断足人的孩子为他父亲冬天不费裤子而感到荣耀。像子绰说的那样，人不能左手画方右手画圆，以及拿肉去赶蚂蚁，拿鱼去驱苍蝇。如果不依法治国，怎能不发生齐桓公为臣下要求做官而担忧和韩宣子为马的消瘦而忧虑一类的事情呢？

【品鉴】

利所禁，禁所利，虽神不行；誉所罪，毁所赏，虽尧不治。

赏誉不同轨，虽尧不能治。韩非认为，赏罚、毁誉作为对人的两种激励，强化手段所激励和强化的方向必须具有一致性，才能达到赏罚目的。这就是韩非所说的"赏誉同轨，非诛俱行"。他说："利所禁，禁所利，虽神不行；誉所罪，毁所赏，虽尧不治。"意思是说，应当禁止的，反而使其得利，对于有利的，反而加以禁止，即便是神，也不能办好事情；该惩罚的，反而加以称赞，该奖赏的，反而加以诋毁，即便是尧也不能治理好国家。

在韩非看来，赏誉不同轨带来的直接后果就是"民疑"，"誉不当则民疑，民之重名与其赏也均。赏者有诽谤，不足以劝；罚者有誉焉，不足以禁"。"赏之誉之不劝，罚之毁之不畏"。(《外储说右上》) 首先，赏誉不当，赏者有诽。人们就会因为不明白管理者到底提倡、鼓励什么，打击、抑制什么而感到疑惑。而民疑的直接后果，使奖赏应有的劝善功能无法实现。因为人们对赞誉的看重和对赏赐的看重是相同的。如果对于受到奖赏的人，在授奖的同时又加以毁谤，那就不能用奖赏去鼓励人们效仿受奖者的行为。如果对受惩罚的人，在施罚的同时又加以赞誉，那就不能用惩罚来禁止受罚者的错误行为。在实施赏罚时，奖赏要和赞誉相结合，相统一，惩罚要和诋毁、否定并用。

"罚者有誉"，其直接后果则是"不足以禁"。不足以禁的直接后果是邪恶、过失行为因不受抑制，而频频发生。这样，"以刑去刑"的目的无法实现。这种情况，在现代管理中也屡有发生。如某人由于出现过失而按制度被处以罚款。但是在罚款的同时，领导又为他辩解，说他一贯不错，只是偶然失误，为他叫屈、惋惜。甚至，在这个问题上刚刚惩罚了他，又在别的场合表扬、赞誉他。试想，如此边罚边誉，传递给人们的是什么信息？应该说是矛盾、混乱的信息。"罚"，传递的是禁的信息，而"誉"表达的是扬的信息，在如此矛盾的信息中，惩罚所体现的禁恶功能，就会被"誉"的鼓励、赞扬，所冲击、埋没。其结果，必然是不足以禁。这样，此人的过失就无法引起人们重视。由此，在此人被罚之后，类似的过失也不会因为被惩罚而减少，而是照犯不误。而惩罚这一措施，除了过失者被罚之外，并无任何警示效果。如此，惩罚的作用并不明显，而成为"为罚而罚"了。

韩非"赏誉同轨"的思想，同样也是对现代管理者的一个提醒。首先，人们求利，重视得到奖赏。但人的欲望、需求是多样、多层次的，不是单一的。求利、求赏决非人的全部需求，也不是人的最高需求。奖赏只是一种激励措施，一种强化手段。自尊和价值的实现，才是人性中重要的、较高层次的需要。在一定条件下，这种需要比求利、求赏更重要、更迫切。其次，赏罚和毁誉相结合、相一致，才能确保赏罚功能的实现，才能更好地实现预期的赏罚功能。因此，表扬、批评、毁誉作为激励的重要手段和强化人们行为的措施，必须保持一致性。

一个高明的管理者，应该从人的欲望、需要出发，充分利用各种有效的激励、强化手段，去控制、改变、塑造人的行为，而不能只停留在赏罚这一功能上。正如任正非所说，"管理就是洞察人性，激发人的欲望。一家企业的成与败、好与坏，背后所展示的逻辑，都是人性的逻辑、欲望的逻辑。欲望是企业、组织、社会进步的原动力。欲望的激发和控制构成了一部华为的发展史，构成了人类任何组织的管理史"。从某种意义上讲，华为能够一路披荆斩棘，屹立于行业之巅，与任正非设定的这些底层逻辑有很大关系。有人把华为人才管理的经验归纳为六大法则：吸引人才的"桃子"，捆绑人才的"绳子"，抽打人才的"鞭子"，培训人才的"路子"，留住人才的"票子"，淘汰劣才的"筛子"。总之，正如任正非所言，"让员工成功才是最大的人性管理"，对人性的洞悉程度有多深，人才管理水平就有多高。

第三十四

外储说 [右上]

本文主要围绕着巩固君主地位这个中心,告诫君主如何对付群臣。经一阐明君主的威德不能分于臣下;经二阐明君主要恃势不恃爱;经三阐明君主不能借权于臣下,应处处保持独尊地位。

经世治国的谋略：《韩非子》

【原文】

君所以治臣者有三：

经一

势不足以化则除之①。师旷之对，晏子之说，皆合势之易也而道行之难②，是与兽逐走也，未知除患。患之可除，在子夏之说《春秋》也；"善持势者，蚤绝其奸萌③。"故季孙让仲尼以遇势④，而况错之于君乎⑤？是以太公望杀狂矞⑥，而臧获不乘骥⑦。嗣公知之，故不驾鹿；薛公知之，故与二栾博⑧。此皆知同异之反也。故明主之牧臣也，说在畜乌。

【注释】

① 化：驯化，这是相对韩非在谈论君对臣的关系时惯用的一个"畜"字而论的。

② 合：旧注谓当作"舍"，放弃。

③ 蚤：通"早"。

④ 遇：通"耦"，对等。

⑤ 错：通"措"。

⑥ 太公望：即吕望（姜子牙）的尊称。狂矞：人名，生平不详。

⑦ 臧获：奴婢的贱称。

⑧ 栾：通"挛"，孪生子。

【译文】

君主用来控制臣下的方法有三种：

对权势不能驯化的臣下，君主就要把他除掉。师旷的回答，晏婴的议论，都丢掉了利用权势控制臣下这种易行的办法，而去称道实施恩惠争取民众这种困难的办法，这就如同与野兽赛跑，不知道除掉祸害。祸害可以及早除掉，在子夏解释《春秋》时，所说的话中已表达出来了："善于掌握权势的君主，及早杜绝臣下作奸的苗头。"所以，季孙因孔子的门徒滥用权势而向他提出指责，何况把这样的事移于君主呢？因此，姜太公杀掉不为君主所用的狂矞，就像奴婢不乘貌似雄骏的劣马一样。卫嗣公懂得这个道理，所以拿鹿不能驾车来说明不能用如耳为相；薛公懂得这个道理，所以在一对孪生子赌博时用权术吓唬他们。这些人都懂得君臣之间利害关系是相反的。所以明君豢养臣下的道理，在驯养乌鸦中可以体现出来。

【原文】

经二

人主者，利害之轺毂也^①，射者众^②，故人主共矣。是以好恶见则下有因，而人主惑矣；辞言通则臣难言，而主不神矣。说在申子之言"六慎"，与唐易之言弋也。患在国羊之请变，与宣王之太息也。明之以靖郭氏之献十珥也，与犀首。甘茂之道穴闻也^③。堂谿公知术，故问玉卮^④；昭侯能术^⑤，故以听独寝。明主之道，在申子之劝"独断"也。

【注释】

① 轺毂：与下句"射者"合参，轺（yáo）：古代一种轻巧的小型马车。毂（gǔ）：车轮的中心。

② 射者众：聚集于毂的辐条多。

③ 穴闻：从小洞中偷听。

④ 卮：酒器。

⑤ 昭侯：韩昭侯。

【译文】

君主就像利害积聚的车毂，众人追求利益的欲望就像辐条射向车毂一样投向他，所以君主成了群臣共同对准的目标。因此，君主如果表现出爱憎，就会被臣下利用而投其所好，这样君主就被迷惑了；君主把听到的话泄露出去，臣下就难以向君主进言，君主也就做不到神明了。以上论述说明了申不害讲的君主应该在六个方面小心谨慎，以及唐易鞠谈论弋射飞禽的道理。不这样做的祸患，在国羊用表示悔改来试探君主对他的态度，韩宣王的近侍从宣王的叹息中窥探到他的态度。阐明上述观点的有靖郭君用十个玉珥测试齐威王爱哪个妾，以及甘茂派人从小洞里偷听到秦惠王的话，因而用计陷害犀首。堂谿公懂得术，所以问及玉杯无底来说明君主不能把群臣的话泄露出去；韩昭侯能用术，所以才能听取堂谿公的话而独自睡觉以免泄密。明君的治国原则，表现在申不害劝说君主遇事要能独断的议论里。

【原文】

经三

术之不行，有故①。不杀其狗，则酒酸。夫国亦有狗，且左右皆社鼠也。人主无尧之再诛，与庄王之应太子，而皆有薄媪之决蔡妪也②。知贵、不能，以教歌之法先揆之③。吴起之出爱妻，文公之斩颠颉，皆违其情者也。故能使人弹疽者④，必其忍痛者也。

【注释】

① 有故：缘故。
② 薄媪（ǎo）：对老年妇女的敬称，这里是对薄疑母亲的尊称。
③ 揆（kuí）：测试。
④ 弹：治疗。

【译文】

法术不能推行，总是有缘故的。卖酒人不杀掉他的恶狗，人家就不会进来买酒，酒就会变酸。国家也有恶狗，况且君主的近侍都像是躲在社坛里的老鼠。一般的君主都不能像尧那样，一再杀掉反对自己决定的人；不能像楚庄王答复太子时那样，把坚决执法的臣子看作是最好的臣子；而都像薄媪那样，自家的主张却要取决于蔡巫婆。要区分贤能的人和无能的人，就用教歌之类的方法先予以测试。吴起因为爱妻织的布不合规定而把她休掉，晋文公因爱臣颠颉不遵从法令而把他杀掉，都是违反自身感情的。所以能让人治疗毒疮的人，一定是那些能忍痛的人。

【品鉴】

故明主之牧臣也，说在畜乌。夫国亦有狗，且左右皆社鼠也。

韩非认为，君主控制臣下的方法有三：

一是要"蚤绝其奸萌"。对权势不能驯化的臣下，君主就要把他除掉，而且要"蚤绝其奸萌"。韩非告诫统治者，明君蓄养臣子要像畜乌一样，"夫驯乌者断其下翎焉。断其下翎，则必恃人而食，焉得不驯乎？夫明主畜臣亦然，令臣不得不利君之禄，不得无服上之名。夫利君之禄，服上之名，焉得不服？"驯养乌鸦的人要剪断乌鸦的翅膀和尾巴下边的羽毛。剪断翅膀和尾巴下边的羽毛后，乌鸦就必须靠人喂养，怎能不驯服呢？明君蓄养臣子也是这样，要使臣子不得不贪图君主给他的俸禄，不得不臣服君主给他的名位。贪图君主给的俸禄，臣服君主给的名位，怎么能不驯服呢？

二是君主要深藏不露。因为君主如果表现出爱憎，就会被臣下利用。申子曰："上明见，人备之；其不明见，人惑之。其知见，人惑之；不知见，人匿之。其无欲见，人司之；其有欲见，人饵之。故曰：吾无从知之，惟无为可以规之。"君主的明察如果显露出来，人们就会防备他；君主的糊涂如果显露出来，人们就会迷惑他。君主的智慧显露出来，人们就会美化他；君主的愚蠢显露出来，人们就会蒙蔽他。君主没有欲望显露出来，人们就会探测他；君主有欲望显露出来，人们就要引诱他。所以说：我没有办法知道其中奥妙，只有无为可以窥测它的端倪。韩非借用"薛公献珥"的例子，说明君主深藏心迹的重要性。靖郭君田婴是齐宣王的相，封于薛地，人称薛公。他想探知齐宣王打算在十个爱妾中立谁为夫人，又不便明问，就做了十只玉珥，把其中一只做得特别精美，一起献给宣王。这样，只要看到最美的玉珥由谁佩带，就可以知道宣王要立谁为夫人了。君主面对如此精明的投机者，真是防不胜防，所以只能慎言慎行。韩非用这个故事来说明，君主如果表现出个人的爱憎，臣下就要加以利用而投其所好。这样，君主就不会听到不同的意见，了解不到真实的情况。身为领导者，最怕别人一看你的脸色、一听你的言辞就知阴晴寒暑、雨雪风霜。所以，最要紧的是让人们摸不透你的心思。这样，你就掌握了主动权。所以，申子说："独视者谓明，独听者谓聪。能独断者，故可以为天下主。"

三是清除猛狗社鼠。韩非以猛狗、社鼠为喻，说明君主掌握权势就必须重用法术之士，排除像猛狗、社鼠一类的权臣。韩非认为国有权臣，犹如酒店门口有猛狗把门，咬跑了治国能臣。国无能臣治理，朝政就荒废了，君主就被蒙蔽了。所以说，不杀其狗则酒酸，不除社鼠则祸国。桓公问管仲曰："治国何患？"对曰："最苦社鼠。夫社，木而涂之，鼠因自托也。熏之则木焚，灌之则涂阤，此所以苦于社鼠也。今人君左右，出则为势重以收利于民，入则比周谩侮蔽恶以欺于君，不诛则乱法，诛之则人主危。据而有之，此亦社鼠也。"国有弄权的侍臣，犹如社坛里有鼠辈，在君主的保护下他们无恶不作，对外弄权谋私，榨取民众利益，对内结成死党，操纵法令，隐瞒罪恶。如此猛狗当道，社鼠结党营私，君主被架空，臣民被控制。君主必须加以防范。

奸臣乱法，在中国历史上屡见不鲜。一个千古疑问是：为什么奉公守法的忠臣反而见黜被诛，而违法乱纪的奸佞却一路扶摇？因此，韩非认为猛狗和社鼠的危害性极大，是国家的祸患，应该及早把它们清除，这样国家才能治理好。

第三十五

外储说 [右下]

本文主要围绕巩固君主地位这个中心，告诫君主如何对付群臣。

【原文】

经一

赏罚共则禁令不行①。何以明之？明之以造父、于期②。子罕为出彘，田恒为囿池，故宋君、简公弑。患在王良、造父之共车，田连、成窍之共琴也。

【注释】

① 共：作动词。赏罚的权柄由君臣双方共同掌握。
② 于期：又作王子于期、王子期、王良。

【译文】

君臣共同掌握赏罚大权，法令就不能推行。怎么说明这个道理呢？用造父、王良驾马的事来说明。子罕就像突然窜出的猪，田恒就像田囿里的水池，所以宋君和齐简公终于被他们杀掉了。祸害表现在王良、造父共驾一辆车而无法指挥马，田连、成窍共弹一张琴而不能成曲调。

【原文】

经二

治强生于法①，弱乱生于阿②，君明于此，则正赏罚而非仁下也^③。爵禄生于功，诛罚生于罪，臣明于此，则尽死力而非忠君也。君通于不仁，臣通于不忠，则可以王矣。昭襄知主情而不发五苑^④，田鲔知臣情故教田章^⑤，而公仪辞鱼^⑥。

【注释】

① 法：作动词，明法。

② 阿：枉法。

③ 仁下：仁爱地对待下属。

④ 昭襄：秦昭襄王。主情：做君主的道理。苑：帝王的游乐打猎的场所，里面种有花木果树，并养有禽兽。

⑤ 田鲔（wěi）：人名，生平不详。田章：人名，生平不详。

⑥ 公仪：指公仪休，战国时鲁国博士，曾任鲁穆公的相。

【译文】

国家的安定和强大来自依法办事，国家的衰弱和动乱来自枉法办事，君主明白这个道理，就要公正地实行赏罚而不对臣子讲仁爱。爵位和俸禄来自功劳，杀戮和惩罚来自罪行，臣子明白这个道理，就会卖命出力而不对君主效私忠。君主明白不讲仁爱的道理，臣子明白不讲私忠的道理，君主就可以称王天下了。秦襄昭王懂得做君主的道理，所以不散发五苑的瓜果蔬菜去救济民众；田鲔懂得做臣子的道理，所以教育田章一切要从利害出发；公仪休虽爱吃鱼却不接受别人送的鱼，唯恐因此失去相位。

【原文】

经五

因事之理①，则不劳而成。故兹郑之踞辕而歌以上高梁也②。其患在赵简主税吏请轻重；薄疑之言"国中饱"③，简主喜而府库虚，百姓饿而奸吏富也。故桓公巡民而管仲省腐财怨女。不然，则在延陵乘马不得进④，造父过之而为之泣也。

【注释】

① 因：顺应，遵循。
② 兹郑：人名，生平不详。踞：坐在……上。
③ 薄疑：战国时赵国人，曾在赵国和魏国做官。
④ 延陵：即延陵卓子，人名，生平不详。

【译文】

遵循事物法则办事，不必劳苦就能成功。所以兹郑坐在车辕上唱歌来吸引行人帮他把车推上高桥。相应的祸害表现在赵简子的税官请求收税标准；薄疑说"国中饱"，赵简子误认为国家富强而高兴，实际上却是府库空虚，百姓挨饿而奸吏富足。所以齐桓公视察民间发现有人家贫无妻，因而同意管仲发放国家多余财物，嫁出宫中未婚女子。不遵循事物法则，就如同延陵卓子用伤害马的方式驾马而马不能行进，造父路过遇见后为之哭泣一样。

【品鉴】

故国者，君之车也；势者，君之马也。无术以御之，身虽劳，犹不

免乱；有术以御之，身处佚乐之地，又致帝王之功也。

　　韩非主张，君主管理国家只抱法处势还不够，一定还要有适当的方法，这里的方法就是韩非所说的"术"。他用造父御马的故事说明君主"用术"的重要性。造父正在锄草，这时有父子坐车路过，马受惊不肯前行，儿子拉住马，父子用力推车，马就是不走。于是，就请造父帮他们推。造父收拾好农具，拽住马，又拿起缰绳和鞭子，还没有使用绳、鞭，马就向前奔跑了。假使造父不会驾驭车辆，即使尽全力帮忙推车，马还是不肯前行。现在他操作得很轻松，又施恩德于人家，是因为他有驾驭惊马之术啊。

　　韩非又以延陵卓子驾驭的故事来进一步说明术的重要性。据说延陵卓子乘坐的车子由名为"苍龙""挑文"的两匹马拉着，马身装饰华贵，前有钩、勒等物，后有上了针的鞭子。马想前进，就会碰到钩、勒，马想后退就会被鞭针戳刺，于是马就往斜里乱跑。造父路过时看到了，为马哭泣说："古时治人也是这样。赏赐是用来勉励立功的，但毁谤也夹杂在里面；刑罚是用来禁止犯罪的，但赞美却也夹杂在里面。人们只好待着不动，不知所措。这也就是圣人为之哭泣的原因。"国家是君主的车，权势是君主的马。君主没有法术驾驭它，不但自己很劳苦，国家还不免于乱；用法术来驾驭它，自己不但处在安逸快乐的地位，还能取得帝王的功业。

　　同时，韩非还用造父、王良驾马的故事进一步说明君臣共同掌握赏罚大权，法令就不能推行的道理。他说虽然王良、造父都是天下驭车能手，然而如果使王良掌握马勒的左边大声呵斥，使造父掌握马勒的右边用鞭抽打，马连十里也走不上，这是由于两人共同驾驭，相互干扰的缘故。田连、成窍都是天下善于弹琴的人，然而让田连在琴首弹拨，让成窍在琴尾按动，却不能构成曲调，也是由于两人共用一物的缘故。王良、造父驾车技能高超，共掌马缰驾驭，却不能驱使马，君主又怎么能跟他的臣子共掌权力而治理国家呢？所以，君臣不同道。

第三十六

难　一

"难"（nàn）即辩难，是韩非对前人成说的反驳，在文体上相当于今天的驳论文。韩非的立论紧扣驳论点深入展开，因此，具有很强的可读性。在体例上，作者先引一段已有定论的历史故事，然后由"或曰"引出自己的议论。这个部分因篇章较多，故设难一、难二、难三、难四。

【原文】

　　管仲有病，桓公往问之，曰："仲父病，不幸卒于大命①，将奚以告寡人？"管仲曰："微君言②，臣故将谒之③。愿君去竖刁，除易牙，远卫公子开方。易牙为君主味，君惟人肉未尝，易牙烝其子首而进之④。夫人情莫不爱其子，今弗爱其子，安能爱君？君妒而好内，竖刁自宫以治内，人情莫不爱其身，身且不爱，安能爱君？开方事君十五年，齐、卫之间不容数日行，弃其母，久宦不归。其母不爱，安能爱君？臣闻之：'矜伪不长，盖虚不久⑤。'愿君去此三子者也。"管仲卒死，桓公弗行。及桓公死，虫出户不葬。

　　或曰：管仲所以见告桓公者，非有度者之言也。所以去竖刁、易牙者，以不爱其身，适君之欲也。曰"不爱其身，安能爱君？"然则臣有尽死力以为其主者，管仲将弗用也。曰"不爱其死力，安能爱君？"是欲君去忠臣也。且以不爱其身度其不爱其君，是将以管仲之不能死公子纠度其不死桓公也，是管仲亦在所去之域矣。明主之道不然，设民所欲以求其功，故为爵禄以劝之；设民所恶以禁其奸，故为刑罚以威之。庆赏信而刑罚必，故君举功于臣而奸不用于上，虽有竖刁，其奈君何？且臣尽死力以与君市，君垂爵禄以与臣市。君臣之际，非父子之亲也，计数之所出也。君有道，则臣尽力而奸不生；无道，则臣上塞主明而下成私。管仲非明此度数于桓公也，使去竖刁，一竖刁又至，非绝奸之道也。且桓公所以身死虫流出户不葬者，是臣重也。臣重之实，擅主也。有擅主之臣，则君令不下究，臣情不上通。一人之力能隔君臣之间，使善败不闻，祸福不通，故有不葬之患也。明主之道：一人不兼官，一官不兼事；卑贱不待尊贵而进，大臣不因左右而见；百官修通，群臣辐凑；有赏者君见其功，有罚者君知其罪。见知不悖于前，赏罚不弊于后，安有不葬之患？管仲非明此言于桓公也，使去三子，故曰：管仲无度矣。

【注释】

① 大命：寿数。

② 微：通"无"。

③ 故：通"固"，本来。

④ 烝：同"蒸"。

⑤ 盖虚：蒙骗。

【译文】

管仲病，齐桓公前去探望，询问说："您病了，万一不幸寿终，有什么话准备告诉我？"管仲说："您就是不问我，我本来也要告诉您的。希望您赶走竖刁，除去易牙，远离卫公子开方。易牙为您主管伙食，您只有人肉没吃过，易牙就把自己儿子的头蒸了献给您。人之常情没有不喜爱自己儿子的，现在易牙不爱自己儿子，又怎么能爱您呢？您本性好妒而喜欢女色，竖刁就自己施行宫刑，以便管理宫女。人之常情没有不喜爱自己身体的，竖刁连自己身体都不爱，又怎么能爱您呢？卫公子开方侍奉您十五年，齐国和卫国之间并不需要几天的行程，开方丢下自己母亲，做官很久也不回家，他连自己母亲都不爱，又怎么能爱您呢？我听说：'弄虚作假的不会长久，掩盖虚假的不能持久。'希望您能远离这三个人。"管仲已死，桓公不听其言，等到桓公死后，蛆虫爬出门外也得不到埋葬。

有人说：管仲用来面告桓公的话，不是懂法度的人所说的话。要除去竖刁、易牙的理由，是因为他们不看重自身，而去迎合君主的欲望。管仲说"不爱自身，又怎么能爱君主"，那么臣下有拼死出力来为君主的人，管仲就不会任用了。他会说"不爱惜自身而拼死出力的人，怎么能爱君主"。这是要君主去掉忠臣啊。况且用不爱自身来推断他不爱君主，这就可以用管仲不能为公子纠而死来推断管仲不能为桓公而死，这样管仲也在应当除去之列了。明君的原则不是这样，他会设置臣民所希望的东西来求得他们立功，所以制定爵禄而鼓励他们；设置臣民所厌恶的东西来禁止奸邪行为，所以设立刑罚来威慑他们。奖赏守信而刑罚坚决，所以君主在臣子中选拔有功之人而奸人则不会被任用，即使有竖刁一类的人，又能把君主怎么样呢？况且臣下拼死效力以换取君主的爵禄，君主设置爵禄来换取臣下的拼死效力。君臣之间，并无父子那样的亲情关系，都是从计算利害出发的。君主有正确的治国原则，臣下就会尽力为君主效劳，奸邪也不会产生；君主没有正确的治国原则，臣下就会对上蒙蔽君主而在下谋取私利。管仲不是对桓公阐明这种法术，而是让桓公赶走竖刁，那么另一个竖刁又会出现，可见，这不是杜绝奸邪的方法。再说桓公死后蛆虫爬出门外还不得埋葬的原因，是臣下的权力过大。臣下权力过大的后果，就是挟持君主。有了挟持君主的奸臣，君主的命令就无法下达，群臣的情况也不能上通。一个人的力量能隔断君臣之间的联系，使君主听不到好坏，不了解祸福，所以有死后不葬的祸患。明君的治国原则是：一人不兼二职，一职不兼他事；地位低的人不必等待地位高的人来推荐，大臣不必通过君主近侍来引见；百官都能逐级上通，群臣好像车辐聚集到中心一样归附君主；受赏的人君主能了解他的功劳，受罚的人君主能知道他的罪过。君主事先对群臣的功过了解得清楚，然后进行赏罚，就不会受蒙蔽，怎么会有死后不葬的祸患呢？管仲不对桓公讲明这个道理，只是让他赶走这三个人，所以说管仲不懂法度。

【品鉴】

且臣尽死力以与君市，君垂爵禄以与臣市。君臣之际，非父子之亲也，计数之所出也。

在韩非看来，君臣不同道，君臣不同心，君臣不同利，所以，君臣之间的利害冲突是不可避免的。他说："故君臣异心，君以计畜臣，臣以计事君，君臣之交，计也。害身而利国，臣弗为也；害国而利臣，君不行也。臣之情，害身无利；君之情，害国无亲。君臣也者，以计合者也。"（《饰邪》）君主靠算计蓄养臣子，臣子靠算计侍奉君主，君臣交往实际上是建立在算计之上的。对国君有利，对自己有害的事情，臣子是不干的；对国君有害，对臣子有利的事情，国君是不允许的。又说："君臣之利异，故人臣莫忠，故臣利立而主利灭。"（《内储》）官场如市场，"主卖官爵，臣卖智力"，"臣尽死力以与君市，君垂爵禄以与臣市。君臣之际，非父子之亲也，计数之所出也。"韩非说："主利在有能而任官，臣利在无能而得事；主利在有劳而爵禄，臣利在无功而富贵；主利在豪杰使能，臣利在朋党用私。"（《孤愤》）因此，君主不能靠信义使群臣为自己效力，而要依靠术数，使其不得不听从自己驱使。"君有道，则臣尽力而奸不生；无道，则臣上塞主明而下成私。"所以最关键的是君主要有正确的治国原则。正确的治国原则就是"设民所欲以求其功，故为爵禄以劝之；设民所恶以禁其奸，故为刑罚以威之。庆赏信而刑罚必，故君举功于臣而奸不用于上，虽有竖刁，其奈君何？"设置臣民所希望的东西来求得他们立功，所以制定爵禄而鼓励他们；设置臣民所厌恶的东西来禁止奸邪行为，所以建立刑罚来威慑他们。奖赏守信而刑罚坚决，所以君主在臣子中选拔有功的人而奸人不会被任用，即使有竖刁一类的人，又能把君主怎么样呢？韩非认为，管仲不对齐桓公讲明这个道理，只是让他赶走竖刁等三个人，是因为管仲不懂法度。如果没有法度，即使去掉了一个竖刁，一定还会有下一个竖刁出现。齐桓公死后不葬的祸患正是由于臣下权力过大。明君的治国原则是：一人不兼二职，一职不兼他事；地位低的人不必等待地位高的人来推荐，大臣不必通过君主近侍来引见；百官都能逐级上通，群臣就会像车辐聚集到中心一样归附君主。

韩非从人性自利出发，认为人性自私决定了每个人都是潜在的制度或秩序的破坏者，因为人性可因不可变，所以我们只能用法制进行规范和预防。他从不相信臣子对君主会诚心诚意，甚至认为君臣、父子、夫妇、朋友之间全无信义可言，"臣对君是缚于势，不得不事也"。韩非讲了一则故事，说是晋文公在国外流亡时，一位名叫箕郑的随从是专为晋文公拿饭的。途中失散，箕郑宁肯饿着肚子，也不肯动用晋文公的饭壶，受到晋文公的赏识。文公回国后，攻克了原（地名），就把这个地方交给箕郑来管理，他说："箕郑忍饥挨饿，为我保存饭壶，所以他肯定不会背叛我。"大夫浑轩说："以不动壶餐之故，怙其不以原叛也，不亦无术乎？故明主者，不恃其不我叛也，恃吾不可叛也；不恃其不我欺也，恃吾不可欺也。"意思是说仅凭箕郑不动饭壶来设想不会背叛自己，不正是缺乏权术吗？明智的君主不依靠臣子不背叛自己，依靠的是臣子不能背叛自己；不依靠臣子不欺骗自己，依靠的是自己不被臣子欺骗。在韩非看来，臣下不会心甘情愿地付出，但法术制度可以使其不得不爱、不得不忠。所以，君主应当"不养恩爱之心，而增威严之势"。仁义恩爱不足以止乱，而严刑威势可以止暴。所以韩非主张用制度来管人，而反对儒家的所谓仁治。主张利用人的自利之心，设置官职，安排爵禄，然后用法度来衡量他们，用名实来检验他们；事情合于法就实行，不合于法就禁止；功劳同主张相符就赏，不符就罚。使人臣虽有智能不得背法而专制，使犯法之人"不引绳之外，不推绳之内，不急法之外，不缓法之内"，达到"使人无离法之罪"（《大体》）的境地。

第三十七

难 二

难二的主要观点是反对省刑，提出了"刑当无多，不当无少"等主张。

【原文】

景公过晏子,曰①:"子宫小,近市,请徙子家豫章之圃②。"晏子再拜而辞曰:"且婴家贫,待市食,而朝暮趋之,不可以远。"景公笑曰:"子家习市,识贵贱乎?"是时景公繁于刑③。晏子对曰:"踊贵而屦贱。"景公曰:"何故?"对曰:"刑多也。"景公造然变色曰④:"寡人其暴乎!"于是损刑五⑤。

或曰:晏子之贵踊,非其诚也,欲便辞以止多刑也。此不察治之患也。夫刑当无多,不当无少。无以不当闻,而以太多说,无术之患也。败军之诛以千百数,犹北不止;即治乱之刑如恐不胜,而奸尚不尽。今晏子不察其当否,而以太多为说,不亦妄乎?夫惜草茅者耗禾穗,惠盗贼者伤良民。今缓刑罚,行宽惠,是利奸邪而害善人也,此非所以为治也。

【注释】

① 过:探访。
② 豫章之圃:当时齐国一处栽满了樟树的胜地。
③ 繁于刑:用刑很多。
④ 造然:古语,吃惊而惨痛的样子。
⑤ 损:减省。

【译文】

　　齐景公走访晏子，说："您的住宅太小，又靠近集市，请把您家搬到豫章的园地吧。"晏子再三拜后推辞说："我家穷，依赖到集市买东西吃，早晚都要赶集，不能离得远。"景公笑着说："您家人熟悉市场行情，知道什么贵什么便宜吗？"这时景公刑罚繁多。晏子回答说："断脚人穿的踊贵，常人穿的鞋便宜。"景公说："什么缘故？"晏子回答说："刑罚太多。"景公惊讶得脸色大变，说："我大概太残暴了吧！"于是减去五种刑罚。

　　有人说：晏子说踊贵，不是他的真心话，是想借此来劝说景公不要多用刑罚。这是他不懂治国之道的过错。刑罚恰当不嫌多，刑罚不当不在少。晏子不以刑罚不当告诉景公，而以用刑太多劝说景公，这是不懂法术的过错。打败仗的军队被杀掉的人虽以千百计算，还是败逃不止；即使治理祸乱的刑罚用得唯恐不够，奸邪还是不能除尽。现在晏子不去考察景公的刑罚是否用得恰当，却拿刑罚太多劝说景公，不是很荒唐吗？爱惜茅草便会损害庄稼，宽容盗贼便会伤害良民。现在减轻刑罚，实行宽惠，就是便利奸邪而伤害好人，这不是用来治国的办法。

【品鉴】

夫刑当无多，不当无少。无以不当闻，而以太多说，无术之患也。

　　轻刑罚者，国之危也。韩非是我国古代重刑思想的典型代表，他继承了商鞅"故行刑重其轻者，轻者不生，则重者无从至矣，此谓治之于其治也"（《商君书·说民》）的用刑之道，提出了"夫以重止者，未必以轻止也；以轻止者，必以重止矣"的思想。韩非曾提到商朝的法令规定，对在街上倒灰的人处以刑罚。有人认为刑罚过重了，就去询问孔子，孔子说："这是因为他们懂得治理方法。刑罚重了是人们所厌恶的；而不去街上倒灰，则是人们容易办到的。让人们做容易办到的事情，而不去触犯他们所厌恶的刑罚，这是因为他们懂得治理的原则啊。"

韩非主张重刑、严刑，认为缓刑罚、行宽惠利奸邪而害善人。他说："夫惜草茅者耗禾穗，惠盗贼者伤良民。今缓刑罚，行宽惠，是利奸邪而害善人也，此非所以为治也。"韩非又以游吉宽刑的故事，来告诫人们轻刑的危害。郑子产执政不久，就将郑国治理得夜不闭户，道不拾遗。孔子曾称赞子产为"古之遗爱"。子产病重，便对将要接替他执政的游吉说："我死之后，你一定要用严刑峻法来治理国家。火的样子很严酷，所以很少有人被火烧伤；水的样子是柔和的，所以很多人被水淹死。你一定要严厉地执行刑罚，不要使人们因为你的柔弱而触犯法令。"游吉答应了。子产死后，游吉因刑罚太过，招致非议。于是游吉不肯再用严刑。但游吉没有想到他的政治才能与子产相去太远，又没有高尚的道德可以感化民众，所以不可能取得像子产那样的统治效果。郑国的青少年见法令日益废弛，便纷纷聚集起来，组成一支武装力量，这成了郑国的心腹大患。游吉迫不得已，只好亲自率领部队前去剿杀。经过激烈的战斗之后，游吉才取得了胜利。但这时郑国的元气已经大伤。游吉感叹道："我要是遵从子产的教导去做，一定不会懊悔到这个地步。"所以韩非说："今缓刑罚，行宽惠，是利奸邪而害善人也，此非所以为治也。"

韩非认为："夫严刑者，民之所畏也。重罚者，民之所恶也。故圣人陈其所畏以禁其邪，设其所恶而防其奸，是以国安而暴乱不起。"(《奸劫弑臣》)他主张"严刑重罚"，理由有三：首先，认为严刑重罚符合人"皆挟自为心"的本性和"好利恶害"的心理。施以厚赏，就能使人们迅速得到所要求的利益，加以重罚，就能很快禁止作恶的行为。第二，认为只有重刑才是"禁奸"的有效手段。"夫严刑重罚，民之所恶也，而国之所以治也；哀怜百姓，轻刑罚者，民之所善，而国之危也"。(《奸劫弑臣》）因而反对轻罪轻刑，重罪重刑的法治原则，明确主张"禁奸于未萌"，"以重禁轻"的重刑主张。第三，认为"重刑"的目的不在惩罚，而在"禁奸"，不是"伤民"，而是"爱民"。使用轻刑，如果不能做到罚当其罪，就不能达到预防犯罪、惩罚犯罪的目的。

这种重刑主张集中体现了封建刑罚的威吓、报复特征，成为历代封建统治者推行重刑政策的理论支柱。我们知道，刑罚只不过是一种最消极的法律方法，也不是唯一的法律调整方法，法家的重刑思想充分显示出法家法律思想的片面性和过于实用性，所带来的负面影响远远大于其正面作用，最终使法家的法律思想走向法治的反面。从一定角度可以说，泛刑主义与重刑主义是中国传统刑法文化的核心，也是中华法系的主流，中华法系严格说就是一部贯穿着刑罚主义的法律体系。

第三十八

难 三

难三主要强调"法""术"对君主的重要性。

【原文】

郑子产晨出，过东匠之闾①，闻妇人之哭，抚其御之手而听之②。有间③，遣吏执而问之，则手绞其夫者也④。异日，其御问曰："夫子何以知之？"子产曰："其声惧。凡人于其亲爱也，始病而忧，临死而惧，已死而哀。今哭已死，不哀而惧，是以知其有奸也。"

或曰：子产之治，不亦多事乎？奸必待耳目之所及而后知之，则郑国之得奸者寡矣。不任典成之吏⑤，不察参伍之政，不明度量，恃尽聪明劳智虑而以知奸，不亦无术乎？且夫物众而智寡，寡不胜众，智不足以遍知物，故因物以治物。下众而上寡，寡不胜众者，言君不足以遍知臣也，故因人以知人。是以形体不劳而事治，智虑不用而奸得。故宋人语曰："一雀过羿，羿必得之，则羿诬矣。以天下为之罗，则雀不失矣。"夫知奸亦有大罗，不失其一而已矣。不修其理，而以己之胸察为之弓矢⑥，则子产诬矣。《老子》曰："以智治国，国之贼也。"其子产之谓矣。

【注释】

① 东匠之闾：闾里名。古代二十五家为一闾。

② 御：驾车的人。

③ 有间：过了一会儿。

④ 绞：缢死。

⑤ 典成之吏：主管狱讼的官吏。典：主管。

⑥ 胸察：主观判断。

【译文】

郑相子产早晨出门，经过东匠间时，听见有妇女在哭泣。子产按住车夫的手，示意停车，仔细听听。过了一会儿，子产派官吏把那个妇女抓来审问，她就是亲手绞死丈夫的人。后来有一天，车夫问他说："您怎么知道那妇女是凶手？"子产说："她的哭声显得恐惧。一般说来，人对于所亲爱的人，刚病时忧愁，临死时恐惧，既死后悲哀。现在她哭已死的丈夫，不是悲哀而是恐惧，所以知道她有奸情。"

有人说：子产治国，不也是太多事了吗？奸情一定要等亲自听到和看到，然后才了解，那么郑国查到的奸情就太少了。不任用主管狱讼的官吏，不采用多方面考察验证的政治措施，不彰明法度，而依靠竭尽聪明劳心费神去获知奸情，不也是缺少治国办法吗？况且事物众多而个人智寡，寡不胜众，个人智力难以普遍地了解事物，所以要利用事物来治理事物。臣下多而君主少，少不胜多，是说君主难以普遍地了解臣下，所以要依靠人来了解人。因此不劳累身体就办好事情，不使用脑力就得到奸情。所以宋人有句话说："每一只麻雀飞过羿的身边，羿都肯定能把它射下来，那就是羿在欺骗。把天下作为罗网，麻雀就都逃不脱了。"了解奸情也有大罗网，那就是万无一失的法术罢了。不整顿法制，而用自己的主观判断作为察奸的手段，那是子产在胡干。老子说："凭个人智慧治理国家，是国家的祸患。"大概就是说子产这种做法了。

【原文】

管子曰："言于室，满于室；言于堂，满于堂：是谓天下王。"①

或曰：管仲之所谓"言室满室、言堂满堂者"，非特谓游戏饮食之言也，必谓大物也②。人主之大物，非法则术也。法者，编著之图籍，设之于官府，而布之于百姓者也。术者，藏之于胸中，以偶众端而潜御群臣者也③。故法莫如显，而术不欲见。是以明主言法，则境内卑贱莫不闻知也，不独满于堂；用术，则亲爱近习莫之得闻也，不得满室。而管子犹曰"言于室满室；言于堂满堂"。非法术之言也。

【注释】

① 语本《管子·牧民》："言室满室，言堂满堂，是谓圣王。"管子之意为明君的声威无处不在，韩非理解为光明磊落，开诚布公。

② 大物：大事。

③ 偶众端：参合众事。

【译文】

管仲说："屋里讲话，声音满屋；堂上讲话，声音满堂。此人即可称为天下之主。"

有人说：管仲所说的"屋里说话声满屋，堂上讲话声满堂"，并不只是说饮食游戏方面的话，必定说的是大事。君主的大事，不是法，就是术。法是编写成文，设置在官府里，公布到民众中去的。术是藏在君主胸中，用来对付各种各样事情而暗中驾驭群臣的。所以法越公开越好，术却不该表露出来。因此，明君谈法时，就是国内卑贱的人也没有不知道的，不仅仅满堂的人知道；用术时，就连君主宠幸的亲信也没有谁能听到，更不该让满屋子的人都知道。而管仲却还说"在屋里讲话声满屋，在堂上讲话声满堂"，这是不懂得法术的言论。

【品鉴】

法者，编著之图籍，设之于官府，而布之于百姓者也。术者，藏之于胸中，以偶众端而潜御群臣者也。故法莫如显，而术不欲见。

人主之大物，非法则术。韩非曾把法与术比作君主的衣与食，并认为此"皆帝王之具"，缺一不可，"君无术则弊于上，臣无法而乱天下"。韩非认为法与术无论在形态上还是在作用上都不相同。第一，法是客观的，"设之于官府，布之于百姓"。第二，法是公平的，法律统治之下，并不偏袒任何人，"法之所加，智者弗能辞，勇者弗敢争。刑过不避大臣，赏善不遗匹夫"。赏罚都以法断，"爵禄生于功，诛罚生于罪"，法律面前一律平等，故赏不思主，罚不恶朝，因皆出于己行。第三，法要易知易行，立法要明确而众民需皆知，"明主之表易见，数约立；其教易知，故言用；其法易为，数令行。三者立，而上无私心，则下得循法而治，望表而动，随绳而断，因攒而缝，如此则上无私威之毒，而下无愚拙之诛。"(《用人》)术与法不同。"术者，藏之于胸中，以偶众端而潜御群臣者也。故法莫如显，而术不欲见。"

关于法律的作用，韩非认为，法的主要作用首先是"定分止争"，也就是明确物的所有权。法家慎到曾做了一个浅显的比喻："一兔走，百人追之。积兔于市，过而不顾。非不欲兔，分定不可争也。"意思是说，一个兔子跑，很多人去追，但对于集市上的那么多兔子，却看也不看。这不是不想要兔子，而是所有权已经确定，不能再争夺了，否则就是违背法律，受到制裁。其次是"兴功惧暴"，即鼓励人们立战功，而使那些不法之徒感到恐惧。兴功的最终目的还是富国强兵，取得兼并战争的胜利。

术的作用也与法不同，"术者，因任而授官，循名而责实，操生杀之柄，课群臣之能者也。此人主之所执也。"(《定法》)术是君主驾驭百官的权术，以防止官员徇私侵权。它神秘莫测，即使"亲爱近习，莫之得闻也"。只有用术，才能迫使臣子不得不忠。君主如果用人无术，不是被聪明的臣子欺骗，便是被愚蠢的臣子误事。"无术以任人，无所任而不败"。(《八说》) 君主如果用人有术，便能使臣子各尽其能，各尽其力，忠心事上。他认为，只讲"法治"而不讲用"术"，是难以治理好国家的。

第三十九

难　四

难四的体例与前面三篇不同,韩非在讨论这些故事时提出了两种不同的观点,前一种观点驳斥故事中提出的结论,而后一种观点则驳斥前一种观点,这样便多方面阐述了自己的意见。

【原文】

鲁阳虎欲攻三桓①，不克而奔齐，景公礼之。鲍文子谏曰②："不可。阳虎有宠于季氏而欲伐于季孙，贪其富也。今君富于季孙，而齐大于鲁，阳虎所以尽诈也。"景公乃囚阳虎。

或曰：千金之家，其子不仁，人之急利甚也。桓公，五伯之上也，争国而杀其兄，其利大也。臣主之间，非兄弟之亲也。劫杀之功，制万乘而享大利，则群臣孰非阳虎也？事以微巧成，以疏拙败。群臣之未起难也，其备未具也。群臣皆有阳虎之心，而君上不知，是微而巧也。阳虎贪，知于天下，以欲攻上，是疏而拙也。不使景公加诛于齐之巧臣，而使加诛于拙虎，是鲍文子之说反也。臣之忠诈，在君所行也。君明而严，则群臣忠；君懦而暗，则群臣诈。知微之谓明，无救赦之谓严。不知齐之巧臣而诛鲁之成乱，不亦妄乎？

或曰：仁贪不同心。故公子目夷辞宋③，而楚商臣弑父④；郑去疾予弟⑤，而鲁桓弑兄。五伯兼并，而以桓律人⑥，则是皆无贞廉也。且君明而严，则群臣忠。阳虎为乱于鲁，不成而走，入齐而不诛，是承为乱也。君明则诛，知阳虎之可以济乱也，此见微之情也。语曰："诸侯以国为亲。"君严则阳虎之罪不可失，此无救赦之实也，则诛阳虎，所以使群臣忠也。未知齐之巧臣，而废明乱之罚，责于未然而不诛昭昭之罪，此则妄矣。今诛鲁之罪乱以威群臣之有奸心者，而可以得季、孟、叔孙之亲，鲍文之说，何以为反？

【注释】

① 阳虎：鲁季氏家臣，欲攻三桓，事败奔齐。

② 鲍文子：即鲍国，齐臣。

③ 公子目夷：宋桓公庶子，名目夷。宋桓公病重，太子兹甫要让位给目夷，目夷推辞不受。

④ 商臣：楚成王的儿子，初被立为太子，后成王要改立职为太子，商臣发动叛变，杀死其父成王。

⑤ 去疾：郑灵公的儿子，灵公被杀后，郑人要立去疾为君，去疾把君位让给了他的弟弟。

⑥ 桓：指齐桓公。律：用标准衡量。

【译文】

鲁国的阳虎想攻打季孙、叔孙、孟孙三家，失败后逃奔齐国，齐景公很敬重他。鲍文子劝谏说："不可。阳虎得宠于季孙却想攻打季孙，是贪图季孙的财富。现在您比季孙还富，而齐国又比鲁国大，这是阳虎要全力欺诈的原因。"于是景公就拘禁了阳虎。

有人说：有千金财富的家庭，儿子们不和睦，是因为人们追求利益的心情太迫切。齐桓公是五霸之首，为了争当国君而杀掉哥哥公子纠。因为当国君利大。君臣之间没有兄弟之间的亲情。劫杀的结果，能统治大国而享有大利，那么群臣哪一个不是阳虎呢？事情因办得隐蔽巧妙而成功，因办得疏忽笨拙而失败。群臣还没有作乱，是因为条件还不具备。群臣都怀着阳虎一样的心思，而君主不知道，可见群臣办得隐蔽而巧妙。阳虎贪心，天下人都知道，可见他干得疏忽而笨拙。不让齐景公处罚齐国诈巧的奸臣，却让他去处罚笨拙的阳虎，这是鲍文子的话说反了。臣子的忠顺或欺诈，取决于君主的所作所为。君主明察而严厉，群臣就会忠顺；君主懦弱而昏庸，群臣就会欺诈。能察觉隐情的叫明，不赦免罪行的叫严。不知道齐国隐蔽诈巧的奸臣而去处罚作乱鲁国的笨臣，不是很荒谬吗？

有人说：仁者和贪者心地不同。所以公子目夷让出君位，而楚国商臣为了君位却逼死父王；郑公子去疾把君位让给弟弟，而鲁桓公杀掉哥哥自当国君。五霸互相兼并，而以齐桓公为标准来衡量人，那就没有忠贞廉洁的人了。再说君主明察而严厉，群臣就会忠顺。阳虎在鲁国作乱，失败后逃跑，逃到齐国而不杀他的话，这是让他在齐国继续作乱。君主明察就会用刑，因为知道阳虎会继续制造祸乱，这是看到了隐微的阴谋。俗话说："诸侯把别国作为亲戚。"君主严厉，就不能放过阳虎的罪行，这就是主张不赦免罪行的实际原因。杀了阳虎，是为了让群臣尽忠。不知道齐国诈巧之臣而免掉对公开作乱者的惩罚，追究还没有发生的事情而不惩罚明摆着的罪过，这是荒谬的。现在如能惩处在鲁国作乱的罪犯阳虎，用来警告臣子中那些心怀不轨的人，从而又可以博得鲁国季孙、孟孙、叔孙的亲善，鲍文子的话怎么是说反了呢？

【品鉴】

臣主之间，非兄弟之亲也。劫杀之功，制万乘而享大利，则群臣孰非阳虎也？

臣之忠诈，在君所行也。君明而严，则群臣忠；君懦而暗，则群臣诈。

臣之忠诈，在君所行也。韩非从人性自利出发，认为臣主之间，非兄弟之亲也。劫杀之功，制万乘而享大利，则群臣孰非阳虎也？

齐桓公是春秋五霸之首，为了争夺国君之位而杀掉了自己的哥哥公子纠，因为当国君之利大于兄弟之间的亲情。如果劫杀君主的结果是能统治大国而享有大利，那么群臣哪一个不是阳虎呢？阳虎曾公开说："主贤明则悉心以事之，不肖则饰奸而试之。"阳虎想攻打季孙、叔孙、孟孙三家，失败后逃奔齐国，齐景公很敬重他。鲍文子劝谏说："不可。阳虎得宠于季孙却想攻打季孙，是贪图季孙的财富。现在您比季孙还富，而齐国又比鲁国大，阳虎追求的是富贵而不是仁义，这是阳虎要全力欺诈的原因。"于是景公拘禁了阳虎，并决定送他回鲁国，但阳虎在途中逃脱了。阳虎先是逃到宋国，后又到晋国，投奔晋六卿之一的赵鞅。赵鞅对阳虎的所作所为早有耳闻，他不但没有拒绝阳虎，反而任他作了自己的相。赵鞅左右的人说："阳虎擅搞阴谋，窃取权力，您为什么还要重用他呢？"赵鞅说："阳虎虽善于窃权力，但我更善于守住权力。"于是采用各种手段驾驭阳虎。阳虎果然不敢为非作歹，尽心尽力地为赵鞅效劳，使得赵氏非常强盛。

可见，在君臣关系中，国君是主要方面，臣子是次要方面，决定臣子行为好坏的主要因素在国君。韩非认为，君主好比土地，臣子好比草木，土地肥好，然后草木才茂盛。有什么样的土壤，就会结出什么样的果实。正如简主所说："夫树柤梨橘柚者，食之则甘，嗅之则香；树枳棘者，成而刺人。故君子慎所树。"(《外储说左下》)

第四十

难　势

难势，即责难辩驳势治学说。本文探讨了贤与势在政治中的地位和作用。文章先引出尚贤的学者对于慎到势治学说的问难，接着对这问难进行责难，很有战国策士的雄辩风采。著名的"矛盾"寓言就出自本文，它的本意是比喻势与贤是不相容的，结论必然是贤治必须服从势治。

【原文】

慎子曰①:"飞龙乘云,腾蛇游雾,云罢雾霁,而龙蛇与蚓蚁同矣,则失其所乘也。贤人而诎于不肖者②,则权轻位卑也;不肖而能服于贤者,则权重位尊也。尧为匹夫,不能治三人;而桀为天子,能乱天下:吾以此知势位之足恃而贤智之不足慕也③。夫弩弱而矢高者,激于风也;身不肖而令行者,得助于众也。尧教于隶属而民不听,至于南面而王天下,令则行,禁则止。由此观之,贤智未足以服众,而势位足以诎贤者也。"

【注释】

① 慎子:即慎到,战国时赵人,约在公元前395年—前315年在世,曾讲学于齐国的稷下学官,其所提出的势治学说被韩非继承发展,有《慎子》残篇流传。
② 诎:通"屈"。
③ 慕:敬重。

【译文】

慎到说:飞龙乘云飞行,腾蛇乘雾游动,然而一旦云开雾散,它们就跟蚯蚓、蚂蚁一样了,因为它们失去了腾空飞行的凭借。贤人之所以屈服于不贤的人,是因为贤人权力小、地位低;不贤的人能被贤人制伏,是因为贤人权力大、地位高。如果尧是一个普通百姓,他连三个人也管不住；而桀作为天子，却能扰乱整个天下。由此得知，势位是足以依赖的，而贤智是不足以羡慕的。弓弩力弱而箭头飞得很高，这是因为借助于风力的推动；自身不贤而命令得以推行，这是因为得到了众人的帮助。当尧处在平民百姓地位时对人施行教化，百姓并不听从；等他南面称王统治天下时，就能有令则行，有禁则止。由此看来，贤智不足以制伏民众，而势位是足以使贤人屈服的。

【原文】

复应之曰：其人以势为足恃以治官；客曰"必待贤乃治"①，则不然矣。夫势者，名一而变无数者也。势必于自然，则无为言于势矣②。吾所为言势者，言人之所设也。夫尧、舜生而在上位，虽有十桀、纣不能乱者，则势治也；桀、纣亦生而在上位，虽有十尧、舜而亦不能治者，则势乱也。故曰："势治者则不可乱，而势乱者则不可治也。"此自然之势也，非人之所得设也。若吾所言，谓人之所得设也；若无所言，谓人之所得设也而已矣。贤何事焉③？何以明其然也？客曰："人有鬻矛与盾者，誉其盾之坚，'物莫能陷也'，俄而又誉其矛曰：'吾矛之利，物无不陷也。'人应之曰：'以子之矛，陷子之盾，何如？'其人弗能应也。"以为不可陷之盾，与无不陷之矛，为名不可两立也。夫贤之为道不可禁，而势之为道也无不禁，以不可禁之贤与无不禁之势，此矛盾之说也。夫贤势之不相容亦明矣。

【注释】

① 客：指上文驳难者。

② 无为：犹无用。

③ 事：任用。

【译文】

又有人驳斥那个责难慎到的人说：慎到认为权势是可以用来处理政事的，而你却说"一定要等到贤人，才能治理好天下"，这是不对的。所谓权势，名称只有一个，但含义却是变化无穷的。权势一定要出于自然，那就用不着讨论它了。我要谈的权势，是人为设立的。假如尧、舜生来就处在君主的位置上，即使有十个桀、纣也不能扰乱天下，这就叫作"势治"；假如桀、纣同样生来就处在君主的位置上，即使有十个尧、舜也不能治好天下，这就叫作"势乱"。所以说："'势治'就不可能扰乱，而'势乱'就不可能治理好。"这都是自然之势，不是人能设立的。我所说的是人能设立的权势罢了，何必用什么贤人呢？怎样证明我的话是对的呢？有个卖矛和盾的人，夸耀他的盾很坚固，就说"没有东西能刺穿它"，一会儿又夸耀他的矛说："我的矛很锐利，没有什么东西刺不穿的。"有人驳斥他说："用你的矛刺你的盾，会怎么样呢？"他没法回答。因为不能刺穿的盾和没有东西刺不穿的矛，在道理上是不能同时存在的。按照贤治的原则，贤人是不受约束的；按照势治的原则，没有什么是不能约束的，不受约束的贤治和没有什么不能约束的势治就构成了矛盾。贤治和势治的不能相容也就十分明显了。

【品鉴】

尧为匹夫，不能治三人；而桀为天子，能乱天下：吾以此知势位之足恃而贤智之不足慕也。

抱法处势则治，背法去势则乱。这篇《难势》，既是在为慎到势治学说进行辩护，也是对慎到势治学说的继承和发展，更是对儒墨学说的批判，充满了对"待贤乃治"的诘难与不屑，表明了"势治"与"贤治"的势不两立。韩非针对儒家"待贤乃治"的观点，提出了"抱法处势"的治国原则。他特别强调了"势"的重要性，认为君主只有在坚守法治的前提下运用权势，才能治理好国家。

那么，什么是"势"呢？"势"作为法家的一个概念，和兵家之"势"有所不同。广义的"势"指客观形势，狭义的"势"特指权势。韩非这里的"势"是指权势。在韩非看来，权势具有征服天下的威力，他说："万乘之主，千乘之君，所以制天下而征诸侯，以其威势也。"权势这东西极为重要，它是君主治国的根本依凭，也是君主尊贵地位的保障，更是君主统治民众的有力武器。总之，权势就是君主的命根子，一时一刻也不能放松。君主有了权势，才显示出其尊贵；君主失去了权势，就失去了一切。他说国家是君主的车，势是君主的马。假若君主不掌握住权势，对于奸佞之臣不进行惩罚，就等于国君不愿乘自己的车，不骑自己的马，而步行天下。不难看出，韩非说的势，就是权势。他说："所谓威者，擅权势而轻重者也。""万物莫如身之至贵也，位之至尊也，主威之重，主势之隆也。"

君主的威势与地位是一致的，为了保住自己的地位，必须拥有威势。推行法治和运用权术是维护君主权威的手段，保持权势是用术行法的根本目的。他认为，权势对于君主来说，犹如水和鱼的关系一样。鱼离不开水，失之则死；君主离不开权势，失之则亡。为了防止失势，君主必须牢牢掌握住赏罚的权力。赏罚是君主驾驭臣下的主要手段。他说："赏罚者，邦之利器也。在君则制臣，在臣则胜君。邦之利器，不可以示人。"他认为"抱法处势则治，背法去势则乱"。势足以屈贤，足以制臣，足以服民，足以禁暴，足以绝奸，拥有势力就足以压制、支配别人，故"权势不可以借人"。势是君主独有的治国法宝。"善任势者安，不知因其势者国危。"(《奸劫弑臣》)所以,治理一个国家,能否树立权威、行使职权、获得下属的支持,重要的在于他的地位与权势是否巩固。

在慎到势治理论的基础上,韩非进一步将"势"分为"自然之势"与"人设之势",并宣称他提倡的"势"就是"人设之势"。所谓"自然之势",是指生下来就获得的权势。这种权势是继承得来的,不是人力可以随意设置的。权势是固定的,而权势的继承人有贤有不肖。贤人得势,则国家平安;不肖人得势,贤人无力救治。"势治"与"势乱"决定于继承人的贤与不贤。因此,韩非十分强调"人设之势"的作用。所谓"人设之势",是指君主能动地运用权势。这是在劝说君主不要满足于继承得来的权势、地位,而要能动地发挥权势的作用,进一步巩固其权势。韩非又把"人设之势"分为"聪明之势"和"威严之势"两种。"聪明之势"指的是利用天下之聪明以为自己的聪明。也就是明智的君主应尽量做到"使天下不得不为己视,使天下不得不为己听",深居宫中而明察四海。"威严之势"指的则是严刑峻法。

韩非主张处势,并要求与"法"一起运用,即所谓的"抱法处势",以"法"来约束"势",使权力不致滥用而生变。韩非主张以法治国,不以私智治国,则任何人掌握政权皆可以顺利治国,不须期待尧舜的降临,便是"中人之治"。

统治者之所以能够实施统治,靠的正是自己所拥有的权威。犹如"势"分为"自然之势"与"人设之势"一样,管理者的权威也分正式的和非正式的两种。只有被管理者接受的管理者,才可称之为有效的管理者。所谓正式权威,就是由上级正式任命的权威,管理者正是以这种身份和威望领导着别人,并掌握着奖惩之权。所谓非正式权威,是指管理者凭借本人的身份和威望而形成的权威。这种非正式的权威要比正式的权威更重要,因为对被管理者而言,接受这两种权威的情况是不同的,一种是自愿的、主动的，一种是消极的、被动的。

正因如此，高明的管理者，并不轻易动用正式权威，而十分重视运用非正式权威。他们总是把这两种权威结合起来使用。从某种意义上讲，领导者的思想魅力和人格力量也可视为一种特殊的"势"，而且不可小视。

第四十一

问 辩

问辩,即询问辩论。本文采用问答的形式,阐明了争辩产生的原因以及制止争辩的方法。韩非认为"辩""生于上之不明",提出"言行而不轨于法令者必禁"的观点,明确以功利标准反对百家争鸣,集中体现了韩非反对言论自由、主张思想统一的文化专制主义思想。

【原文】

或问曰："辩安生乎？"对曰："生于上之不明也。"问者曰："上之不明因生辩也，何哉？"对曰："明主之国，令者，言最贵者也；法者，事最适者也。言无二贵，法不两适，故言行而不轨于法令者必禁。若其无法令而可以接诈、应变①、生利、揣事者②，上必采其言而责其实。言当，则有大利；不当，则有重罪。是以愚者畏罪而不敢言，智者无以讼。此所以无辩之故也。乱世则不然：主有令，而民以文学非之；官府有法，民以私行矫之。人主顾渐其法令而尊学者之智行，此世之所以多文学也。夫言行者，以功用为之的彀者也。夫砥砺杀矢而以妄发，其端未尝不中秋毫也，然而不可谓善射者，无常仪的也。设五寸之的，引十步之远，非羿、逢蒙不能必中者，有常仪的也。故有常，则羿、逢蒙以中五寸的为巧；无常，则以妄发之中秋毫为拙。今听言观行，不以功用为之的彀，言虽至察，行虽至坚，则妄发之说也。是以乱世之听言也，以难知为察，以博文为辩；其观行也，以离群为贤，以犯上为抗。人主者说辩察之言，尊贤抗之行，故夫作法术之人，立取舍之行，别辞争之论，而莫为之正。是以儒服、带剑者众，而耕战之士寡；坚白、无厚之词章，而宪令之法息。故曰：'上不明，则辩生焉。'"

【注释】

① 接诈：对付欺诈。

② 揣事：预测事情，治理政事。

【译文】

有人问道："辩说是怎么产生的呢？"韩非答道："产生于君主的不明智。"问者道："君主不明智就产生辩说，为什么呢？"韩非答道："因为在明智的君主统治的国家里，命令是最尊贵的言辞，而国家法律是处理政事的最高准则。除命令外，没有第二种尊贵的言辞；除法律外，没有第二种行事的准则。所以言论和行为不合乎法令的必须禁止。对于那些没有法令作依据但可以用来对付诡诈、适应事变、谋得利益、预测事情的言论，君主采纳他们的言论时一定要责求其实际效果。如果言论和实效相符，就给予重赏；言论和实效不符，就要重罚。这样，愚笨的人就会因畏罪而不敢说话，聪明的人也没有什么可争论的。因此，就没有辩说存在了。乱世则不然，君主有命令，而人们可以用学术主张加以反对；官府有法律，而人们可以用个人行为加以违反。君主反而放弃法令而尊崇学者的智慧和私行，这就是世上有那么多学术典籍泛滥的原因。言行要以功用作为它的目的，磨快猎箭，用来无目的地乱射，箭头不一定射不中细小如秋毫似的东西，但是却不能称之为是善于射箭的人，因为它没有固定不变的靶子为目标。设立直径五寸的箭靶，拉开十步的距离，不是羿和逢蒙这样的射手就不能百发百中，是因为有固定的靶子。所以有固定的靶子，羿和逢蒙射中五寸的靶子就算是技艺高超；没有固定的靶子，胡乱发射而射中微小的东西，仍然算是技艺低劣。现在听取言论，观察行为，不把功用作为它的目的，言论虽然很明察、行为虽然很刚直，不过是些与胡乱射出的箭一样。因此在乱世里，听取言论时把隐微难辨作为明察，把广征博引、富有文采作为雄辩；观察行为时把远离社会、与众不同作为贤能，把违抗君主作为刚直。做君主的喜欢这种明察、雄辩的言论，尊重这种贤能、刚直的行为，所以那些制订法术的人，虽然确定了行为的标准，分清了争辩的是非，但没有人加以肯定。因此儒生、游侠多了，耕战的人就少了；'坚白''无厚'的诡辩风行起来，法律政令就会遭到破坏而消亡。所以说"君主不明智，辩说就产生了。"

【品鉴】

今听言观行，不以功用为之的彀，言虽至察，行虽至坚，则妄发之说也。

作为荀子的弟子，韩非不仅继承了荀子的唯物主义自然观，同时也受其思想方法的影响。荀子在《解蔽》《非十二子》等篇中，对先秦各家都进行过十分尖锐的批判，韩非更是对这一观点作了进一步的发挥，并提出了重视"参验"的思想方法。"参"就是比较，"验"则是实证。"参验"即通过比较，进行验证。韩非认为，对于任何言行，必须进行参验。他提出了"偶参伍之验，以责陈言之实"（《备内》）的方法，认为要知道一个人所说的话是否符合实际情况，那就用"参伍之验"的方法，把许多方面的情况搜集起来，加以比较研究。那么，"参伍之验"的标准是什么呢？

韩非认为，君主的命令和官府的法令是衡量臣民言行的唯一标准，明主应以这个标准听言观行。他提出听取言论观察行动，如果不以实际功用为目的，即使言论分析入微，行为坚决无比，还是像无的放矢的箭一样。

韩非主张"为人臣者陈其言，君以其言授之事，专以其事责其功。功当其事，事当其言，则赏；功不当其事，事不当其言，则罚。故群臣其言大而功小者则罚，非罚小功也，罚功不当名也。群臣其言小而功大者亦罚，非不说于大功也，以为不当名也害甚于有大功，故罚。……故明主之畜臣，臣不得越官而有功，不得陈言而不当。越官则死，不当则罪"。又说："听其言而求其当，任其身而责其功。"(《六反》)这里的"当"和"功"便是实际效果的意思。就是说判断一种言论是否正确，或一个人是否有才干，不是只凭言论就可以决定的，只有从实际的效果中才可以断定。他举了许多生动的例子来说明这一道理。他说，比如判断一把剑的利与钝，如果只凭金属原料的颜色，即使像区冶这样的铸剑专家也不能肯定是否合乎标准，而用它宰杀牲畜，则普通人也能分别出利钝。又如，如果只看一匹马的形状、年龄，即使像伯乐这样的相马专家也不能判定它的优劣，只要驾上车跑一次，则一般人也能分辨出是好马或劣马。又如，大家都在睡觉的时候，无法分别出谁是瞎子，都在静默时，无法分别出谁是哑巴，醒后使他视听，并提出问题叫他回答，瞎子、哑巴就无法掩饰了。

韩非主张一切以实际功用为标准，任何无实际效用的东西不论多宝贵，都应该在摈弃之列，"夫瓦器至贱也，不漏可以盛酒，虽有千金之玉卮，至贵而无当，漏不可盛水"。(《外储说右上》)韩非认为器物本身的贵贱不足论，应视其有用与否，有用则贵，无用则贱。"故明主用其力不听其言，赏其功必禁无用"。(《五蠹》)所谓"禁无用"，即"言行而不轨于法令者必禁"。正是在这种"言当则有大利，不当则有重罪，是以愚者畏罪而不敢言，智者无以讼"的专制主义思想的指导下，韩非主张禁止私学。他说："夫卑名位者，必下之不从法令，一有二心私学，反逆世者也；而不禁其行，不破其群，以散其党，又从而尊显之，用事者过矣。"(《诡使》)主张禁其行、破其党以散其群。强调要绝对禁止思想的自由，不准有二心私学。又说："禁奸之法：太上禁其心，其次禁其言，其次禁其事。"韩非主张一切的言论自由乃至思想自由都应禁绝。后来这些主张被其同窗秦相李斯重申，由秦始皇所实践，故有了"焚书坑儒"。至使这种文化专制主义思想流传甚广，影响深远。

第四十二

问　田

本篇选取"徐渠问田鸠曰"中的"问田"二字作篇名。本篇通过徐渠与田鸠的问答,阐述了将相必须选自基层,选拔官吏要逐级提拔的主张;通过堂谿公与韩子对话的形式表达法术人士不避艰险地推行法治的精神。本文直称韩非为韩子,可见此文非出于韩非之手,可能是韩非门徒所作。

【原文】

徐渠问田鸠曰①："臣闻智士不袭下而遇君②，圣人不见功而接上。令阳成义渠，明将也，而措于屯伯③；公孙亶回，圣相也，而关于州部④，何哉？"田鸠曰："此无他故异物，主有度，上有术之故也。且足下独不闻楚将宋觚而失其政，魏相冯离而亡其国？二君者驱于声词，眩乎辩说，不试于屯伯，不关乎州部，故有失政亡国之患。由是观之，夫无屯伯之试，州部之关，岂明主之备哉！"

【注释】

① 田鸠：又作田俅，齐人，持墨家学说。
② 袭下：由下而上逐级提拔。
③ 屯伯：即屯长，也称"伍长"，是古代军队中最低一级组织"伍"（由五人组成）的长官。
④ 州部：古代地方上的一种基层行政机构，一个州辖二千五百家，一个乡辖一个州。

【译文】

徐渠问田鸠说："我听说智士不用历任低级职务逐级上升就能被君主赏识，圣人不用显示出成绩就能被君主接纳。现在的阳城义渠是个明智的将领，可他曾被安置在屯长这样低级的职位上；公孙亶回是个杰出的相国，也曾被安置在州部这样的基层行政机构任职，为什么呢？"田鸠说："这没有别的原因，就因为君主治国有法度，掌握了法和术的缘故啊。况且，难道您没听说楚国任用宋觚为将而败坏了楚国的政事，魏国任用冯离为相而断送了国家吗？两国的君主被他们的花言巧语所驱使，被他们的诡辩和游说所迷惑，没通过基层职务的考验，没有基层工作的锻炼，结果有败坏政事和国家危亡的祸患。由此看来，那种不经历基层职务和基层工作考验而直接任用的办法，不应该是明君采取的措施啊！"

【原文】

堂谿公谓韩子曰："臣闻服礼辞让，全之术也①；修行退智②，遂之道也。今先生立法术，设度数，臣窃以为危于身而殆于躯。何以效之？所闻先生术曰：'楚不用吴起而削乱，秦行商君而富强③。二子之言已当矣，然而吴起支解而商君车裂者④，不逢世遇主之患也。'逢遇不可必也，患祸不可斥也。夫舍乎全遂之道而肆乎危殆之行，窃为先生无取焉。"韩子曰："臣明先生之言矣。夫治天下之柄，齐民萌之度，甚未易处也。然所以废先王之教，而行贱臣之所取者，窃以为立法术，设度数，所以利民萌便众庶之道也。故不惮乱主暗上之患祸，而必思以齐民萌之资利者，仁智之行也。惮乱主暗上之患祸，而避乎死亡之害，知明夫身而不见民萌之资利者⑤，贪鄙之为也。臣不忍向贪鄙之为，不敢伤仁智之行。先生有幸臣之意，然有大伤臣之实。"

【注释】

① 全：全身远害。
② 退智：韬光养晦。

③ 行商君：推行商君的法治措施。

④ 支：通"肢"。

⑤ 知：通"智"。

【译文】

堂谿公对韩非说："我听说遵循古礼、讲究谦让，是保全自己的方法；修养品行、隐藏才智，是达到顺心如意的途径。现在您立法术，设规章，我私下认为会给您生命带来危险。用什么加以验证呢？听说您曾讲道：'楚国不用吴起的主张，而国力削弱，社会混乱；秦国实行商鞅的主张而国家富足，力量强大。吴起、商鞅的主张已被证明是正确的，可是吴起被肢解，商鞅被车裂，是因为没碰上好世道和遇到好君主而产生的祸患啊。'好世道和好君主是未必能遇到的，但祸患是不可避免的。放弃保全自己和顺心如意的道路而不顾一切地去干冒险的事，替您设想，我认为这是不可取的。"韩非说："我明白先生您的话了。整治天下的权柄，统一民众的法度，是很不容易施行的。但之所以要废除前代君主的礼治，而实行我的法治主张，是由于我认为建立法制、术制是有利于广大民众的做法。我之所以不怕昏君乱主带来的祸患，而坚持考虑用法度来统一民众的利益，是因为这是仁爱明智的行为。害怕昏君乱主带来的祸患，逃避死亡的危险，只知道明哲保身而看不见民众的利益，那是贪生而卑鄙的行为。我不愿选择贪生而卑鄙的做法，不敢毁坏仁爱明智的行为。先生您虽然有爱护我的心意，但实际上却又大大伤害了我。"

【品鉴】

惮乱主暗上之患祸，而避乎死亡之害，知明夫身而不见民萌之资利者，贪鄙之为也。臣不忍向贪鄙之为，不敢伤仁智之行。

自古以来，历代的法术之士，上演了一出出的历史悲剧。"楚不用吴起而削乱，秦行商君而富强，二子之言已当矣，然而吴起支解而商君车裂者，不逢世遇主之患也。"吴起因为敏锐地觉察到楚国贫弱之因在于"大臣太重、封君太众"，而得罪了楚国贵族。一个为楚国的复兴和强盛尽了最大努力，做出巨大贡献的变法者，最后却被肢解。商鞅的下场则更为悲惨。当他还在魏国宰相公叔痤家做事的时候，就已被列入殉葬者的名单。公叔痤病危之际，魏惠王前往探视，并寻问代替他的社稷之臣。公叔痤当即推荐了"年虽少，有奇才"的公孙鞅，就是后来的商鞅。魏王默然冷笑公叔痤神智不清。公叔痤支走他人，对魏王说："大王如不听我的话，不用此人，那就一定要把他杀掉，或者把他困在境内，不要让他到别国去。"公叔痤至死也没忘记做人臣的神圣职责。公叔痤又把公孙鞅招来，并把刚才的事告诉了他，请求他的宽恕，并催促他快离开。但公孙鞅认为，惠王既然不听信公叔痤的话重用他，自然也就不会听其话反过来杀掉他。公孙鞅便没有立即出逃。公元前361年，秦孝公即位，一心想改变秦国经济文化落后于东方诸国的被动局面，下令在天下招贤。公孙鞅决然入秦，用他的雄辩和果敢打消了秦孝公变法的疑虑，同时也瓦解了守旧势力的阻挠。变法不过数年，秦已无敌于天下。秦孝公死后，商鞅被车裂而死。

韩非对吴起和商鞅的悲惨遭遇十分清楚，认为吴起被肢解，商鞅被车裂，是因为没碰上好世道、没遇到好君主。他坚持认为，整治天下的权柄，统一民众的法度，虽然是很不容易施行的，但废除前代君主的礼治，而实行他的法治主张，是有利于广大民众的。因此，他不怕昏君乱主带来的祸患，坚持用法度来统一民众的利益。韩非认为害怕昏君乱主带来的祸患，逃避死亡的危险，只知道明哲保身而看不见民众的利益，那是贪生而卑鄙的行为。他不愿选择贪生而卑鄙的做法，不敢做毁坏仁爱明智的事。他认为堂谿公虽然有爱护他的心意，但实际上却大大伤害了他。

如果说韩王不能重用韩非，我们或许能勉强理解，那个读了韩非的《孤愤》等一系列文章，而发出"嗟乎！寡人得见此人与之游，死不恨矣"感叹的秦王，可以不惜动用武力而得到韩非，为什么却又不肯信任和重用韩非呢？可谓千古之谜。只能感叹政治水太深，韩非还是太天真。韩非空有一腔热血，满腹经纶，却命丧同门之手。难怪司马迁说："余独悲韩非为《说难》而不能自脱耳。"

第四十三

定 法

定法，即确定法度。本篇是韩非继承和发展申不害术治和商鞅法治学说，从而确定其法治原则的专论，是我们了解韩非法术思想及其思想渊源的重要篇章。本篇通过设问，分析了商鞅、申不害法术主张的利弊，对于前辈法术家各执一隅的危害性进行了全面地分析，在总结前期法家推行法治经验教训的基础上，创造性地发展了法术思想，提出了法术二者不可或缺的主张。

【原文】

问者曰:"申不害、公孙鞅,此二家之言孰急于国?"应之曰:"是不可程也。人不食,十日则死;大寒之隆①,不衣亦死。谓之衣食孰急于人,则是不可一无也,皆养生之具也。今申不害言术而公孙鞅为法。术者,因任而授官,循名而责实,操杀生之柄,课群臣之能者也②。此人主之所执也。法者,宪令著于官府,刑罚必于民心,赏存乎慎法③,而罚加乎奸令者也④。此臣之所师也。君无术则弊于上⑤,臣无法则乱于下,此不可一无,皆帝王之具也。"

【注释】

① 隆:极、盛,即顶点。
② 课:考核。
③ 慎法:这里指守法的人。
④ 奸:通"干",违反。
⑤ 弊:通"蔽",受蒙蔽。

【译文】

有人问:"申不害和商鞅,这两家的学说对治理国家来说,哪一家更为急需呢?"韩非回答道:"这是不能比较的。人不吃饭,十天就会饿死;在极其寒冷的天气下,不穿衣服也会冻死。若问衣和食哪一种对人更急需，则是缺一不可的，都是维持生命所必需的条件。现在申不害提倡运用术治，而商鞅主张推行法治。所谓术，就是依据才能授予官职，按照名位责求实际功效，掌握生杀大权，考核群臣的能力这么一整套方法。这是君主应该掌握的。所谓法，就是由官府明文公布，赏罚制度深入民心，对于谨慎守法的人给予奖赏，而对于触犯法令的人进行惩罚这么一整套制度。这是臣下应该遵循的。君主没有术，就会在上面受蒙蔽；臣下没有法，就会在下面闹乱子。所以术和法这两样东西缺一不可，都是成就帝王大业所必备的啊。

【原文】

问者曰："徒术而无法，徒法而无术，其不可何哉？"对曰："申不害，韩昭侯之佐也。韩者，晋之别国也。晋之故法未息，而韩之新法又生；先君之令未收，而后君之令又下。申不害不擅其法①，不一其宪令，则奸多。故利在故法前令则道之，利在新法后令则道之，利在故新相反，前后相勃②，则申不害虽十使昭侯用术，而奸臣犹有所谲其辞矣。故托万乘之劲韩，十七年而不至于霸王者，虽用术于上，法不勤饰于官之患也③。公孙鞅之治秦也，设告相坐而责其实，连什伍而同其罪，赏厚而信，刑重而必。是以其民用力劳而不休，逐敌危而不却，故其国富而兵强；然而无术以知奸，则以其富强也资人臣而已矣。及孝公、商君死，惠王即位，秦法未败也，而张仪以秦殉韩、魏。惠王死，武王即位，甘茂以秦殉周。武王死，昭襄王即位，穰侯越韩、魏而东攻齐，五年而秦不益尺土之地，乃城其陶邑之封。应侯攻韩八年，成其汝南之封。自是以来，诸用秦者④，皆应、穰之类也。故战胜，则大臣尊；益地，则私封立：主无术以知奸也。商君虽十饰其法，人臣反用其资。故乘强秦之资数十年而不至于帝王者，法虽勤饰于官，主无术于上之患也。"

【注释】

①擅：与下句"一"同，专擅，统一。
②勃：通"悖"。
③饰：通"饬"，整治。
④用秦：在秦国执政。

【译文】

问者又说："只用术而不用法，或只用法而不用术，这样都不行，那是为什么呢？"韩非答道："申不害是韩昭侯的辅佐大臣，韩国是从晋国分出来的一个国家。晋国的旧法没有废除，而韩国的新法又已公布；晋君的旧法令没有收回，而韩君的新法令又已下达。申不害不专一地推行新法，不统一韩国的法令，奸邪的事情就增多了。所以奸人认为旧法令对自己有利，就依照旧法令行事；认为新法令对自己有利，就依照新法令行事；他们从旧法和新法的矛盾，前后政令的对立中谋取利益。那么，申不害即使频繁地让韩昭侯运用术，奸臣仍然有办法进行诡辩。所以，申不害凭借兵力雄厚的强韩，经过十七年的努力还是没有成就霸业，就是君主虽然在上面用术，但没有在官吏中整顿法令，所造成的危害啊。商鞅治理秦国，设立告奸和连坐制度来考察犯罪的实情，使什伍之家同受罪责，奖赏优厚且守信用，刑法严厉而且必行。因此，秦国百姓努力耕作，即使劳累也不肯休息；追击敌人，即使危险也不退却，结果使秦国国富民强。但是，由于没有用术来识别奸臣，使得秦国的富强也不过是资助群臣罢了。等到秦孝公、商鞅死后，秦惠王继位，秦国的变法措施还没有完全废除，而张仪把秦国的力量牺牲在对韩国、魏国的利诱逼迫上来谋取私利了。惠王死后，秦武王继位，甘茂把秦国的力量牺牲在与周打仗上。武王死，秦昭襄王继位，穰侯越过韩、魏两国向东攻打齐国，经过五年，秦国没有增加一尺土地，而穰侯却增加了陶邑的封地。应侯攻打韩国达八年之久，给他自己增加了汝南的封地。打那以后，许多在秦国执政的人，都是应侯、穰侯一类的人物。所以打了胜仗，大臣就尊贵起来；扩大地盘，就建立了私人的封地。这是君主不能用术去了解奸邪的缘故。商鞅纵然频繁地整顿法令，臣下反而利用了他变法的成果。所以凭借强秦雄厚的实力，几十年还没有成就帝王霸业，就是因为官府虽然不断地整顿法令，但君主在上面不能用术所带来了危害啊。"

【原文】

问者曰："主用申子之术，而官行商君之法，可乎？"对曰："申子未尽于术，商君未尽于法也。申子言：'治不逾官，虽知弗言。'治不逾官，谓之守职也可；知而弗言，是不谓过也。人主以一国目视，故视莫明焉；以一国耳听，故听莫聪焉。今知而弗言，则人主尚安假借矣？商君之法曰：'斩一首者爵一级，欲为官者为五十石之官[①]；斩二首者爵二级，欲为官者为百石之官。'官爵之迁与斩首之功相称也。今有法曰：'斩首者令为医、匠。'则屋不成而病不已。夫匠者手巧也，而医者齐药也[②]，而以斩首之功为之，则不当其能。今治官者，智能也；今斩首者，勇力之所加也。以勇力之所加而治智能之官，是以斩首之功为医、匠也。故曰：二子之于法术，皆未尽善也。"

【注释】

① 五十石：年俸五十石。

② 齐：通"剂"。

【译文】

问者又说："君主使用申不害的术，而官府实行商鞅的法，这样可以吗？"韩非回答说："申不害的术不够完善，商鞅的法也不够完善。申不害说：'办事不超越自己的职权范围，越权的事即使知道了也不说。'办事不超越职权范围，可以说是守职；知道了不说，这是不告发罪过。君主用全国人的眼睛去察看，所以没有比他看得更清楚的；用全国人的耳朵去探听，所以没有比他听得更清楚的。假如知道了都不告发，那么君主还靠什么来做自己的耳目呢？商鞅的法令规定：'杀死一个敌人小头目，升爵一级，想做官的给年俸五十石的官；杀死两个敌人小头目的，升爵两级，想做官的给年俸一百石的官。'官职和爵位的提升跟杀敌立功的大小相符。如果有法令规定：'让杀敌立功的人去做医生或工匠。'那么房屋也盖不成，病也治不好。工匠是有精巧手艺的，医生是会配制药物的，如果用杀敌立功的人来干这些事，那就与他们的才能不相适应。现在做官的人，要有智慧和才能；而杀敌立功的人，靠的是勇气和力量。如果让靠勇气和力量的人去担任需要智慧和才能的官职，那就等于让杀敌立功的人去当医生、工匠一样。所以说：申不害的术和商鞅的法，都还是不完善的。"

【品鉴】

君无术则弊于上，臣无法则乱于下，此不可一无，皆帝王之具也。

抱法行术，不可一无。韩非在总结战国前期法家变法经验教训的基础上，透彻地分析了商鞅的"法"和申不害的"术"之利弊得失，阐述了法术相结合的重要性，及法术并用的必要性。他认为："二子之于法术，皆未尽善也。"他批评商鞅"徒法而无术"，结果"无术以知奸"；同时又批判申不害"徒术而无法"，结果被奸臣钻了空子，"托万乘之劲韩，十七年而不至于霸王者"。所以，他说："君无术则弊于上，臣无法则乱于下，此不可一无也，皆帝王之具也。"他认为，君主没有术，就会在上面受蒙蔽；臣下没有法，就会在下面出问题。所以，术和法这两样东西缺一不可，都是成就帝王大业所必备的。韩非主张将法和术结合起来，他把法和术，比作人的衣和食，两者缺一不可，人不吃饭，十天就会饿死；在极其寒冷的天气下，不穿衣服也会冻死。若问衣和食哪一种对人更急需，都是缺一不可的，都是维持生命所必需的条件。所谓术，就是依据才能授予官职，按照名位责求实际功效，掌握生杀大权，考核群臣的能力这么一整套方法。这是君主应该掌握的。所谓法，就是由官府明文公布，赏罚制度深入民心，对于谨慎守法的人给予奖赏，而对于触犯法令的人进行惩罚这么一整套制度。这是臣下应该遵循的。

韩非认为，术与法的表现形态及其作用各不相同。在表现形态上，法是统治阶级所规定、公布的法令、条例，即法律，是指导臣民行为的规范。在功能上，"法"是从正面控制着臣民遵循君主的意志，"术"是从反面考察臣下是否奉公守法，所以要在人不易觉察时使用，否则被人们洞悉就会一无成效。

贺麟先生曾对韩非的法治思想有过客观而精到的分析，他在《法治的类型》一文中指出：此类法治的长处，在于赏罚信实，纪律严明，把握着任何法律不可缺少之要素。其根本弱点在于只知以武力、强权、功利为目的，以纵横术为手段，来施行强制的法律。不本于人情，不基于理性，不根于道德、礼乐、文化、学术之正常。……徒持威迫利诱以作执行法令的严酷手段。此种法治有时虽可收富强的速效,但上养成专制的霸主,中养成残忍的酷吏,下养成敢怒不敢言的顺民,或激起揭竿而起的革命。此言不无道理。

第四十四

说　疑

　　说疑，即释疑解惑。本篇是韩非关于治臣止奸思想的重要论著，本篇的中心在于论述"禁奸以禁心为上"，即用法制观念消除臣下奸邪念头，做到以法行事。文章首先提出禁奸之法："太上禁其心，其次禁其言，其次禁其事。"禁奸之法则是"远仁义，去智能，服之以法"。

【原文】

凡治之大者，非谓其赏罚之当也。赏无功之人，罚不辜之民，非所谓明也。赏有功，罚有罪，而不失其人，方在于人者也，非能生功止过者也。是故禁奸之法，太上禁其心，其次禁其言，其次禁其事。今世皆曰"尊主安国者①，必以仁义智能"，而不知卑主危国者之必以仁义智能也。故有道之主，远仁义，去智能，服之以法。是以誉广而名威，民治而国安，知用民之法也。凡术也者，主之所以执也；法也者，官之所以师也。然使郎中日闻道于郎门之外②，以至于境内日见法，又非其难者也。

【注释】

① 尊：使动用法，与下文"安""卑""危"同。
② 闻道：使人闻道，即传达法令。郎门：代指君臣议政之处。郎：通"廊"。

【译文】

治国的大事，并不仅仅指赏罚得当。赏无功的人，罚无罪的人，不能称作明察。赏有功的人，罚有罪的人，且全无遗漏，其作用也仅仅局限在受到赏罚的个别人身上，并不能产生新的功劳和禁止新的犯罪。因此，禁止奸邪的办法，首要的是禁止奸邪的思想，其次是禁止奸邪的言论，再次是禁止奸邪的行为。现在社会上的人都说"给君主带来尊崇、国家带来安定，必然要靠仁义智能"，却不知道导致君主卑下、国家危乱的，必定是因为仁义智能那一套。所以掌握法术的君主，必须摒弃仁义，废除智能，用法制来使人服从。因此，声誉远播而名震四海，百姓太平而国家安定，在于君主懂得治理民众的方法。一般而论，术是君主应该掌握的，法是官吏应该遵循的。既然这样，那么派遣侍从官员每天把法治的道理传达到宫门之外，以至于境内的民众每天都看到法令，这也并非十分困难的事情。

【原文】

圣王明君则不然，内举不避亲，外举不避仇。是在焉，从而举之；非在焉，从而罚之。是以贤良遂进而奸邪并退①，故一举而能服诸侯。其在记曰②：尧有丹朱③，而舜有商均④，启有五观⑤，商有太甲⑥，武王有管、蔡⑦。五王之所诛者，皆父兄子弟之亲也，而所杀亡其身残破其家者何也？以其害国伤民败法类也。观其所举，或在山林薮泽岩穴之间，或在囹圄缧绁缠索之中⑧，或在割烹刍牧饭牛之事。然明主不羞其卑贱也，以其能，为可以明法，便国利民，从而举之，身安名尊。

【注释】

① 并：通"屏"。

② 记：历史典籍。

③ 丹朱：传说为尧之子。

④ 商均：传说为舜之子。

⑤ 五观：即武观，启的小儿子。

⑥ 太甲：商汤之孙。

⑦ 管、蔡：指武王的弟弟叔鲜、叔度，他们分别被封于管（今河南郑州）、蔡（今河南上蔡），史称管叔、蔡叔。

⑧ 缧（léi）绁（xiè）：绳索。

【译文】

圣王明君就不是这样，选拔臣子时，对内不回避自己的亲属，对外不排斥自己的仇敌。正确的，就据以任用；错误的，就据以处罚。因此，贤良的人就得到进用，而奸邪之臣都被斥退，因此，而能使诸侯臣服。这样的事在历史典籍中也有记载：尧的儿子丹朱，舜的儿子商均，夏启的儿子五观，商汤的孙子太甲，武王的弟弟管叔、蔡叔。这五个帝王惩罚的都是自己的父兄子弟一类的亲属，为什么要使他们家破人亡受到惩罚呢？因为他们祸国殃民，败坏法制。再看这些圣王所选拔的人，有的隐居在山林间，有的囚禁在监狱中，有的从事宰割烹饪、割草放牧、喂牛等活计。然而明君不嫌弃他们地位卑贱，因为他们的才能，可以彰明法度，利国利民，据此选拔他们，君主地位得以巩固，声望得以提高。

【原文】

故曰：人臣有五奸，而主不知也。为人臣者，有侈用财货赂以取誉者，有务庆赏赐予以移众者①，有务朋党徇智尊士以擅逞者②，有务解免赦罪狱以事威者，有务奉下直曲、怪言、伟服、瑰称以眩民耳目者③。此五者，明君之所疑也，而圣主之所禁也。去此五者，则噪诈之人不敢北面谈立④；文言多、实行寡而不当法者，不敢诬情以谈说⑤。是以群臣居则修身，动则任力，非上之令不敢擅作疾言诬事，此圣王之所以牧臣下也。彼圣主明君，不适疑物以窥其臣也⑥。见疑物而无反者，天下鲜矣。故曰：孽有拟適之子，配有拟妻之妾，廷有拟相之臣，臣有拟主之宠，此四者，国之所危也。

【注释】

①移众：收买民心。

②徇智：听从有才智的人。擅逞：专权胡作非为。

③直曲：以直为曲，即颠倒是非。

④噪诈：浮躁奸诈。北面：面朝坐北朝南的人君。

⑤诬情：歪曲事实。

⑥疑物：指上列五奸。

【译文】

所以说：臣子中有五种奸邪行为，而君主却不曾识别。做臣子的，有滥用财物行贿来骗取个人声誉的，有致力于奖赏施舍来拉拢民众的，有致力于结党营私网罗智士来胡作非为的，有凭借免除赋税徭役、赦免罪犯来提高自己声威的，有致力于迎合下属而颠倒是非和用危言耸听、奇装异服、漂亮称号来惑乱民众视听的。这五种人，是明君所疑虑、圣君所禁止的。去掉这五种人，那么诡辩和奸诈的人就不敢在君主面前摇唇鼓舌了。而花言巧语说得多、实际事情做得少，行为不合法令的人，就不敢歪曲事实来夸夸其谈了。因此，群臣闲居时就会加强自身修养，办事时就会竭尽全力，没有君主的命令不敢自作主张，乱说乱动，这是圣明君主用来驾驭臣子的办法。那些圣明的君主，并不局限于在可疑的事上观察臣子。见到可疑的事而不反过来联系到其他事，弄清真相的，是天下少见的。所以说：庶子中有和嫡子行事一样的人，配偶中有和正妻尊荣相等的妾，朝廷中有和国相权势相同的大臣，臣子中有和君主地位相似的宠臣，这四种情况，是使国家陷于危险的根源。

【品鉴】

是故禁奸之法，太上禁其心，其次禁其言，其次禁其事。

禁奸之法，禁心为上。韩非从"人皆挟自为心"的人性论出发，认为人是一种自私自利的动物，这种本性是无法改变的，因此所有的道德教化对人来说都是苍白无力的。孔孟尚德，主张"为政以德"，辅之以刑治，荀子讲礼法双行，礼放于先，韩非却提出了道德教化有害无用论。他认为，仁义惠爱会造成无功受赏，有罪不罚的局面，会造成百姓在外不勇敢杀敌，在内不积极耕种。韩非还针对儒家"尊主安国者，必以仁义智能"的观点，提出了"远仁义，去智能，服之以法"的禁奸法则。认为正是仁义智能那一套，导致君主卑下、国家危乱。所以，掌握法术的君主，必须摒弃仁义，废除智能，用法制使人服从。他否定道德教化的作用，主张一切以法为教，以吏为师。他认为，为了达到维护统治和富国强兵的目的，应当根据人趋利避害的本性，用利益为诱饵使民众做有利于国家的事情，用严酷的刑罚来制止民众做不利于国家的事情。简言之，就是以赏罚的手段来维护统治、巩固政权。

巩固政权首先要禁奸，韩非说："是故夫至治之国，善以止奸为务。"（《制分》）认为那种治理得好的国家，善于把禁止奸邪作为急务。韩非提醒君主，臣有"五奸"不得不防。即有滥用财物行贿来骗取个人声誉之臣，有致力于奖赏施舍来拉拢民众之臣，有致力于结党营私网罗智士来胡作非为之臣，有凭借免除赋税徭役、赦免罪犯来提高自己声威之臣，有致力于迎合下属而颠倒是非和用危言耸听、奇装异服、漂亮称号来惑乱民众视听之臣。这五种人是明君所疑虑，圣君所禁止的。韩非认为

"夫奸必知则备，必诛则止；不知则肆，不诛则行"。那么，用什么方法去掉那些不易觉察的奸邪行为呢？关键在于一定要使民众窥探彼此的隐情。那么，又该怎样使民众互相窥探呢？韩非认为，大致说来，就是连坐。使人们不得不相互监视，唯恐禁令牵连到自己头上。不给有奸心的人隐匿的机会，靠的是四处都设有耳目。这样一来，民众就会行事谨慎小心而随时对别人进行监督。告奸的人免罪受赏，有奸不报的人一定要连带受罚。这样，形形色色的奸人就被揭发出来了。

《说疑》最后讲完任人、察人时要警惕"五奸"后，还讲到了"四拟"。"四拟"指的是四种权力能匹敌的人，即拟嫡之子、拟妻之妾、拟相之臣、拟主之宠。

韩非认为，"禁奸之法，太上禁其心，其次禁其言，其次禁其事"。太上禁其心，即从思想上重视，严防奸人用事。禁奸以禁心为上，只有让法制思想深入人心，并且废止巧言空谈，才能民治而国安。其次禁其言，其次禁其事，在这里一切都在禁止之列，不仅行动的自由当禁，集会、结社的自由当禁，言论出版的自由当禁，就连思想的自由也当禁。

第四十五

诡　使

诡使，即倒行逆施。本文是一篇劝说君主的谏辞。战国后期，由于社会变革，各诸侯国的法制措施已经不再适合变革了的社会，固有的法制措施所提倡和反对的，正与社会现实相反，造成了君主"贵其所以乱，而贼其所以治"的局面。在这种情况下，韩非从重农抑商的观点出发，对君主进行了劝谏。

【原文】

圣人之所以为治道者三：一曰"利"，二曰"威"，三曰"名"①。夫利者，所以得民也；威者，所以行令也；名者，上下之所同道也②。非此三者，虽有不急矣。今利非无有也，而民不化上；威非不存也，而下不听从；官非无法也，而治不当名。三者非不存也，而世一治一乱者，何也？夫上之所贵与其所以为治相反也。

【注释】

① 名：名号。
② 道：由，遵循。

【译文】

圣人用来治理国家的措施有三种：第一是利禄，第二是威权，第三是名号。利禄是用来赢得民众的，威权是用来推行政令的，名号是君臣共同遵行的。除了这三种，即使还有别的措施，也不是急需的了。现在利禄不是没有，民众却不受君主感化；威权不是不存在，民众却不去服从；官府不是没有法令，但办事时却没有严格遵守明文规定。这三种措施不是不存在，但社会有时安定，有时混乱，为什么呢？是因为君主推崇的东西和他应该用来治理国家的措施相违背。

【原文】

夫立名号，所以为尊也；今有贱名轻实者，世谓之"高"。设爵位，所以为贱贵基也①；而简上不求见者②，世谓之"贤"。威利，所以行令也；而无利轻威者，世谓之"重"。法令，所以为治也；而不从法令为私善者，世谓之"忠"。官爵，所以劝民也；而好名义不进仕者，世谓之"烈士"。刑罚，所以擅威也；而轻法不避刑戮死亡之罪者，世谓之"勇夫"。民之急名也③，甚其求利也；如此，则士之饥饿乏绝者，焉得无岩居苦身以争名于天下哉？故世之所以不治者，非下之罪，上失其道也。常贵其所以乱，而贱其所以治，是故下之所欲，常与上之所以为治相诡也④。

【注释】

① 贱贵基：区别高低贵贱的基础。

② 简上：简慢君上。

③ 急名：好名。

④ 诡：悖反。

【译文】

设立名位称号，本是用来表示尊贵的，而现在有人轻视名位和实权，世俗却称赞他们"清高"。设立爵位等级，本是用来作为区别贵贱基本标准的，但是对君主傲慢而不求任用的人，世俗却称赞他们"贤明"。赏罚是用来推行政令的，而对于那些无视利禄和轻视权威的人，世俗却称赞他们"庄重"。法令是用来治理国家的，但对于那些不遵从法令而为私门效劳的人，世俗却称赞他们"忠诚"。官爵是用来勉励民众的，但对于那些崇尚名声义气而不肯做官的人，世俗却称赞他们是有"气节"。刑罚是用来显示威严的，但对于那些无视法令、不怕刑杀的亡命之徒，世俗却称赞他们是"勇士"。民众急于追求名声，超过了追求实利，这样，一些沦落到饥饿贫困境地的士人，哪能不隐居深山以便在天下挣得名声呢？所以，社会得不到安宁的原因，不是下面的罪过，而是君主失去了治国的原则。君主常常尊重那些造成祸乱的行为，而轻视那些能使社会安定的措施，因此下层人士向往的，就经常和君主应该用来治国的措施背道而驰。

【原文】

夫立法令者，以废私也。法令行而私道废矣。私者，所以乱法也。而士有二心私学、岩居窞路、托伏深虑①，大者非世，细者惑下；上不禁，又从而尊之以名，化之以实②，是无功而显，无劳而富也。如此，则士之有二心私学者，焉得无深虑、勉知诈与诽谤法令③，以求索与世相反者也。凡乱上反世者，常士有二心私学者也。故《本言》曰："所以治者，法也；所以乱者，私也。法立，则莫得为私矣。"故曰：道私者乱④，道法者治。上无其道，则智者有私词，贤者有私意。上有私惠，下有私欲，圣智成群，造言作辞，以非法措于上。上不禁塞，又从而尊之，是教下不听上、不从法也。是以贤者显名而居，奸人赖赏而富。贤者显名而居，奸人赖赏而富，是以上不胜下也。

【注释】

①窞（dàn）：坑坎。路：通"露"。

②化：通"货"。

③勉知诈：努力施展智巧进行诈骗。

④道：由。

【译文】

　　确立法令的目的是废止私行。法令得以贯彻,私行就必被废止。私行是扰乱法令的根源。现在那些和君主怀有二心的人专搞私门学术、隐居山林、冥思苦想,重则诽谤现实,轻则蛊惑人心。君主不加以禁止,还要进一步以美好的名誉使他们得到尊重,以实际的利益使他们改变处境,结果就是使无功者显贵,无劳者富有。这样一来,怀有二心专搞私学的士人怎能不挖空心思、玩弄智巧和诽谤法令,去拼命追求那些和当代政治背道而驰的东西呢?大凡危害君主统治、反对现实社会的,常常就是那些身怀异心大搞私学的人。所以《本言》说:"国家安定靠的是法,国家混乱的根源在私。法制建立了,就没有人再行私了。"所以说:倾向于私行的,社会必然混乱;遵循法制来治国,国家一定会安定。君主不用法治,聪明的人就有违法言论,贤能的人就有违法企图。君主有法外的恩惠,臣下就有非法的欲望,圣人和智者就会成群结队地编造谣言和诡辩,用非法手段对付君主。君主不严加禁止,反而对这些人大加尊崇,那就是教育臣下不听从君主、不服从法令。结果就造成了那些所谓的贤人以显赫的名声处在高位、奸人依赖赏赐而富裕起来的现象。那些所谓的贤人以显赫的名声处在高位,奸人依赖赏赐而富裕起来,正因如此,君主便再也控制不住臣下了。

【品鉴】

　　圣人之所以为治道者三:一曰"利",二曰"威",三曰"名"。夫利者,所以得民也;威者,所以行令也;名者,上下之所同道也。非此三者,虽有不急矣。

　　韩非认为,圣人用来治理国家的措施有三种:第一是利禄,第二是权威,第三是名号。利禄是用来赢得民众的,权威是用来推行政令的,名号是君臣共同遵行的。除了这三种，即使还有别的措施，也不是急需的了。

韩非认为人的本性就是趋利避害。"且夫死力者，民之所有者也，情莫不出其死力以致其所欲。而好恶者，上之所制也，民者好利禄而恶刑罚"。(《制分》)因此，他主张不仅要用重赏和利禄来激励人，而且要用严刑重罚制止人的欲望和奸邪行为。

韩非认为每个人都把追求个人的利益看成是人生追求。他认为人与人的关系，也是一种买卖关系。人与人之间没什么爱，也无真情实意。在韩非看来，所有的人都处于"利"的关系网中，所有的关系都是利益关系。"今学者之说人主也，皆去求利之心，出相爱之道，是求人主之过于父母之亲也，此不熟于论恩，诈而诬也，故明主不受也"。既然如此，君主在控制臣民时，决不能用道德教化。"故不养恩爱之心而增威严之势。故母厚爱处，子多败，推爱也；父薄爱教笞，子多善，用严也"。(《六反》)所以，对百姓要诱之以利，威之以刑。否则必是缘木求鱼，南辕北辙。他说："燔台而鼓之，使民赴火者，赏在火也；临江而鼓之，使之赴水者，赏在水也；临战而使人刲腹而无顾心者，赏在兵也。"(《解老》)这说明，赴火赴水、绝头刲腹虽然对人的生命有危害，但是害中有利(有重赏)，因而可使人重利而轻生。

韩非认为"严家无悍妇，而慈母有败子，君以此知威势之可以禁暴，而德厚之不足以止乱也"。他赤裸裸地说，人君对付老百姓应当"用法之相忍，以弃仁之相怜"。并举例说，"今有不才之子，父母怒之弗为改，乡人谯之弗为动，师长教之弗为变。夫以父母之爱、乡人之行、师长之智，三美加焉，而终不动，其胫毛不改。州部之吏，操官兵，推公法而求索奸人，然后恐惧，变其节，易其行矣。故父母之爱不足以教子，必待州部之严刑者，民固骄于爱、听于威矣"。(《五蠹》)威者，所以行令也。既然"民固骄于爱,听于威",所以,君主多一分慈爱就少一分威信。子女不怕慈母畏严父,不听父母而惧官府,就是明证,这也正是韩非主张重刑厚赏的原因所在。

　　韩非认为,设立名位称号也是君主统治的重要手段。设立名号的目的在于用来表示尊贵,而当今社会有人轻视名位和实权,却受到了不应有的礼遇和尊重,韩非认为这是一种十分反常的现象。他列举了社会上出现的大量是非颠倒的反常现象,并进行了深刻的批评。如耕战守法之民遭到种种打击和诬蔑;破坏法令、诽谤现实的人"无功而显,无劳而富"等。忠厚老实、淳朴诚信、做事专心、说话谨慎的行为,却被说成是贫陋无礼。严格遵守法度,认真听从政令,却被说成是愚笨。尊敬君主,害怕犯罪,却被说成是胆怯。言论适宜而有分寸,行为恰如其分,却被说成是没有出息。对君主没有二心而不从事私学,听从官吏而遵循教化,却被说成是浅薄。不接受君主的召唤,却被称为正直。不接受君主的赏赐,却被称为清廉。不接受君主的制约,却被称为平等。有令不听从,却被称为勇敢。对君主毫无益处,却被称为厚道。缺乏进取精神,为人与世无争,善于行德施惠,却被称为仁义。为人持重而妄自尊大,却被称为长者。私立学派,拉帮结伙,却被称为师徒道统。沉默寡言,安于现状,无所事事,却被称为善于思考问题。损害道义,追逐私利,却被称为机灵。凶险浮躁,反复无常,却被称为聪明。主张先人后己,对官爵高低同等看待,宣扬泛爱天下的,却被称为圣人。鼓吹一般原则、根本规律,理论站得住而实际不可用,干起事来悖于社会常法的,却被称为伟人。轻视爵位俸禄,不服从君主统治的,却被称为俊杰。臣下习染这种风气,在内就会扰乱民众,在外则会有损于国家。韩非认为,这些均非下民之罪,而是"上失其道"的原因。君主本该禁止百姓的欲望,废除百姓的非法活动,这样尚且阻挡不住,何况还要去推波助澜呢?这是教导臣下犯上作乱啊，又怎么能达到天下大治呢？所以，韩非说："夫利者，所以得民也；威者，所以行令也；名者，上下之所同道也。非此三者，虽有不急矣。"

韩非认为人的天性是自利，主张利用人们的贪念来治理社会。不仅如此，韩非还看到了"名"，即名誉、名分对人的诱惑，主张以"名"作诱饵诱惑贪名之徒。在韩非看来，名号、名分等各种"名"应该与"实"相对应。但现实中君主的治国实践和社会舆论的导向却是相背离的，这既违背了君主设立官职和名位的初衷，也严重扰乱了社会的是非标准，致使臣下无所适从，也必然导致社会混乱。对此类现象，庄子也曾说过："窃钩者诛，窃国者为诸侯，诸侯之门而仁义存焉。"（《庄子·胠箧篇》）但显然与韩非是两种完全不同的立场。

第四十六

六 反

六反，即六种反常现象。本文的主旨是用法家的重刑说驳斥儒家的仁爱说。韩非认为，世人的毁誉，多根据一己的私利，因而造成六种颠倒的认识。本文指出当今社会上存在着六种"奸伪无益"之民和六种"耕战有益"之民，前者应受到诛罚却得到了称誉和礼敬，后者应得到奖赏却受到了轻视和贬抑，这六种反常的现象就是"六反"。

【原文】

畏死远难，降北之民也，而世尊之曰"贵生之士"①。学道立方，离法之民也，而世尊之曰"文学之士"。游居厚养②，牟食之民也，而世尊之曰"有能之士"。语曲牟知③，伪诈之民也，而世尊之曰"辩智之士"。行剑攻杀④，暴憿之民也⑤，而世尊之曰"磏勇之士"。活贼匿奸，当死之民也，而世尊之曰"任誉之士"。此六民者，世之所誉也。赴险殉诚，死节之民也，而世少之曰"失计之民"也。寡闻从令，全法之民也，而世少之曰"朴陋之民"也。力作而食，生利之民也，而世少之曰"寡能之民"也。嘉厚纯粹，整谷之民也，而世少之曰"愚戆之民"也⑥。重命畏事，尊上之民也，而世少之曰"怯慑之民"也。挫贼遏奸，明上之民也，而世少之曰"讇谗之民"也。此六民者，世之所毁也。奸伪无益之民六，而世誉之如彼；耕战有益之民六，而世毁之如此：此之谓"六反"。布衣循私利而誉之，世主听虚声而礼之，礼之所在，利必加焉。百姓循私害而訾之⑦，世主壅于俗而贱之，贱之所在，害必加焉。故名赏在乎私恶当罪之民，而毁害在乎公善宜赏之士，索国之富强，不可得也。

【注释】

① 贵生：即重生，珍惜生命。
② 游居：到处游说，寄居别国。

③ 牟知：犹言卖弄智巧。

④ 行剑：用剑。

⑤ 暴憿：憿，"侥"的本字。暴憿，凶暴冒险。

⑥ 戆（zhuàng）：愚，愣。

⑦ 訾（zǐ）：诋毁。

【译文】

贪生怕死，逃避危难，本是投降败逃之人，世俗却把他们尊称为"珍惜生命的雅士"。学道求仙，设立方术，本是违反法制之人，世俗却把他们尊称为"大有学问的文士"。四处游说，俸养丰厚，本是牟取他人财物不劳而获之人，世俗却把他们尊称为"有能耐的人"。歪理诡辩，玩弄智巧，本是虚伪巧诈之人，世俗却把他们尊称为"机智善辩之士"。行侠舞剑，喜斗好杀，本是凶暴而冒险之人，世俗却把他们尊称为"刚强威武的勇士"。包庇大盗，隐藏坏人，本是该判死刑之人，世俗却把他们尊称为"仗义舍身的名士"。这六种人，是社会舆论所赞美的。而那些奔赴国难，献身君主，本是舍生取义之人，世俗却贬斥他们是"不懂算计的痴人"。见闻虽少，服从命令，本是遵守法制之人，世俗却贬斥他们是"浅薄愚昧之人"。尽心耕作，自食其力，本是创造财富的人，世俗却贬斥他们是"没有才能之人"。品德优异，单纯朴实，本是正派善良之人，世俗却贬斥他们是"蠢笨呆板之人"。重视命令，谨慎办事，本是尊重君主之人，世俗却贬斥他们是"胆小怕事之人"。打击贼人，遏制奸人，本是提醒君主明察奸情之人，世俗却贬斥他们是"阿谀奉承、讲人坏话之人"。这六种人，是社会舆论所诋毁的。奸诈虚伪而无益于国家的六种人，社会上却那样地赞誉他们；努力耕战而有益于国家的六种人，社会上却这样地诋毁他们，这就叫作"六反"。民众从私利出发称赞前六种人，当代君主听信虚名而尊重礼遇他们。而得到尊重礼遇，一定会得到好处。民众从私害出发诋毁后六种人，当代君主受世俗蒙蔽而鄙视他们。而受到鄙视的，一定会受到迫害。结果声誉和赏赐归于私下干坏事、应当判罪的人，而诋毁和迫害却给了为国家做好事、应当奖赏的人。这样还想求得国家的富强，是不可能的啊。

【原文】

古者有谚曰："为政犹沐也，虽有弃发，必为之。"爱弃发之费而忘长发之利，不知权者也。夫弹痤者痛，饮药者苦，为苦惫之故不弹痤饮药，则身不活，病不已矣。今上下之接，无子父之泽，而欲以行义禁下，则交必有郄矣①。且父母之于子也，产男则相贺，产女则杀之。此俱出父母之怀衽，然男子受贺，女子杀之者，虑其后便，计之长利也。故父母之于子也，犹用计算之心以相待也，而况无父子之泽乎！今学者之说人主也，皆去求利之心，出相爱之道，是求人主之过父母之亲也，此不熟于论恩，诈而诬也，故明主不受也。圣人之治也，审于法禁，法禁明著，则官治②；必于赏罚，赏罚不阿，则民用。民用官治则国富，国富则兵强，而霸王之业成矣。霸王者，人主之大利也。人主挟大利以听治③，故其任官者当能，其赏罚无私。使士民明焉，尽力致死，则功伐可立而爵禄可致，爵禄致而富贵之业成矣。富贵者，人臣之大利也，人臣挟大利以从事，故其行危至死，其力尽而不望。此谓君不仁，臣不忠，则可以霸王矣。

【注释】

① 郄：通"隙"，隔阂。

② 明著：明白清楚。

③ 听治：治理。

【译文】

古代有句谚语说："执政好比洗头一样，即使会有一些头发掉落，仍是必须洗头的。"看重掉头发的损耗而忘记促使头发生长的好处，是不懂得权衡利弊的人。针刺痈疮是痛的，吃药是苦的；因为苦痛的缘故就不刺痈和吃药，就救不了命，治不了病。现在君臣相交，没有父子间的恩泽，却想用施行仁义去控制臣下，那么君臣之间的交往必定会出现裂痕。况且父母对于子女，生了男孩就互相祝贺，生了女孩就把她杀了。子女都出自父母的怀抱，然而男孩就受到祝贺，女孩就杀了的原因，是考虑到今后的利益，从长远利益打算的。所以父母对于子女，尚且用计算利弊相对待，何况是对于没有父子恩泽的人呢？现在学者游说君主，都要君主抛弃求利的打算，而采用相爱的原则，这是要求君主有超过父母对于子女的亲情，也就属于不善于研究恩泽问题的谎言和欺诈了，所以明君是不接受的。圣人治理国家，一是能详细地考察法律禁令，法律禁令彰明了，官府事务就会得到妥善治理；二是能坚决地实行赏罚，赏罚不出偏差，民众就会听从使唤。民众听从使唤，官府事务得到妥善处理，国家就富强；国家富强，兵力就强盛。于是统一天下的大业也就随之完成了。统一天下，是君主最大的利益。君主怀着统一天下的目的来治理国家，所以他根据能力任用官员，实行赏罚没有私心。要让士人民众明白，为国家尽力拼死，功劳就可建立，爵禄就可获得，获得爵禄，荣华富贵的事业就完成了。富贵是臣子最大的利益。臣子怀着取得富贵的目的来办事，所以他们会冒着生命危险，竭尽全力，死而无怨。这叫作君主对臣下不一定施仁爱，臣下对君主不一定尽私忠，就可以完成统一天下大业了。

【原文】

夫奸必知则备，必诛则止；不知则肆，不诛则行。夫陈轻货于幽隐①，虽曾、史可疑也；悬百金于市，虽大盗不取也。不知，则曾、史可疑于幽隐；必知，则大盗不取悬金于市。故明主之治国也，众其守而重其罪，使民以法禁而不以廉止。母之爱子也倍父，父令之行于子者十母②；吏之于民无爱，令之行于民也万父。母积爱而令穷③，吏用威严而民听从，严爱之策亦可决矣。且父母之所以求于子也，动作则欲其安利也，行身则欲其远罪也。君上之于民也，有难则用其死，安平则尽其力。亲以厚爱关子于安利而不听，君以无爱利求民之死力而令行。明主知之，故不养恩爱之心而增威严之势。故母厚爱处，子多败，推爱也；父薄爱教笞，子多善，用严也。

【注释】

① 轻货：与下句"百金"相对，指价值便宜的财物。幽隐：暗处。

② 十母：十倍于其母。

③ 令穷：命令不行。

【译文】

奸人在一定能被察觉的情况下，才会戒惧；在一定要受惩罚的情况下，才不敢再犯。在不能被察觉的情况下，他就会放肆；在不会受惩罚的情况下，他就要横行。把廉价的东西放在冷僻之处，即使是曾参、史䲡这样有修养的人也有偷窃的嫌疑；把百金放置在闹市中，即使有名的盗贼也不敢盗取。不被察觉，曾参、史䲡也可能在暗处放松对自己的要求；一定被察觉，大盗也不敢在闹市上取走放置的百金。所以明君治理国家，多设耳目，重罚罪犯，使民众由于法令而受到约束，不依赖他们因为品德的廉洁而停止作恶。母亲爱护子女加倍于父亲，然而父亲严令子女的效果十倍于母亲；官吏对于民众没有爱心，然而对民众发号施令，其效果更万倍于父亲。母亲过分宠爱子女，命令却行不通；官吏运用刑罚的威严，命令却能让人服从。采用威严的治国方略好，还是仁爱的方略好，由此也就可以决断了。况且父母寄希望于子女的，行动上是想让他们安全有利，做人上是想让他们不去犯罪。君主对于民众，危难时就要他们拼死作战，安定时就要他们尽力耕作。父母怀着深厚的爱，把子女安排在安全有利的环境中，但子女却不听父母的话；君主在不用爱与利的条件下要求民众为自己出死力，命令却能行得通。明君懂得这些，所以不培养仁爱之心而加强威严之势。所以母亲对子女厚爱，子女多半不争气，是因为宠爱的结果；父亲不偏爱，常用体罚，子女多半有出息，是因为严厉的结果。

【原文】

人皆寐，则盲者不知；皆嘿[1]，则喑者不知。觉而使之视，问而使之对，则喑盲者穷矣。不听其言也，则无术者不知；不任其身也，则不肖者不知。听其言而求其当，任其身而责其功，则无术不肖者穷矣。夫欲得力士而听其自言，虽庸人与乌获不可别也；授之以鼎俎，则罢健效矣[2]。故官职者，能士之鼎俎也，任之以事而愚智分矣。故无术者得于不用，不肖者得于不任。言不用而自文以为辩，身不任而自饰以为高。世主眩其辩、滥其高而尊贵之[3]，是不须视而定明也，不待对而定辩也，喑盲者不得矣。明主听其言必责其用，观其行必求其功，然则虚旧之学不谈[4]，矜诬之行不饰矣[5]。

【注释】

① 嘿：同"默"。

② 鼎俎：偏义复词，指鼎。罢：同"疲"。

③ 眩：迷惑。滥：不加选择。

④ 虚旧：空洞陈腐。

⑤ 矜诬：自吹自擂、弄虚作假。

【译文】

人都熟睡了，就不知道谁是盲者；都不说话，就不知道谁是哑巴。睡醒后让他们看东西，提问题让他们来回答，那么哑巴、盲者就一目了然了。不听他言语，没有本领的人就不能被发现；不让他任职，没有德才的人就不能被发现。听取他的言论而责求其有相应行动，让他任职而责求其能把事办成，那么没有本领、德才不好的人就原形毕露了。要想得到大力士，却光凭自己介绍，普通人和乌获就无法加以区别。把巨鼎大案交给他们举，疲弱、勇健就表现出来了。所以官职是检验人们才能的巨鼎大案，让他们办事，愚蠢、聪明就区别出来了。所以没有本领的人从君主不检验其言行中取利，德才不好的人从君主不任用其办事中取利。君主不检验其言行，他就会自吹善辩；君主不任用其办事，他就会自命高明。世主迷惑于其善辩，轻易相信其高明，从而尊重他们；这是不待他看东西就断定其眼明，不等他说话就判定其有口才，这样，哑巴和盲者就无从得知了。明君听取言论一定要责求实用，观察行为一定要责求功效，这样，虚伪陈腐的学说就没有人再谈了，虚妄自大的行为就掩饰不住了。

【品鉴】

且父母之于子也，产男则相贺，产女则杀之。此俱出父母之怀衽，然男子受贺，女子杀之者，虑其后便，计之长利也。故父母之于子也，犹用计算之心以相待也，而况无父子之泽乎！

"六反"指六种本应受到社会斥责的"奸伪无益之民"却受到了赞誉，而六种本应受到社会推崇的"耕战有益之民"却受到了贬抑。韩非认为，之所以出现这种情况，根源在于评价标准出了问题。他反复批驳这些现象，目的在于提醒君主要注意政策中的自相矛盾，告诫君主如果采用儒家的治国之道，"索国之富强，不可得也"。明确指出君主治国，可倚仗的绝非仁义，而是利益，即通过赏罚来刺激人，使其"尽力致死则功伐可立而爵禄可致，爵禄致而富贵之业成矣"。这样，即使君未必仁，臣亦不必忠，在利益的驱动下，而霸王之业成矣。"故明主之治国也，众其守而重其罪，使民以法禁而不以廉止"。韩非这一政治主张的理论基础和逻辑起点是他对人性自利的深刻透析和领悟。韩非认为"人皆挟自为心"，人的这种趋利避害、自私自利的本性不可能改变。人与人之间的关系和人的一切活动的动机都是一种赤裸裸的利害比较。韩非说："好利恶害，夫人之所有也。"又说："喜利畏罪，人莫不然。"好利恶害出自人的本性，追求欲望是人之常情。他把人与人之间的一切关系都看成是一种利害关系，一种双方计较利益而进行的买卖关系。人们一切行为的直接动力是追逐利益，所以，对于人的一切行为，就不必用道德去衡量、解释。

在君与臣的关系上，韩非更是直截了当地指出君臣之间是赤裸裸的买卖关系、虎狼关系。君臣之间的关系就像市场上的交易，"臣尽死力以与君市，君垂爵禄以与臣市。君臣之际，非父子之亲也，计数之所出也。"（《难一》）君臣之间没有血缘关系，也不必讲什么道德，"主卖官爵，臣卖智力"，相互交换而已。因此，君臣之间纯属利害关系，君臣之间没有什么道德可言，更不存在什么信任，"夫以妻之近与子之亲而犹不可信，则其余无可信也"。

对于好利这一人性，韩非并不主张压抑控制，更不像荀子那样主张"化性起伪"加以改造，而是主张"因情"和"利导"。他说："凡治天下必因人情，人情有好恶，故赏罚可用，赏罚可用则禁令可立，而治道具矣。"(《八经》)"善用人者，必循天顺人而明赏罚。"所谓因情顺人就是要摸透人的本性，承认人的好利，根据人性好利的本性来制定统治政策，用利去调动百姓。这就把统治者的需要与个人的需要结合起来了，使现实政策落到了实处，所谓"圣君之治人也，必得其心，故能用力"。统治者可通过赏罚的办法鼓励人趋利避害。所以韩非说："赏莫如厚，使民利之；誉莫如美，使民荣之；诛莫如重，使民畏之；毁莫如恶，使民耻之。"总之，治理社会应采取因情顺人的做法。

人性好利，但如果没有一定的秩序和方向，社会就会混乱。因此，统治者要导之，使人性好利的特点为统治者所用。"夫上所以陈良田大宅，设爵禄，所以易民死命也"。韩非主张用赏罚来规定人性求利的秩序和方向——"赏罚者，邦之利器也"。君主要控制利的获得，要"利出一孔"，既要满足臣民对利的追求，又要使臣民的私利获得与君主分不开。臣民的私利不能违背君主的"公利"——"匹夫有私便，人主有公利，不作而养足，不仁而名显，此私便也；息文学而名法度，塞私便而一功劳，此公利也"。私利的获得由君主控制，所以臣民必须为君主效劳，从而强化了君主的权力。

第四十七

八　说

八说，即八种世俗观念。本文从功利原则出发，以是否利于耕战为检验标准，认为社会上的八种世俗观念违背功利原则。韩非提倡功与赏、能与事相参；反对任用辩智修洁之士，要求废止学术活动；鉴于"当今争于力"，所以反对远于事功的礼治，力倡"出其小害计其大利"的法治思想，提出"仁暴者，皆亡国者也"。在用人方法上，强调"无术以用人，任智则君欺，任修则君事乱"，有了用人之术，"智者不敢欺，愚者不得断"，"官不敢枉法，吏不敢私利"，所以国君的责任是"不求清法之吏，而务必知之术"。强调"术"在任用官吏方面的重要性。在政治主张上，作者强调要"明其法禁，察其谋计"，实行法治，排除一切传统势力的干扰。

【原文】

为故人行私谓之"不弃",以公财分施谓之"仁人"①,轻禄重身谓之"君子",枉法曲亲谓之"有行",弃官宠交谓之"有侠"②,离世遁上谓之"高傲",交争逆令谓之"刚材"③,行惠取众谓之"得民"。不弃者,吏有奸也;仁人者,公财损也;君子者,民难使也;有行者,法制毁也;有侠者,官职旷也;高傲者,民不事也;刚材者,令不行也;得民者,君上孤也。此八者,匹夫之私誉,人主之大败也。反此八者,匹夫之私毁,人主之公利也。人主不察社稷之利害,而用匹夫之私誉,索国之无危乱,不可得矣。

【注释】

① 分施:散发。
② 宠交:看重私交。
③ 刚材:刚直的人才。

【译文】

为老朋友行私被称为不遗故旧,把公家财产分送给人被称为仁爱,轻视利禄看重自身被称为君子,违反法制偏袒亲属被称为品行好,放弃官职看重私交被称为侠义,逃避现实避开君主被认为清高傲世,私斗不休违抗禁令被称为刚直好汉,施行恩惠笼络民众被称为得民心。不遗故旧，官吏就会行奸；做仁爱的人，国家财富就有损失；做君子，民众就不听使唤；品行好，法制就遭到破坏；讲侠义，官吏职责就会荒废；清高傲世，民众就不侍奉君主；有刚直好汉，法令就不能推行；普通民众得到私人的赞誉，君主就会受到孤立。这八种名声，是个人的私誉，君主的大祸。与这八种相反的，则是个人的恶名，君主的公利。君主不清楚对于国家的利害关系，而采纳个人的私誉，要想国家没有危乱，是不可能做到了。

【原文】

任人以事，存亡治乱之机也，无术以任人，无所任而不败。人君之所任，非辩智则修洁也。任人者，使有势也。智士者未必信也，为多其智，因惑其信也。以智士之计，处乘势之资而为其私急，则君必欺焉。为智者之不可信也，故任修士者，使断事也。修士者未必智，为洁其身、因惑其智。以愚人之所惛①，处治事之官而为其所然，则事必乱矣。故无术以用人，任智则君欺，任修则君事乱，此无术之患也。明君之道，贱德议贵，下必坐上，决诚以参，听无门户，故智者不得诈欺。计功而行赏，程能而授事，察端而观失，有过者罪，有能者得②，故愚者不任事。智者不敢欺，愚者不得断，则事无失矣。

【注释】

① 惛：同"昏"，糊涂。
② 得：通"德"，赏赐。

【译文】

　　任用什么人办事,是国家存亡治乱的关键。没有政治手腕而用人,没有一次任用不是失败的。君主要任用的人,不是有口才、有智巧,就是品行好。任用人,是使他有权有势。聪明人未必可靠,只因为赞赏他的智辩,就以为他们可靠而加以任用。凭聪明人具有的计谋,再加上处在有权有势的地位而去干私人急事,君主就一定会受到欺骗。因为聪明人不可靠,所以君主可能去任用那些老好人,叫他们处理政事。老好人未必有智谋,仅由于觉得他们品德纯洁,就以为他们有智谋。这种人以愚夫的糊涂,处在治理国家政事的官位上,自以为是地处理问题,政事必然要被搞乱。所以没有政治手腕而用人,任命聪明人的话,君主就受欺骗;任用老好人的话,君主的政事就被搞乱。这就是没有政治手腕导致的祸患。明君的治国原则是,地位低的能够议论地位高的;官吏有罪,下属不告发则同罪;用检验的方法判明事情的真相;不偏听偏信;所以聪明的人不能欺骗君主。按功行赏,量才授职,分析事情的起因来考察官吏的过失,有过错的人给予处罚,有才能的人给予赏赐,所以愚蠢的人就不能担任政事了。聪明人不敢行骗,愚蠢的人不得决断,国家就没有失误了。

【原文】

　　慈母之于弱子也,爱不可为前。然而弱子有僻行,使之随师;有恶病,使之事医。不随师则陷于刑,不事医则疑于死。慈母虽爱,无益于振刑救死①,则存子者非爱也。子母之性,爱也;臣主之权,策也②。母不能以爱存家,君安能以爱持国?明主者通于富强,则可以得欲矣。故谨于听治,富强之法也。明其法禁,察其谋计。法明则内无变乱之患,计得则外无死虏之祸。故存国者,非仁义也。仁者，慈惠而轻财者也；暴者，心毅而易诛者也③。慈惠，则不忍；轻财，则好与④。心毅，则憎心见于下；易诛，则妄杀加于人。不忍，则罚多宥赦⑤；好与，则赏多无功。憎心见，则下怨其上；妄诛，则民将背叛。故仁人在位，下肆而轻犯禁法，偷幸而望于上；暴人在位，则法令妄而臣主乖⑥，民怨而乱心生。故曰：仁暴者，皆亡国者也。

【注释】

① 振：救。

② 策：算计。

③ 毅：狠。

④ 与：通"予"，施予。

⑤ 宥：宽免。

⑥ 乖：离心离德。

【译文】

慈母对于幼子的爱是任何其他的爱都无法超过的。但是孩子有不良行为，就得让他受老师管教；有了重病，就得让他就医治疗。不受老师管教，就会犯法受刑；不就医治疗，就可能会死亡。慈母虽然很爱孩子，但这种爱对于拯救孩子来说却毫无裨益，这样看来，使孩子得以生存的并不是爱。母子之间的天性，是爱；君臣之间的关系，是利害。母亲尚且不能用爱来保全家庭，君主怎能用爱来维护国家呢？明君通晓富国强兵的办法，就可以达到自己的目的。所以慎重地处理政事，就是富国强兵的方法。君主应该严明法令，明察计谋。法令严明，内部就没有动荡叛乱的祸患；计谋得当，对外就没有国破为虏的灾难。所以保全国家靠的不是仁义道德。讲究仁义道德，也就是要博爱慈惠并轻视财利；为人暴戾，也就是心地残忍并轻易杀戮。博爱慈惠，就不会下狠心；轻视财利，就乐善好施。心地残暴，憎恶的态度就会在臣下面前暴露；轻易杀戮，就会胡乱地屠戮无辜。不下狠心，就会赦免许多该受处罚的人；乐善好施，就会赏赐许多没有功劳的人。憎恶的态度表露出来，就会使臣民怨恨君主；胡乱地屠戮无辜，就会使民众背叛君主。所以仁爱之人处在君位上，臣下就会胡作非为而轻易犯法，以侥幸的心理希望得到君主的恩惠；残暴之人处在君位上，法令就会妄行，君臣就会离心离德，民众就会怨声载道而产生叛乱心理。所以说：仁爱和残暴，二者都能导致国家灭亡。

【原文】

书约而弟子辩，法省而民讼简①，是以圣人之书必著论，明主之法必详尽事。尽思虑，揣得失，智者之所难也；无思无虑，挈前言而责后功②，愚者之所易也。明主虑愚者之所易，不责智者之所难，故智虑力劳不用而国治也。

【注释】

① 简：简慢。
② 挈（qiè）：提，拿。

【译文】

书的内容太简约，弟子就会发生争论；法律条文太省略，民众就会争论不休而轻慢不拘。因此圣人著书一定观点鲜明，明君立法一定详尽规定所要裁断的事情。竭尽思虑，估量得失，聪明人也感到困难；不动脑筋，根据已有的法律条例来责求当前事务的功效，愚笨的人也容易做到。明君采用愚笨的人也容易做到的途径，不采用聪明人也感到困难的途径，所以不用费心费力，国家就可以治理好。

【品鉴】

慈母之于弱子也，爱不可为前。然而弱子有僻行，使之随师；有恶病，使之事医。不随师则陷于刑，不事医则疑于死。慈母虽爱，无益于振刑救死。

法所以制事，事所以名功。韩非这里的"八说"是指危害国家的八种言行。他认为，这八种言行能够使臣下用欺诈手段获取个人的私誉，而损害君主的"公利"。"八说"本质上是社会评判标准的错位。在韩非看来，这种价值评判的错位是非常有害的，其根源皆在于儒学的"以文乱法"。他甚至认为儒、墨后学"非愚则诬也。愚诬之学，杂反之行，明主弗受也"。所以必须代之以法术。因为在弱肉强食的战国时期，儒墨所推行的那一套太过迂腐，不合适宜。他说"古人亟于德，中世逐于智，当今争于力"，所以推行法治才是唯一可行之策。韩非认为即使推行法治过程中会出现一些不好的后果，也必须推行，犹如洗浴会掉头发或是良药苦口，都必须为之。他说："法有立而有难，权其难而事成则立之；事成而有害，权其害而功多则为之。"也就是说立法有利也有弊，权衡利弊后而事能成功就要设立它；能够成功的事里面必然包含着害处，权衡其利害，利大于害就要去做。在韩非看来，即使不得已而为之，也必须推行法术。因为"无难之法无害之功，天下无有也"。所以，他甚至说："是以有道之主，不求清洁之吏，而务必知之术也。"他还不止一次地提到"慈母虽爱，无益于振刑救死"。在他看来，人是一种自私自利的动物，这种本性无法改变，因此所有的道德教化对人来说都是软弱无力的。对于统治者而言，为了达到维护统治和富国强兵的目的，应当根据人趋利避害的本性，用严酷的刑罚来制止民众做不利于国家的事情，以利益为诱饵使民众做有利于国家的事情。

因此，韩非提出了道德教化有害无用论，明确提出了"不务德而务法"的"法治"理论。他说："夫圣人之治国，不恃人之为吾善也，而用其不得为非也。恃人之为吾善也，境内不什数；用人不得为非，一国可使齐。为治者用众而舍寡，故不务德而务法。"（《显学》）这种非道德主义的思想，完全否定了道德的作用，认为法治可以解决一切问题，所以韩非主张"明主之法必详事"，即明君立法要详尽规定所要裁定的事情。这样，就可以使人不必劳心费神，只要根据法律条例行事就可以了。这是连愚钝之人都会很容易做到的。因此也就避免了"任智则君欺，任修则君事乱"的局面。在韩非看来，无论是聪明人或有修养的老好人都未必靠得住，聪明人往往会凭借计谋欺上瞒下，而有修养的老好人又往往因缺少智慧而把国事搞乱。那么，君主如何才能使"智者不敢欺，愚者不得断"呢？韩非的回答是"以法为教"。这也是现代管理学中的一个重要观点。

第四十八

八 经

八经，即八项基本原则。本文是韩非政治思想的一个纲领。文中所论皆为专制君主设谋，是君主牢牢把持权力和地位的具体操作方法。文章全面而又扼要地阐明了韩非有关法治、术治、势治等方面的政治主张。

【原文】

一、因情

凡治天下，必因人情。人情者，有好恶，故赏罚可用；赏罚可用，则禁令可立而治道具矣。君执柄以处势，故令行禁止。柄者，杀生之制也；势者，胜众之资也。废置无度则权渎①，赏罚下共则威分。是以明主不怀爱而听，不留说而计②。故听言不参③，则权分乎奸；智力不用，则君穷乎臣。故明主之行制也天，其用人也鬼。天则不非，鬼则不困。势行教严，逆而不违，毁誉一行而不议。故赏贤罚暴，举善之至者也④；赏暴罚贤，举恶之至者也：是谓赏同罚异。赏莫如厚，使民利之；誉莫如美，使民荣之；诛莫如重，使民畏之；毁莫如恶，使民耻之。然后一行其法，禁诛于私家⑤，不害功罪。赏罚必知之，知之，道尽矣。

【注释】

① 废置：任免。
② 留说：既有的好感。说：通"悦"。
③ 参：参验。
④ 举：鼓励，怂恿。
⑤ 私家：指臣下。

【译文】

一、因情

凡要治理天下，必须依据人之常情。人之常情，有喜好和厌恶两种趋性，所以赏和罚便可以使用；赏和罚可以使用了，也就有了法令，治国政策也就进而完备了。君主掌握政柄并据有势位，所以能够令行禁止。权柄是决定生杀的职责，势位是制伏众人的基础。任免如果无章可循，政权就不会神圣；如果和臣下共掌赏罚大权，君主的威势就会分散。因此，明君不带着偏爱去听取意见，不抱着成见去计谋事情。所以听取意见不加验证的话，权力就会被奸臣分割；不能使大家尽心竭力，君主就会受臣下困窘。所以明君行使权力像天一样光明正大，任用臣下像鬼一样神妙莫测。光明正大，就不会遭到反对；神妙莫测，就不会陷入困境。君主运用权势，管教严厉，臣民即使有抵触情绪，也不敢违背；毁誉褒贬的标准始终如一，不容有妄自非议的余地。所以奖赏贤人，惩罚暴行，是鼓励为善的最好方法；奖赏暴行，惩罚贤人，是鼓励干坏事的极端做法。这可以说是奖赏和自己意见相同的，惩罚和自己意见不同的。赏赐最好是优厚一些，使民众觉得有利；赞扬最好是美好一些，使民众感到荣耀；惩罚最好是严重一些，使民众感到害怕；贬斥最好是残酷一些，使民众感到羞耻。然后坚决把法制贯彻下去，禁止臣下私行诛罚，不让他们破坏赏功罚罪的制度。该赏该罚，君主一定要清楚，这样的话，治国方略就完备了。

【原文】

二、主道①

力不敌众，智不尽物。与其用一人，不如用一国，故智力敌而群物胜。揣中则私劳，不中则任过。下君尽己之能，中君尽人之力，上君尽人之智。是以事至而结智②，一听而公会③。听不一则后悖于前，后悖于前则愚智不分；不公会则犹豫而不断，不断则事留④。自取一，则毋堕壑之累⑤。故使之讽⑥，讽定而怒。是以言陈之日，必有策籍。结智者事发而验，结能者功见而谋成败⑦。成败有征，赏罚随之。事成则君收其功，规败则臣任其罪。君人者合符犹不亲，而况于力乎？事智犹不亲，而况于悬乎⑧？故其用人也不取同，同则君怒。使人相用则君神⑨，君神则下尽。下尽，则臣上不因君，而主道毕矣。

【注释】

① 主道：一曰结智。
② 结智：集中众人的智慧。
③ 公会：听取大家的意见后再集中讨论。
④ 事留：事情久拖不决。
⑤ 毋：通"无"。堕壑：喻臣子设下的陷阱。
⑥ 讽：规劝，这里是提出建议。
⑦ 见：通"现"。
⑧ 悬：悬揣，猜度。
⑨ 相用：人人各用其智力。

【译文】

二、主道

一个人的力量，不能胜过众人；一个人的智慧，不能尽知万物。君主与其靠自己的智慧和力量，不如用一国人的智慧和力量，所以就能敌得过众人的智力而胜过万物。君主遇事只靠自己猜度的话，即使对了，也要劳神费力；一旦错了，就要自己承担责任。下等的君主竭尽自己的才能，中等的君主竭尽别人的力量，上等的君主竭尽别人的智慧。因此，君主遇事要集中众人的智慧，一一听取大家的议论，然后把大家的意见集中起来。如果君主不一一听取大家的议论，臣下后来发表的意见就可能悖于原先的看法，这样君主就不能分清臣下的愚智。如果君主不把大家的意见都集中起来，自己就会犹豫不决，这样，事情也就得不到及时处理。君主有主见地采取一种中肯意见，就不会有掉入臣下所设陷阱之中。所以，要让臣下提出建议，然后威严地责令他完成。因此群臣发表言论时，一定要有记录。出谋划策的人，等事情发生后，君主要加以检验；贡献能力的人，等功效表现出来后，君主要对成败进行分析。成败经过核实，随之进行奖赏或惩罚。事情成功了，君主就收取他们的功劳；谋划失败了，臣下就承担其中的罪责。做君主的，对验证正误这样容易做的事尚不亲自去做，何况是要动手操劳的事呢？君主对用智费心的事尚不亲自去做，何况是要百般推测的事呢？所以君主用人时，不取彼此意见相同的人；意见相同，君主就要严厉地加以斥责。使臣下都相互制约而同为君主所用，那么君主就能神妙莫测，臣下也就会竭尽自己的智能。臣下竭尽智能，就不会向上钻君主的空子，而君主驾驭臣下的方略也就完备了。

【原文】

　　五、类柄①

　　明主，其务在周密。是以喜见则德偿，怒见则威分。故明主之言隔塞而不通，周密而不见。故以一得十者②，下道也；以十得一者，上道也。明主兼行上下，故奸无所失。伍、间、连、县而邻③，谒过赏，失过诛。上之于下，下之于上，亦然。是故上下贵贱相畏以法，相诲以利。民之性，有生之实，有生之名。为君者有贤知之名，有赏罚之实。名实俱至，故福善必闻矣。

【注释】

①类柄：按同一类别施行赏罚。类：类同，类推。柄：权力，指赏罚。

②一：一人，指谏官。

③伍、间、连、县：都是古代行政划分的组织形式。

【译文】

五、类柄

明君最要紧的事情，在于周而无缺、秘而不宣。因此，如果君主喜形于色，臣下就会据以行赏，从而窃取恩德；如果君主面露愤怒，臣下就会据以行罚，从而瓜分威势。故明君当深藏不露，而不外泄。所以用一人察得十人的阴谋活动，是统治下层的途径；用十人察得一人的阴谋活动，是监督上面的途径。明君上下兼用，所以奸人就不会有所遗漏。伍、间、连、县各层组织的人像邻居一样处于互相监督之中，相互监督告发坏人则赏，不告发则罚。上级对下级，下级对上级，也是这样。所以上下、贵贱者，在法制面前都相互畏惧，在公益面前都相互劝勉。人性要求既有生的实惠，又有生的名声。做君主的，既有贤智的名声，又有赏罚的实权。名和实得以满足，大福大善必得以传颂。

【品鉴】

凡治天下，必因人情。人情者，有好恶，故赏罚可用；赏罚可用，则禁令可立而治道具矣。

下君尽己之能，中君尽人之力，上君尽人之智。

因人之情，尽人之智。荀子认为："今人之性，生而有好利焉，顺是，故争夺生而辞让亡焉；生而有疾恶焉，顺是，故残贼生而忠信亡焉……"（《荀子·性恶》）韩非也说："好利恶害，夫人之所有也。"（《难二》）荀子和韩非同样认为人的本性好利恶害，但所不同的是，荀子仅仅看到了自利的负面作用，却没有看到自利的正面作用，韩非比荀子看得更为全面和深刻。他并不否认欲利之心会带来危害："人有欲则计会乱，计会乱而有欲甚，有欲甚则邪心胜，邪心胜则事经绝。"（《解老》）他的意思是说，人生来有欲利之心，所以产生了机巧计算，而机巧计算又驱动人形成更大的邪心，邪心导致了争夺，争夺导致了仁义荡然无存。韩非的深刻之处在于，他不仅看到了人性自利的负面影响，同时也看到了人性自利的正面意义。在韩非看来，既然人性自利可以带来害处，也可以带来益处，那么它本身便没有什么善恶之分。所以，韩非超越了对人性进行善恶评价的思维模式，以一种比较客观的、冷峻的态度观照人性，这也正是他超越前人的地方。恩格斯曾说："自从阶级对立产生以来，正是人们恶劣的情欲——贪欲和权势欲成了历史发展的杠杆。"（《马克思恩格斯选集》第四卷）同样在一定意义上肯定了"恶"在历史发展中的作用。

韩非主张利用人性的特点来制定政策，即要"因人情"。他说："凡治天下，必因人情。人情者，有好恶，故赏罚可用；赏罚可用，则禁令可立而治道具矣。"所谓"必因人情"，即根据人性的特点来利用人性的弱点。既然人天生"好利恶害"，而且不可改变，任何道德说教都没有意义，倒不如利用人性的特点，诱之以利，他说："人臣挟大利以从事，故其行危至死，其力尽而不望。"（《六反》所以他提出："夫圣人之治国，不恃人之为吾善也，而用其不得为非也。"韩非说："好利恶害，夫人之所有也。"又说："喜利畏罪，人莫不然。"好利恶害出自人的本性，追求欲望是人之常情，所以，统治者可以顺其人性之好而赏，顺其人性之恶而罚。韩非说："赏莫如厚，使民利之；誉莫如美，使民荣之；诛莫如重，使民畏之；毁莫如恶，使民耻之。"从这里我们可以看出韩非主张以"法"治国是目的，赏罚是手段，人的本性是赏罚的理论依据。他还进一步指出治理社会应采取因顺人性的做法。

韩非不仅主张因人之情，而且强调尽人之智。他说："下君尽己之能，中君尽人之力，上君尽人之智。"韩非一向不崇尚君主凭借个人的智慧来治国，主张君主应使臣子各展其能，达到治理天下的目的。韩非认为君主不必事必躬亲，否则会身心疲惫。君主的才能在于授权，在遵循"大权独揽，小权分散"的前提下将权力授予相应的臣下。刘邦以一介布衣提三尺宝剑崛起于乱世，诛暴秦，抗强敌，定天下，创立了汉朝。就个人素质而论，无论是人品还是自身能力，刘邦远不及项羽，然而他却能够把一大批杰出人才使用到得心应手，这就是韩非所说的知人善任、懂得授权。

一个高明的领导者，其才能就在于善于运用他人的才智来完成自己的事业。韩非的用人理念与现代管理中"领导者要做帅才而不是将才""领导者的主要职能是用好人""要善于借用外脑"等思想具有高度的一致性。

第四十九

五 蠹

　　五蠹，即五种蠹虫，这里指儒家、纵横家、游侠刺客、逃避兵役的人、商人和手工业者。篇末韩非提出君主应当废除"五蠹"之民，所以本篇便以"五蠹"为篇名。

　　本文是韩非的重要代表作。比较全面地反映了韩非的社会历史观和法治主张。作者从进化的历史观出发，认为"上古竞于道德，中世逐于智谋，当今争于气力"。鉴于此"急世"，主张以农战为立国之本，提出"仁之不可以为治"的思想，认为凡无助于农战者，皆为国家之蛀虫。韩非认为要使国家富强，君权巩固，必须"除此五蠹之民"，"养耿介之士"。并提出"明主之国，无书简之文，以法为教；无先王之语，以吏为师；无私剑之捍，以斩首为勇"，成为秦朝统治天下的重要理论依据。

【原文】

上古之世，人民少而禽兽众，人民不胜禽兽虫蛇。有圣人作，构木为巢以避群害，而民悦之，使王天下①，号曰有巢氏。民食果蓏蚌蛤②，腥臊恶臭而伤害腹胃，民多疾病。有圣人作，钻燧取火以化腥臊，而民说之，使王天下，号之曰燧人氏。中古之世，天下大水，而鲧、禹决渎③。近古之世，桀、纣暴乱，而汤、武征伐。今有构木钻燧于夏后氏之世者，必为鲧、禹笑矣。有决渎于殷、周之世者，必为汤、武笑矣。然则今有美尧、舜、汤、武、禹之道于当今之世者，必为新圣笑矣。是以圣人不期修古，不法常可，论世之事，因为之备。宋人有耕田者，田中有株，兔走触株，折颈而死，因释其耒而守株④，冀复得兔，兔不可复得，而身为宋国笑。今欲以先王之政，治当世之民，皆守株之类也。

【注释】

① 使王：作动词，称王。
② 果蓏（luǒ）：瓜果。蓏：瓜类食物的果实。
③ 决渎：疏浚河道。
④ 耒：农具。

【译文】

在上古时代，人口稀少，鸟兽众多，人民受不了禽兽虫蛇的侵害。

这时出现了一位圣人，他发明了在树上搭窝棚的办法，用来避免遭到各种伤害，人们因此很爱戴他，推举他来治理天下，称他为有巢氏。当时人民吃的是野生的瓜果和蚌蛤，腥臊腐臭，伤害肠胃，许多人得了疾病。这时又出现了一位圣人，他发明了钻木取火的方法烧烤食物来除掉腥臊臭味，人们因而很爱戴他，推举他治理天下，称他为燧人氏。到了中古时代，天下洪水泛滥，鲧和他的儿子禹先后负责疏通河道，排洪治灾。近古时代，夏桀和殷纣的统治残暴昏乱，于是商汤和周武王起兵讨伐。如果到了夏朝，还有人用在树上筑巢居住和钻木取火的办法生活，那一定会被鲧、禹耻笑了；如果到了殷周时代，还有人要把挖河排洪作为要务的话，那就一定会被商汤、武王所耻笑。既然如此，那么在今天要是还有人推崇尧、舜、禹、汤、武王的政治并加以实行，必定要被现代的圣人耻笑了。因此，圣人不期望照搬古法，不死守陈规旧俗，而是根据当今社会的实际情况，进而制定相应的政治措施。有个宋人在田里耕作，田中有一个树桩，一只兔子奔跑时撞在树桩上折断脖子而死。从此这个宋人便放下手中的农具，守在树桩旁边，希望再捡到兔子。他当然不可能再得到兔子，反倒是自己成了宋国的一个笑料。现在假使还要用先王的政治来治理当今的民众，那就无异于守株待兔之类了。

【原文】

古者丈夫不耕①，草木之实足食也；妇人不织，禽兽之皮足衣也。不事力而养足，人民少而财有余②，故民不争。是以厚赏不行，重罚不用，而民自治。今人有五子不为多，子又有五子，大父未死而有二十五孙③，是以人民众而货财寡，事力劳而供养薄，故民争，虽倍赏累罚而不免于乱。

【注释】

① 丈夫：男子。

② 人民：人口。

③ 大父：祖父。

【译文】

在古代，男人不用耕种，野生的果实足够吃；妇女不用纺织，禽兽的皮足够穿。不用费力而供养充足，人口少而财物有余，所以人们之间用不着争夺。因而无须厚赏重罚，而民众自然安定无事。现在人们养有五个儿子并不算多，每个儿子又各有五个儿子，祖父还没有死就会有二十五个孙子。因此，人口多了，而财物缺乏；费尽力气劳动，仍不够吃用。所以民众互相争夺，即使加倍地奖赏和不断地惩罚，结果仍不免要发生混乱。

【原文】

尧之王天下也，茅茨不翦，采椽不斫①；粝粢之食，藜藿之羹②；冬日麑裘，夏日葛衣③；虽监门之服养，不亏于此矣。禹之王天下也，身执耒臿以为民先④，股无胈，胫不生毛，虽臣虏之劳不苦於此矣。以是言之，夫古之让天子者，是去监门之养，而离臣虏之劳也⑤，古传天下而不足多也⑥。今之县令，一日身死，子孙累世絜驾⑦，故人重之。是以人之于让也，轻辞古之天子，难去今之县令者，薄厚之实异也。夫山居而谷汲者，膢腊而相遗以水⑧；泽居苦水者，买庸而决窦⑨。故饥岁之春，幼弟不饷；穰岁之秋，疏客必食。非疏骨肉爱过客也，多少之实异也。是以古之易财，非仁也，财多也；今之争夺，非鄙也，财寡也；轻辞天子，非高也，势薄也；争士橐⑩，非下也，权重也。故圣人议多少、论薄厚为之政。故罚薄不为慈，诛严不为戾，称俗而行也。故事因于世，而备适于事。

【注释】

① 茅茨：用茅草盖的房屋。翦：同"剪"，修剪。斫（zhuó）：砍削。

② 粝粢：粗劣的食物。藜：野菜。藿：豆叶。

③ 麑裘：泛指兽皮衣服。麑（ní）：小鹿。葛：粗麻布。

④ 耒臿（chā）：锹。

⑤ 离：通"罹"，遭遇。

⑥ 古：通"故"。

⑦ 絜（xié）：系。

⑧ 膢、腊：皆祭祀节日。遗（wèi）：给予，赠送。

⑨ 决窦：开沟排水。

⑩ 士：通"仕"，橐：通"托"，依附权贵。

【译文】

尧统治天下的时候，住的是没经过修整的茅草房，连栎木椽子都不曾刨光，吃的是粗粮，喝的是野菜汤，冬天只穿小鹿皮做的粗皮衣，夏天穿着麻衣。就是现在看门奴仆的生活，也不比这差。禹统治天下的时候，亲自拿着木锹铁铲带领人们干活，累得大腿消瘦，小腿上的汗毛都磨没了，就是奴隶们的劳役也不比这苦。这样说来，古代把天子的位置让给别人，不过是逃避奴仆般的给养，摆脱奴隶样的繁重苦劳罢了，所以把天下传给别人也并不值得赞美。如今的县令，一旦死了，他的子孙世世代代套马乘车，所以人们都很看重。因此，人们对于让位这件事，可以轻易地辞掉古代的天子，却难以舍弃今天的县官，原因就在其间实际利益的大小是不一样的。居住在山上要到谷底打水的人，逢年过节用水作为礼品互相赠送；居住在洼地饱受水涝灾害的人，却要雇人来挖渠排水。所以在荒年青黄不接的时候，就连自己的幼弟来了也不肯管饭；在好年成的收获季节，即使是疏远的过客也会招待吃喝。不是有意疏远自己的骨肉而偏爱过路的客人，而是因为存粮多少的实际情况不同。因此，古人轻视财物，并不是因为仁义，而是由于财物多；今人互相争夺，并不是因为卑鄙，而是由于财物少。古人轻易辞掉天子的职位，并不是什么风格高尚，而是因为权势很小；今人争夺官位或依附权势，也不是什么品德低下，而是因为权大势重。因此圣人要通过计议财物多少、考察权势轻重来制定政策。所以刑罚轻并不是仁慈，刑罚重也并不是残暴，而都是依据社会的实际情况来确定罢了。因此，政事要根据时代变化，措施要针对社会情况。

【原文】

古者文王处丰、镐之间①，地方百里，行仁义而怀西戎，遂王天下。徐偃王处汉东，地方五百里，行仁义，割地而朝者三十有六国。荆文王恐其害己也，举兵伐徐，遂灭之。故文王行仁义而王天下，偃王行仁义而丧其国，是仁义用于古不用于今也。故曰：世异则事异。当舜之时，有苗不服②，禹将伐之。舜曰："不可。上德不厚而行武，非道也。"乃修教三年，执干戚舞，有苗乃服。共工之战，铁铦短者及乎敌③，铠甲不坚者伤乎体。是干戚用于古不用于今也。故曰：事异则备变。上古竞于道德，中世逐于智谋，当今争于气力。齐将攻鲁，鲁使子贡说之。齐人曰："子言非不辩也，吾所欲者土地也，非斯言所谓也。"遂举兵伐鲁，去门十里以为界。故偃王仁义而徐亡，子贡辩智而鲁削。以是言之，夫仁义辩智，非所以持国也。去偃王之仁，息子贡之智，循徐、鲁之力使敌万乘，则齐、荆之欲不得行于二国矣。

【注释】

　　① 丰、镐（hào）：丰、镐，在今陕西省境内。
　　② 苗：古代活动于长江中游的少数民族。
　　③ 铁铦（xiān）：铁锸一类的工具。

【译文】

　　古代周文王地处丰、镐一带，方圆不过百里，他施行仁义的政策感化了西戎，进而统治了天下。徐偃王统治着汉水东面的地方，方圆有五百里，他也施行仁义的政策，有三十六个国家向他割地朝贡。楚文王害怕徐国会危害到自己，便出兵伐徐，灭了徐国。所以周文王施行仁义得了天下，而徐偃王施行仁义却亡了国家，这证明仁义只适用于古代而不适用于当今。所以说：时代不同了，政事就会随之不同。在舜当政的时候，苗族不驯服，禹主张用武力去讨伐。舜说："不行。我们推行德教还不够深就动用武力，不合乎道理。"于是便用三年时间加强德教，拿着盾牌和大斧跳舞，苗族终于归服了。到了共工打仗的时候，武器短的会被敌人击中，铠甲不坚固的便会伤及身体，这表明拿着盾牌和大斧跳舞的德政方法只能用于古代而不能用于当今。所以说：情况变了，措施也要跟着改变。上古时候人们在道德上竞争高下，中古时候人们在智谋上角逐优劣，当今社会人们在力量上较量输赢。齐国准备进攻鲁国，鲁国派子贡去说服齐人。齐人说："你的话说得不是不巧妙，然而我想要的是土地，不是你所说的这套空话。"于是出兵攻打鲁国，把齐国的国界推进到距鲁国都城只有十里远的地方。所以说徐偃王施行仁义而徐亡了国，子贡机智善辩而鲁失了地。由此说来，仁义道德、机智善辩之类，都不是用来保全国家的正道。如果当初抛弃徐偃王的仁义，不用子贡的巧辩，而是依靠徐、鲁两国的实力，去抵抗有万辆兵车的强敌，那么齐、楚的野心也就不会在这两个国家得逞了。

【原文】

夫古今异俗，新故异备。如欲以宽缓之政，治急世之民①，犹无辔策而御駻马②，此不知之患也③。今儒、墨皆称先王兼爱天下，则视民如父母。何以明其然也？曰："司寇行刑，君为之不举乐；闻死刑之报，君为流涕。"此所举先王也。夫以君臣为如父子则必治，推是言之④，是无乱父子也。人之情性莫先于父母，皆见爱而未必治也，虽厚爱矣，奚遽不乱？今先王之爱民，不过父母之爱子，子未必不乱也，则民奚遽治哉？且夫以法行刑，而君为之流涕，此以效仁，非以为治也。夫垂泣不欲刑者，仁也；然而不可不刑者，法也。先王胜其法⑤，不听其泣，则仁之不可以为治亦明矣。

且民者固服于势，寡能怀于义。仲尼，天下圣人也，修行明道以游海内，海内说其仁，美其义而为服役者七十人，盖贵仁者寡，能义者难也。故以天下之大，而为服役者七十人，而仁义者一人。鲁哀公，下主也，南面君国，境内之民莫敢不臣。民者固服于势，势诚易以服人，故仲尼反为臣而哀公顾为君。仲尼非怀其义，服其势也。故以义则仲尼不服于哀公，乘势则哀公臣仲尼。今学者之说人主也，不乘必胜之势，而务行仁义则可以王，是求人主之必及仲尼，而以世之凡民皆如列徒，此必不得之数也。

【注释】

① 急世：指急剧变动的时代。

② 驿：同"悍"。

③ 知：通"智"。

④ 推是：以此推论。

⑤ 胜其法：优先实行法治。

【译文】

古今社会风俗不同，新旧政治措施也不一样。如果想用宽大和缓的政策去治理剧变时代的民众，就好比没有缰绳和鞭子却要去驾驭烈马一样，必会产生不明智的祸害。现在，儒家和墨家都称颂先王，说他们博爱天下一切人，就如同父母爱子女一样。用什么证明先王如此呢？他们说："司寇执行刑法的时候，君主为此停止奏乐；听到罪犯被处决的报告后，君主难过得流下眼泪。"这就是他们所赞美的先王。如果认为君臣关系能像父子关系一样，天下必能治理得好，由此推论开去，就不会存在父子之间发生纠纷的事了。从人类本性上说，没有什么感情能超过父母疼爱子女的，然而大家都一样疼爱子女，家庭却未必就和睦。君主即使深爱臣民，何以见得天下就不会发生动乱呢？何况先王的爱民不会超过父母爱子女，子女不一定不背弃父母，那么民众何以就能靠仁爱治理好呢？再说按照法令执行刑法，而君主为之流泪，这不过是用来表现仁爱罢了，却并非用来治理国家的。流泪而不想用刑，这是君主的仁爱；然而不得不用刑，这是国家的法令。先王首先要执行法令，并不会因为同情而废去刑法，那么不能用仁爱来治理国家的道理也就明白无疑了。

况且人们一向屈服于权势,是很少能被仁义感化的。孔子是天下的圣人,他修养身心,宣扬仁道,周游列国,可是天下赞赏他的仁、颂扬他的义并肯为他效劳的人才七十人。可见看重仁的人少,能行义的人实在难得。所以天下这么大,愿意为他效劳的只有七十人,而倡导仁义的只有孔子一个。鲁哀公是个不高明的君主,面南而坐,统治鲁国,国内的人没有敢于不服从的。民众总是屈服于权势,权势也确实容易使人服从;所以孔子反倒做了臣子,而鲁哀公却成了君主。孔子并不是服从于鲁哀公的仁义,而是屈服于他的权势。因此,要讲仁义,孔子就不会屈服于哀公;要讲权势,哀公却可以使孔子俯首称臣。现在的学者们游说君主,不是要君主依靠可以取胜的权势,而致力于宣扬施行仁义就可以统治天下,这就是要求君主一定能像孔子那样,要求天下民众都像孔子门徒,这在事实上是肯定办不到的。

【原文】

今有不才之子,父母怒之弗为改,乡人谯之弗为动①,师长教之弗为变。夫以父母之爱、乡人之行、师长之智,三美加焉,而终不动,其胫毛不改②。州部之吏③,操官兵,推公法,而求索奸人,然后恐惧,变其节,易其行矣。故父母之爱不足以教子,必待州部之严刑者,民固骄于爱、听于威矣。故十仞之城,楼季弗能逾者④,峭也;千仞之山,跛牂易牧者⑤,夷也。故明王峭其法而严其刑也。布帛寻常⑥,庸人不释;铄金百溢⑦,盗跖不掇⑧。不必害,则不释寻常;必害手,则不掇百溢。故明主必其诛也。是以赏莫如厚而信,使民利之;罚莫如重而必,使民畏之;法莫如一而固,使民知之。故主施赏不迁,行诛无赦,誉辅其赏,毁随其罚,则贤、不肖俱尽其力矣。

【注释】

① 譙：同"诮"，责骂。

② 胫毛不改：言其丝毫不变。

③ 州部：当时的基层行政机关。

④ 楼季：魏文侯之弟，善攀登。

⑤ 牂（zāng）：母羊。

⑥ 寻常：古时长度计算单位，八尺为寻，两寻为常。

⑦ 溢：同"镒"，一镒二十两，一说二十四两。

⑧ 掇（duō）：拾取。

【译文】

现在假定有一个不成材的儿子，父母对他发怒，他并不悔改；乡邻们加以责备，他无动于衷；师长教训他，他也不改变。把父母的慈爱、乡邻的帮助、师长的智慧这三方面的优势同时加在他的身上，而他却始终不受感动，丝毫不肯改邪归正。直到地方上的官吏拿着器械，依法执行公务，而搜捕坏人的时候，他这才害怕起来，改掉旧习，变易恶行。所以父母的慈爱不足以教育好子女，必须依靠官府执行严厉的刑法，这是由于人们总是受到宠爱就骄纵、见到威势就屈服的缘故。因此，七丈高的城墙，就连善于攀高的楼季也不能越过，因为太陡；千丈高的大山，就是瘸腿的母羊也可以被赶上去放牧，因为坡度平缓。所以明君总是严峻立法并严格用刑。十几尺布帛，一般人见了也舍不得放手；熔化着的百镒黄金，即使是盗跖也不会伸手去拿。不一定有害的时候，十几尺的布帛也不肯丢掉；肯定会烧伤手时，就是百镒黄金也不敢去拿。所以明君一定要严格执行刑罚。因此，施行奖赏最好是丰厚而且兑现，使人们有所贪图；进行刑罚最好严厉而且肯定，使人们有所畏惧；法令最好是一贯而且固定，使人们都能明白。所以君主施行奖赏不随意变更，执行刑罚不轻易赦免，对受赏的人同时给予荣誉，对受罚的人同时给予谴责，这样一来，不管贤还是不贤的人，都会尽力而为了。

【原文】

儒以文乱法，侠以武犯禁，而人主兼礼之，此所以乱也。夫离法者罪①，而诸先生以文学取；犯禁者诛，而群侠以私剑养。故法之所非，君之所取；吏之所诛，上之所养也。法、趣、上、下，四相反也②，而无所定，虽有十黄帝不能治也。故行仁义者非所誉，誉之则害功；文学者非所用，用之则乱法。楚之有直躬③，其父窃羊，而谒之吏④。令尹曰："杀之！"以为直于君而曲于父，报而罪之。以是观之，夫君之直臣，父之暴子也。鲁人从君战，三战三北⑤。仲尼问其故，对曰："吾有老父，身死莫之养也。"仲尼以为孝，举而上之。以是观之，夫父之孝子，君之背臣也。故令尹诛而楚奸不上闻，仲尼赏而鲁民易降北。上下之利，若是其异也，而人主兼举匹夫之行，而求致社稷之福，必不几矣⑥。

【注释】

① 离法：犯法。离：通"罹"。

② 趣：通"取"。

③ 直躬：以其行称其人。

④ 谒：报案。

⑤ 北：败北。

⑥ 几：希望。

【译文】

儒家利用文献扰乱法纪，游侠使用武力违犯禁令，而君主却都要加以礼待，这就是国家混乱的根源。犯法的本该判罪，而那些儒生却靠着文章学说得到任用；犯禁的本该处罚，而那些游侠却靠着充当刺客得到豢养。所以，法令反对的，成了君主重用的；官吏处罚的，成了权贵豢养的。法令反对和君主重用，官吏处罚和权贵豢养，四者互相矛盾，而没有确立一定标准，即使有十个黄帝，也不能治好天下。所以对于宣扬仁义的人不应当加以称赞，否则，就会妨害功业；对于从事文章学术的人不应当加以任用，否则，就会破坏法治。楚国有个叫直躬的人，他的父亲偷了人家的羊，他便到令尹那儿告发，令尹说："杀掉他。"认为他对君主虽算正直而对父亲却属不孝。结果判了他死罪。由此看来，君主的忠臣倒成了父亲的逆子。鲁国有个人跟随君主去打仗，屡战屡逃。孔子向他询问原因，他说："我家中有年老的父亲，我死后就没人养活他了。"孔子认为这是孝子，便推举他做了官。由此看来，父亲的孝子恰恰是君主的叛臣。所以令尹杀了直躬，楚国的坏人坏事就没有人再向上告发了；孔子奖赏逃兵，鲁国人作战轻易就投降逃跑。君臣之间的利害得失是如此不同，而君主却既赞成谋求私利的行为，又想求得国家的繁荣富强，这是肯定没指望的。

【原文】

故明主之国，无书简之文，以法为教；无先王之语，以吏为师；无私剑之捍①，以斩首为勇。是境内之民，其言谈者必轨于法，动作者归之于功，为勇者尽之于军。是故无事则国富，有事则兵强，此之谓王资②。既畜王资而承敌国之衅③，超五帝侔三王者，必此法也。

【注释】

① 捍：通"悍"。

② 王资：称王天下的凭借。

③ 畜：通"蓄"。承：通"乘"，趁。釁（xìn）：通"衅"，间隙，破绽。

【译文】

因此，在有明君的国家里，不用有关的文献典籍，而以法令为教本；禁绝先王的言论，而以官吏为老师；没有游侠刺客的凶悍，而以杀敌立功为勇敢。这样，国内民众的一切言论都必须遵循法令，一切行动都必须归于为国立功，一切勇力都必须用到从军打仗上。正因如此。太平时期国家就富足，战争时期兵力就强盛，这便奠定了称王天下的资本。既拥有称王天下的资本，又善于利用敌国的弱点，建立超过五帝、赶上三王的功业，一定得采用这种办法。

【原文】

是故乱国之俗：其学者，则称先王之道以籍仁义①，盛容服而饰辩说，以疑当世之法，而贰人主之心。其言谈者，为设诈称②，借于外力，以成其私，而遗社稷之利。其带剑者，聚徒属，立节操，以显其名而犯五官之禁③。其患御者④，积于私门，尽货赂，而用重人之谒，退汗马之劳。其商工之民，修治苦窳之器⑤，聚弗靡之财⑥，蓄积待时，而侔农夫之利⑦。此五者，邦之蠹也。人主不除此五蠹之民，不养耿介之士，则海内虽有破亡之国，削灭之朝，亦勿怪矣。

【注释】

① 籍：通"藉"，凭借。

② 为：通"伪"。设诈：捏造事实，编造谎言。

③ 五官之禁：泛指国家法令。五官：司徒、司马、司空、司士、司寇。

④ 患御者：担心打仗守御的人。

⑤ 苦窳（yǔ）之器：质量粗劣的器物。

⑥ 弗靡：奢侈浪费。弗：通"费"。

⑦ 侔：通"牟"，取。

【译文】

因此，造成国家混乱的风气是：那些著书立说的人，称颂先王之道来宣扬仁义道德，讲究仪容服饰而文饰巧辩言辞，用以扰乱当今的法令，从而动摇君主的决心。那些纵横家们，弄虚作假，招摇撞骗，借助国外势力来达到私人目的，进而放弃了国家利益。那些游侠刺客，聚集党徒，标榜气节，以图显身扬名，结果触犯国家禁令。那些逃避兵役的人，大批依附权臣贵族，肆意行贿，而借助于重臣的请托，逃避从军作战的劳苦。那些工商业者，制造粗劣器具，积累奢侈资财，囤积居奇，待机出售，希图从农民身上牟取暴利。上述这五种人，都是国家的蛀虫。君主如果不除掉这五种像蛀虫一样的人，不广罗刚直不阿的人，那么，天下即使出现破败沦亡的国家，地削名除的朝廷，也就不足为怪了。

【品鉴】

是以圣人不期修古，不法常可，论世之事，因为之备。

世异则事异，事异则备变。春秋战国时代是中国历史上的一个大变革时代，经济、政治制度在激烈的震荡中迅速演化，思想文化也在百家争鸣中彼此渗透、相互影响。由于春秋战国时代是一个离远古不久的时代，夏、商的遗风犹存，文献犹在。这个时代的思想家们或多或少都感受到了社会历史的变化，区别只在于，基于他们各自的政治倾向不同，对这种变化的解释和态度存在很大的差异。孔、孟儒家学派祖述尧舜，宪章文武，把先王之道作为自己的旗帜，流露出对逝去时代的赞美和留恋，所以主张"法先王"，后期儒学代表人物荀子援法入儒，而主张"法后王"。法家代表人物韩非继承了荀子的这一态度，并认为社会历史变化是必然的进化过程，主张根据实际制定治国的方略。

韩非明确地将历史分为上古、中古、近古、当世四个时期，或分为上古、中世、当今三个时期。不仅看到了社会历史的变化，而且描述了人类社会由蒙昧而野蛮而文明进化的一些具体情景。韩非认为，"上古竞于道德"，可以用"仁义"治理国家；"中古逐于智谋"，可以凭"贤能"治理国家；而"当今争于力气"，所以只能依靠"法治"来治理国家。

韩非还认为，时代（"世"）不同，社会生活中的问题（"事"）也不同，解决的办法（"备"）也随之不同。在整个社会历史的发展过程中，每一个不同的社会阶段都有它自己所面临的主要矛盾。因为所面临的主要矛盾不同，而解决矛盾所采取的方法也不同。上古之世的主要问题是躲避野兽的侵害，是对食物加工改造，这些问题随着历史时代的变化已成过去，如果到中古之世还有人构木为巢、钻燧取火，那一定会受到人们的嘲笑，同样，如果到了当今的战国时代，还去称赞尧、舜、禹、汤的功德事业，也要受到嘲笑。他说："宋人有耕田者，田中有株，兔走触株，折颈而死，因释其耒而守株，冀复得兔，兔不可复得，而身为宋国笑。今欲以先王之政，治当世之民，皆守株之类也。"所以韩非认为解决社会政治问题，只能从当前的具体时间、地点和条件出发，从现实的社会需要出发，即所谓"世异则事异，事异则备变"。

韩非主张"是以圣人不期修古，不法常可，论世之事，因为之备"，即不遵行古法，不墨守成规，要根据所面临的具体问题采取相应的措施。他主张要因时而变，反对因循守旧，倡导变法图强，并反复申述其变法主张。他看到了人类历史的发展，并用这种发展的观点去分析人类社会的过去、现在和将来。凡在天地之间者莫不与时而变，一个国家要生存发展，必须始终坚持推陈出新。韩非的历史观在当时无疑具有进步性。

韩非在肯定历史发展变化的同时，还对历史变化的原因作了探讨。他认为历史发展变化的主要原因之一是人口的增加。正是由于人口越来越多，自然资源越来越不够用，社会情况也随之发生了改变。韩非试图从人类物质生活的矛盾中寻找历史变动原因的观点，否定了历史变动的原因在于天意或人的意志的观点，不是从人的思想观念和神的意志去解说历史，具有明显的唯物主义倾向。正是基于对社会历史变化原因的认识，韩非批评了儒家、道家提出的人的道德品质随着历史演变而越来越低的观点。他认为，古代的帝王之所以轻易地让位于人，并不是基于道德的原因，而是因为古代帝王生活待遇菲薄而工作十分辛苦，当今的县令之所以舍不得丢掉职位，是因为待遇优厚、权力很大。山顶上居住的人逢年过节以水相送，是因为水太少，依湖泽而居的人却雇人排水，是因为水太多，青黄不接时连幼弟都不肯接济，是因为粮食太少，丰收时节连远客也要招待，是因为粮食有余，这一切都与道德品质的高下无关。仁慈、礼让之类的道德行为是由物质生活状况所决定的，而不是由人的本性决定的。

在韩非看来，造成国家混乱风气的有五种人，他们是：那些著书立说的人，称引先王之道来宣扬仁义道德，讲究仪容服饰而文饰巧辩言辞，用以扰乱当今的法令，从而动摇君主的决心；那些纵横家们，弄虚作假，招摇撞骗，借助国外势力来达到私人目的，进而放弃了国家利益；那些游侠刺客，聚集党徒，标榜气节，以图显身扬名，结果触犯国家禁令；那些逃避兵役的人，大批依附权臣贵族，肆意行贿，而借助于重臣的请托，逃避从军作战的劳苦；那些工商业者，制造粗劣器具，积累奢侈资财，囤积居奇，待机出售，希图从农民身上牟取暴利。这五种人，都是国家的蛀虫。君主如果不除掉这五种像蛀虫一样的人，不广罗刚直不阿的人，那么，天下即使出现破败沦亡的国家，地削名除的朝廷，也就不足为怪了。韩非的社会历史发展观至今仍能予人以启发和教益，具有深刻的现实意义。

第五十 显　学

　　显学，是指在当时影响广泛、地位显赫的学说，在此主要是指阵容强大、声名远扬的儒、墨两家。本文是一篇对先秦学术进行批判总结的论文。在文章中，韩非把批判的矛头直指当时的显学，在驳斥儒、墨两家的政治主张的同时，系统地阐述了自己的法治思想。韩非直斥儒、墨及后学是"愚诬之学，杂反之行"，而尤以对儒学的攻击最为有力。本文比较集中地体现出了韩非的法家思想，对后世的文化专制政策产生了深远的影响。

【原文】

世之显学,儒、墨也。儒之所至,孔丘也。墨之所至,墨翟也。自孔子之死也,有子张之儒,有子思之儒,有颜氏之儒,有孟氏之儒,有漆雕氏之儒①,有仲良氏之儒,有孙氏之儒,有乐正氏之儒。自墨子之死也,有相里氏之墨,有相夫氏之墨,有邓陵氏之墨。故孔、墨之后,儒分为八,墨离为三,取舍相反不同,而皆自谓真孔、墨,孔、墨不可复生,将谁使定后世之学乎?孔子、墨子俱道尧、舜,而取舍不同,皆自谓真尧、舜,尧、舜不复生,将谁使定儒、墨之诚乎?殷、周七百余岁,虞、夏二千余岁,而不能定儒、墨之真;今乃欲审尧、舜之道于三千岁之前,意者其不可必乎!无参验而必之者,愚也;弗能必而据之者,诬也。故明据先王,必定尧、舜者,非愚则诬也。愚诬之学,杂反之行②,明主弗受也。

【注释】

① 漆雕氏:孔子弟子,姓漆雕,名启。
② 杂反:杂乱矛盾。

【译文】

当今最有名的学派是儒家和墨家。儒家的代表人物是孔丘,墨家的代表人物是墨翟。自从孔子死后,有子张儒学,有子思儒学,有颜氏儒学，有孟氏儒学，有漆雕氏儒学，有仲良氏儒学，有孙氏儒学，有乐正氏儒学。自从墨子死后，有相里氏墨学，有相夫氏墨学，有邓陵氏墨学。所以孔子、墨子死后，儒家分为八派，墨家分为三派，他们对孔、墨学说的取舍相互矛盾，各有不同，却都称是得了孔、墨之真传，孔子、墨子两人不能复活，由谁来判断社会上这些学派的真假呢？孔子、墨子全都称道尧、舜，但他们的取舍又大不相同，却都自称得到了真正的尧舜之道。尧和舜不能复活，该由谁来判定儒、墨两家的真假呢？自儒家所称道的殷周之际到现在七百多年，自墨家所推崇的虞夏之际到现在两千多年，就已经不能判断儒、墨所讲的是否真实了；现在还要去考察三千多年前尧舜的思想，想来更是无法确定的吧！不用事实加以检验就对事物作出判断，那就是愚蠢；不能正确判断就引为根据，那就是欺骗。所以，公开宣称依据先王之道，武断地肯定尧舜的一切，不是愚蠢，就是欺骗。对于这种愚蠢欺骗的学说，杂乱矛盾的行为，明君是不能接受的。

【原文】

故敌国之君王虽说吾义①，吾弗入贡而臣；关内之侯虽非吾行②，吾必使执禽而朝。是故力多则人朝，力寡则朝于人，故明君务力。夫严家无悍虏，而慈母有败子。吾以此知威势之可以禁暴，而德厚之不足以止乱也。

【注释】

① 说：通"悦"。
② 关内之侯：即国内的封侯。

【译文】

因此，别国君主尽管喜欢我们的仁义，我们却并不能叫他进贡称臣；关内之侯虽然反对我们的行为，我们却肯定能让他带着作为礼物的禽鸟来朝拜。可见力量大就有人来朝拜，力量小就得去朝拜别人，所以明君务求发展实力。在严厉的家庭中不会有强悍不驯的奴仆，在慈母的娇惯下却会出现败家子。我由此得知威严和权势能够禁暴，而道德仁厚不足以制止混乱。

【原文】

夫圣人之治国，不恃人之为吾善也，而用其不得为非也。恃人之为吾善也，境内不什数①；用人不得为非，一国可使齐。为治者用众而舍寡，故不务德而务法。夫必恃自直之箭，百世无矢；恃自圜之木②，千世无轮矣。自直之箭，自圜之木，百世无有一，然而世皆乘车射禽者何也？隐栝之道用也③。虽有不恃隐栝而有自直之箭、自圜之木，良工弗贵也。何则④？乘者非一人，射者非一发也。不恃赏罚而恃自善之民，明主弗贵也，何则？国法不可失，而所治非一人也。故有术之君，不随适然之善⑤，而行必然之道。

【注释】

① 什：同"十"。
② 圜：同"圆"。
③ 隐栝：矫正曲木的工具。隐：通"檃"。
④ 则：通"者"。
⑤ 适然：偶然。

【译文】

　　圣人治理国家，不是要依靠人人都自觉行善，而是着眼于使大众不能作恶。要是靠人们自觉地行善，国内找不出十个；要是着眼于使大众不能作恶而形成人们不敢做坏事的局面，就可以使全国整齐一致。治理国家的人需要采用多数人都得遵守的措施，不能用只有少数人才能做到的办法，因此不应该推崇德治，而应该实行法治。如果一定要依靠自然挺直的箭杆，几千年也造不出箭来；一定要依靠自然长成的圆木，几万年也造不成车轮。自然长成的直杆和圆木，既然千年万载也没有一个，那为什么大家还都能有车坐、还都能射箭打猎呢？因为应用了加工木材的工具和方法。虽然也有不经过加工就自然合用的直杆和圆木，但好工匠是不看重的。为什么呢？因为要坐车的不是一个人，射箭打猎也不是只发一箭。虽然也有不靠赏罚就能自行去做好事的人，但明君是不看重的。为什么呢？因为国法不可丧失，而所要统治的也不是一个人。所以有办法的君主，不追求偶然的天生善行，而推行必然的政治措施。

【品鉴】

　　夫圣人之治国，不恃人之为吾善也，而用其不得为非也。恃人之为吾善也，境内不什数；用人不得为非，一国可使齐。

　　不恃人之为吾善，而用其不得为非也。以孔、孟为代表的儒家学说推崇王道，主张仁政，认为只有实行王道才能统一天下，而靠霸道是不能统一天下的。儒家特别强调统治者的表率作用，认为如果统治者本身具备了良好的道德修养，那政事就能不治而平，所以，统治者最应该做的是加强道德修养，反躬自省，从己做起，主张"修身、齐家、治国、平天下"。韩非则从人性自利出发，把人与人之间的全部关系归纳为一个"利"字。韩非直截了当地提出君主之利高于国家之利，把天下完全视为君主的私囊之物。他主张顺应人的自利本性，用利导的办法，使臣民的自利行为最后有利于君。从这种君利高于一切的封建专制主义出发，韩非直斥儒、墨及后学是"愚诬"之学，他认为儒、墨诸家学说，于世无补，必须一概禁绝。针对儒家以德治国，用道德去感化教育人的主张，韩非强调说："夫圣人之治国，不恃人之为吾善也，而用其不得为非也。恃人之为吾善也，境内不什数；用人不得为非，一国可使齐。为治者，用众而舍寡，故不务德而务法。"圣人治理国家，不是依赖人人都自觉行善，而是着眼于使大多数人不能作恶而形成人们不敢做坏事的局面。所以，治理国家的人需要采用多数人都得遵守的措施，不能用只有少数人才能做到的办法，因此不应该推崇德治，而应该实行法治，要着力的是执法，而不是立德。

  按照韩非的理论，统治者治理国家、统治百姓，靠的是法律和威势，因此，也就不需要有特殊的才能或品德，不需要像儒家所说的"为政以德，譬如北辰，而众星拱之"，不需以统治者的人格去感召百姓。他甚至说："夫严家无悍虏，而慈母有败子，吾以此知威势之可以禁暴，而德厚之不足以止乱也。"这是一种典型的非道德主义思想。他举例说，孔子是天下的圣人，他修养身心，宣扬儒道，周游列国，可是天下赞赏他的仁、颂扬他的义并肯为他效劳的人才七十余人。可见看重仁的人少，能行义的人更是难得。所以天下这么大，愿意为他效劳的只有七十余人，而倡导仁义的只有孔子一个。鲁哀公是个不高明的君主，却能面南而坐，统治鲁国，国内的人没有敢不服从的。民众总是屈服于权势，权势也确实容易使人服从。所以孔子反倒做了臣子，而鲁哀公却成了君主。孔子并不是服从于鲁哀公的仁义，而是屈服于他的权势。因此，要讲仁义，孔子就不会屈服于哀公；要讲权势，哀公却可以使孔子俯首称臣。

  基于此，韩非认为，统治者制定治国方略要着眼大多数民众。他说有人认为"许由让天下,赏不足以劝;盗跖犯刑赴难,罚不足以禁"。而韩非却强调:"未有天下而无以天下为者,许由是也;已有天下而无以天下为者,尧、舜是也。毁廉求财,犯刑趋利,忘身之死者,盗跖是也。此二者殆物也,治国用民之道也,不以此二者为量。治也者,治常者也;道也者,道常者也。"(《忠孝》)就是说,治理国家统治人民的方式是不能把这样的人作为标准的。治理国家的措施必须是针对一般情况的,治理国家的准则是要指导正常行为的。天下那些极端廉正之人,是不必用奖赏来劝勉的;天下那些极端凶恶之人,是不足以用刑罚来禁止的。但是,如果因为有极端廉正之人存在就不设立奖赏,因为有极端凶恶之人存在就不设立刑罚,那就把治理国家和使用民众的准则丢掉了。他还举例说,如果一定要依靠自然挺直的箭杆,几千年也造不出箭来;一定要依靠自然长成的圆木,几万年也造不成车轮。自然长成的直杆和圆木,既然千年万载也没有一个,所以就需要用加工木材的工具和方法。虽然也有不经过加工就自然合用的直杆和圆木,但好工匠是不看重的。因为要坐车的不是一个人,射箭打猎也不是只发一箭。虽然也有不靠赏罚就能自行去做好事的人,但明君并不看重。因为国法不可丧失,而所要统治的也不是一个人。所以贤明的君主,不追求偶然的天生善行,而推行必然的法治措施。

正如柏拉图在其《法律篇》所说:"人类必须有法律并且遵守法律,否则他们的生活将像最野蛮的兽类一样。……人类的本性将永远倾向于贪婪与自私,逃避痛苦,追求快乐而无任何理性,人们会先考虑这些,然后才考虑到公正和善德。这样,人们的心灵是一片黑暗,他们的所作所为,最后使他们本人和整个国家充满了罪行。如果有人根据理性和神的恩惠的阳光指导自己的行动,他们就用不着法律来支配自己。因为没有任何法律或秩序能比知识更有力量,理性不应该受任何东西的束缚,它应该是万事的主宰者,如果它真的名副其实,而且本质上是自由的话。但是,现在找不到这样的人,即使有也非常之少。因此,我们必须作第二种最佳的选择,这就是法律和秩序。"

第五十一

忠　孝

忠孝，即忠于君主、孝顺父母。本文通过对忠顺孝悌之道的议论，进一步强调实行"法治"反对"贤治"的思想。作者首先将儒家所推崇的忠孝典型尧、舜等指责为曲父、弑君之人，通过批驳尧、舜、汤、武等所谓圣贤违背忠孝的行为，阐述了法家的忠孝准则，即是尽力守法，专心事主。进而又提出"臣事君，子事父，妻事夫"是"天下之常道"，要维护这个常道，就需要"上法而不上贤"。韩非强调治理国家要靠刑赏，不能因为有许由和盗跖这样的特殊情况就废弃赏罚而听信虚妄之说。

【原文】

天下皆以孝悌忠顺之道为是也，而莫知察孝悌忠顺之道而审行之，是以天下乱。皆以尧舜之道为是而法之①，是以有弑君，有曲于父②。尧、舜、汤、武或反君臣之义，乱后世之教者也。尧为人君而君其臣，舜为人臣而臣其君，汤、武为人臣而弑其主、刑其尸，而天下誉之，此天下所以至今不治者也。夫所谓明君者，能畜其臣者也③；所谓贤臣者，能明法辟、治官职以戴其君者也。今尧自以为明而不能以畜舜，舜自以为贤而不能以戴尧，汤、武自以为义而弑其君长，此明君且常与而贤臣且常取也。故至今为人子者有取其父之家，为人臣者有取其君之国者矣。父而让子，君而让臣，此非所以定位一教之道也。

【注释】

① 法：效法。
② 曲：弯曲，引申为忤逆。
③ 畜：驯服，指驾驭。

【译文】

天下的人都认为孝悌忠顺之道是正确的，却没有人知道进一步对孝悌忠顺之道加以认真考察，然后再去慎重实行，因此天下混乱。都认为尧舜之道正确而加以效法，因此才发生杀死君主、背叛父亲的事情。尧、舜、汤、武或许正是违反君臣之间的道义、扰乱后世教令的人物。尧本来是君主，却把自己的臣子推尊为君主；舜本来是臣子，却把自己的君主贬为臣子；商汤、周武作为臣子却杀死自己的君主，还宰割了君主的尸体。对此，天下的人却都加以称赞，这就是天下至今不能得到治理的原因所在。所谓明君，应该是能够控制臣子的人；所谓贤臣，应该是能够彰明法律、忠实履行自己的职守来拥戴君主的人。现在的情形则是，尧自以为明智，却不能对舜加以控制；舜自以为贤能，却不能对尧尽心拥戴；商汤、周武自以为仗义，却杀了自己的君主。这就是自称为明君的却常常失位，而自称为贤臣的却常常篡权的情形。所以直到现在还有做儿子的夺取父亲家业、做臣子的夺取君主权力的事情发生。照此看来，父亲把家业让给儿子，君主把王位让给臣下，绝不是什么确定名位统一教令的正确途径。

【原文】

臣之所闻曰："臣事君，子事父，妻事夫。三者顺则天下治，三者逆则天下乱，此天下之常道也。"明王贤臣而弗易也，则人主虽不肖，臣不敢侵也。今夫上贤任智无常①，逆道也，而天下常以为治。是故田氏夺吕氏于齐②，戴氏夺子氏于宋③。此皆贤且智也，岂愚且不肖乎？是废常上贤则乱，舍法任智则危。故曰：上法而不上贤。

【注释】

① 上：通"尚"，下同。

② 田氏夺吕氏于齐：齐国是周初功臣吕望的封地。公元前481年齐国的执政大臣田常杀死齐简公，立简公弟为平公，公元前386年周

王室承认田常为诸侯，从此田氏取代了吕氏为齐国君主。

③ 戴氏夺子氏于宋：宋国是商王纣的庶兄微子启的封地。商王是子姓故称宋君为子氏。公元前255年，戴氏子罕杀死宋桓侯自立为君。

【译文】

我听说："臣子事奉君主，儿子事奉父亲，妻子事奉丈夫。这三种秩序理顺以后，天下就能得到治理；如果违背了这三种秩序，天下就会混乱。"这是天下的正常法则，就是明君、贤臣也不能变更。所以，即使君主不够贤明，臣子也不敢侵犯。现在尊尚贤人、任用智者没有一定之规，是悖逆之道，一般人却总认为是治国之道。正因如此，齐国田氏得以夺取吕氏政权，宋国戴氏得以夺取子氏政权。这些人都是有才能又有智慧的人，哪里是既愚蠢又不贤的人呢？由此看来，废弃常道去尊尚贤人就会发生混乱，舍弃法制而任用智者就会产生危险。所以说：要尊尚法制而不能尊尚贤人。

【原文】

古者黔首悗密蠢愚①，故可以虚名取也。今民儇诇智慧②，欲自用，不听上。上必且劝之以赏，然后可进；又且畏之以罚，然后不敢退。而世皆曰："许由让天下，赏不足以劝；盗跖犯刑赴难，罚不足以禁。"臣曰：未有天下而无以天下为者，许由是也；已有天下而无以天下为者，尧、舜是也。毁廉求财，犯刑趋利，忘身之死者，盗跖是也。此二者，殆物也。治国用民之道也，不以此二者为量③。治也者，治常者也；道也者，道常者也。殆物妙言，治之害也。天下太上之士，不可以赏劝也；天下太下之士，不可以刑禁也。然为太上士不设赏，为太下士不设刑，则治国用民之道失矣。

【注释】

① 黔首：民众。悗（mèn）密：勤勉。

② 儇（xuān）诇（xiòng）：巧诈，奸诈。

③ 量：衡量，引申为标准。

【译文】

古代的民众勤勉而愚蠢，因此可以用虚名来骗取。现在的民众奸诈而聪颖，总想自己有所作为，不肯听从君主命令。君主一定要用赏赐的办法加以劝勉，然后才能使他们进取；同时又要用刑罚的办法加以恫吓，然后才能使他们不敢后退。而世上的人却都说："许由把统治天下的权力都推掉了，说明赏赐不足以勉励；盗跖触犯刑律而奔赴危难，说明惩罚不足以禁止。"我认为：没有天下而不把天下当作一回事的，许由就属于这类人；已有天下而不把天下当作一回事的，尧、舜就属于这类人。败坏廉洁去谋求财富，触犯刑律去追求私利，不顾个人死活的，盗跖就属于这类人。这些都是极端的行为。治理国家统治民众的方式是不能把这些作为标准的。统治措施是针对一般情况的，治理国家的准则是要指导正常行为的；危险的行为和微妙的言论，都是治理社会的大害。天下那些极端廉正之人，是不可以用奖赏来劝勉的；天下那些极端凶恶之人，是不可以用刑罚来禁止的。但是，如果因为有极端廉正之人存在就不设立奖赏，因为有极端凶恶之人存在就不设立刑罚，那也就失掉了治理国家和使用民众的准则。

【品鉴】

臣事君，子事父，妻事夫。三者顺则天下治，三者逆则天下乱，此天下之常道也。

是废常上贤则乱，舍法任智则危。

尚贤则乱，任智则危。在韩非的心目中，当时社会上流行的所谓"忠悌孝顺"的观点，实际上是"尚贤"观的变种，是尚虚弃实、"舍法任智"的表现。韩非对社会上流行的所谓"忠""孝"进行了颠覆性的重估，并认为"尧为人君而君其臣，舜为人臣而臣其君"，这种君不君、臣不臣的现象，是"乱后世之教者"。他说："治也者，治常者也；道也者，道常者也"。可见儒、法"道不同不相为谋"。尧、舜、汤、武历来被奉为"圣贤"而受世人推崇。然而韩非却说："尧、舜、汤、武或反君臣之义，乱后世之教者也。"尧自以为明智，却不能对舜加以控制；舜自以为贤能，却不能对尧尽心拥戴；商汤、周武自以为仁义，却杀了自己的君主。这就是自称为明君的却常常失位，而自称为贤臣的却常常篡权的情形。他认为，所谓明君，应该是能够控制臣子的人；所谓贤臣，应该是能够彰明法律、忠实履行自己的职守来拥戴君主的人。在韩非看来"臣事君，子事父，妻事夫"是"天下之常道"，并提出"三者顺则天下治，三者逆则天下乱"的命题。这三种秩序理顺以后，天下就能得到治理；如果违背了这三种秩序，天下就会混乱。只要维护这个常道，即使君主不够贤明，臣子也不敢侵犯。而现在尊尚贤人、任用智者没有一定之规，是悖逆之道，一般人却总认为是治国之道。因此，才会有齐国田氏得以夺取吕氏政权、宋国戴氏得以夺取子氏政权的事情发生。这些人不都是有才能又有智慧的人吗？所以说，"是废常上贤则乱，舍法任智则危"。废弃常道去尊尚贤人就会发生混乱，舍弃法制而任用智者就会产生危险。

从韩非强调的遵守"天下之常道"来看，与儒家的忠孝并没有太大的区别。然而，实际上韩非却是反对儒家提倡的三纲的。儒家认为君不君，才有臣弑君，父不父，才有子弑父，因此才出现乱世，乱世之源在于君主失德。君主失德，臣下是可以推翻暴君统治的，所以说汤、武是正义之举。而韩非则提出了相反的观点，他把尊君事主的主张发展到了极至，认为即使国君是位暴君，臣下也不可取代，更不可弑君，君永远是君，臣永远是臣。他主张"人主虽不肖，臣不敢侵也"。所以，汤、武是弑君之臣。他认为，尧本来是君主，却把自己的臣子推尊为君主，舜本来是臣子，却把自己的君主贬为臣子，同样是违背忠孝的。可见，韩非所谓的"忠孝"指的就是尽力守法，专心事主。在他看来，君主使用臣下治理国家，首先考虑的不是如何顺天应民，而是防止君位被架空，致使法、术、势失灵而危及"家天下"。所以，臣下的忠顺比清廉更重要。而且与儒家不同的是，韩非认为这种忠顺是无条件的，即"臣忠"不能以"君仁"为条件。即君主无论好坏，臣下都必须服从，正如帽子无论好坏，都要戴于头上，不可与鞋子易位的道理一样。"冠虽穿弊，必戴于头；履虽五采，必践之于地"。把这种忠顺观念发展到极端的是清朝的雍正帝，他甚至连臣下"君恩深重，涓埃难报"的献媚之语都作反面理解，申斥说："但尽臣节所当为，何论君恩之厚薄。"雍正帝的意思是即使君不君时，臣也不可不臣。这是韩非忠孝思想与儒家忠孝思想的本质区别。

第五十二

人　主

人主,即君主。本文主要论述君主治国要有威势的道理,告诫人主防止"大臣太贵""左右太威",要牢牢掌握住"制天下而征诸侯"的威势,以防大权旁落。韩非最后向人主进言:要坚决任用"法术之士",以对抗"当途之臣"。

【原文】

人主之所以身危国亡者，大臣太贵，左右太威也。所谓贵者，无法而擅行，操国柄而便私者也。所谓威者，擅权势而轻重者也。此二者，不可不察也。夫马之所以能任重引车致远道者，以筋力也。万乘之主、千乘之君所以制天下而征诸侯者，以其威势也。威势者，人主之筋力也。今大臣得威，左右擅势，是人主失力；人主失力而能有国者，千无一人。虎豹之所以能胜人执百兽者，以其爪牙也，当使虎豹失其爪牙，则人必制之矣。今势重者①，人主之爪牙也，君人而失其爪牙，虎豹之类也。宋君失其爪牙于子罕②，简公失其爪牙于田常③，而不蚤夺之，故身死国亡。今无术之主皆明知宋、简之过也，而不悟其失，不察其事类者也。

【注释】

① 势重：权势。
② 宋君：宋桓侯。
③ 简公：齐简公。

【译文】

君主之所以会遇到身危国亡的情况，是因为大臣过于显贵，近侍过于逞威。所谓显贵，就是无视法令而独断专行，掌握国家大权来谋取私利。所谓逞威，就是独揽权势而为所欲为。对这两种人，君主不能不加以明察。马之所以能负重拉车行至远方，凭借的是筋力。大、中国家的君主之所以能统治天下讨伐诸侯，凭借的是威势，威势也就是君主的筋力。如今大臣得势，亲信擅权，便是君主失去了威势，君主失去威势而仍能保有国家的，千人中也没有一个。虎豹之所以能胜人以及制伏其他各种野兽，靠的是它有尖牙利爪，假使去掉尖牙利爪，人就一定能制伏它了。现在权势重位正是君主的尖牙利爪，要是统治别人而丢失权势，便如同虎豹去掉尖牙利爪一样。宋桓公把自己的"爪牙"丢给了子罕，齐简公把自己的"爪牙"丢给了田常，又不趁早夺回来，终致身死国亡。现在不懂得法术的君主都明知宋桓公、齐简公有过错，却不能觉察他们失误的根源，是不懂得君主失去权势跟虎豹失去爪牙两事相类啊。

【原文】

且法术之士与当途之臣，不相容也。何以明之？主有术士，则大臣不得制断，近习不敢卖重；大臣、左右权势息，则人主之道明矣。今则不然，其当途之臣得势擅事以环其私①，左右近习朋党比周以制疏远，则法术之士奚时得进用，人主奚时得论裁？故有术不必用，而势不两立。法术之士焉得无危？故君人者非能退大臣之议，而背左右之讼，独合乎道言也，则法术之士安能蒙死亡之危而进说乎？此世之所以不治也。

【注释】

① 环其私：谋取私利，围绕着自己的私利转。

【译文】

况且，法术之士与当权大臣是互不相容的。何以证明？君主如能任用法术之士，大臣就不能专制独断，近侍也不敢卖弄威势；大臣和近侍的权势消除后，君主的治国原则就得以体现。现在则不然，那些当权大臣掌握权柄、把持政务来营求私利，左右亲信结成朋党、紧密勾结来挟制关系疏远的人，那么法术之士何时能得到选拔任用，君主何时能论断裁决？所以，法术主张不能被采用，又与权臣势不两立，主张法术的人怎能没有危险？所以，做君主的如果不能排除大臣的议论，摒弃左右的诬告，独自作出符合原则的判断，那么法术之士哪能冒死亡的危险而向君主进说呢？这是国家得不到治理的症结所在。

【原文】

明主者，推功而爵禄①，称能而官事，所举者必有贤，所用者必有能，贤能之士进，则私门之请止矣。夫有功者受重禄，有能者处大官，则私剑之士安得无离于私勇而疾距敌②，游宦之士焉得无挠于私门而务于清洁矣？此所以聚贤能之士，而散私门之属也。今近习者不必智，人主之于人也或有所知而听之，入因与近习论其言，听近习而不计其智，是与愚论智也。其当途者不必贤，人主之于人或有所贤而礼之，入因与当途者论其行，听其言而不用贤，是与不肖论贤也。故智者决策于愚人，贤士程行于不肖③，则贤智之士奚时得用，而人主之明塞矣。昔关龙逄说桀而伤其四肢④，王子比干谏纣而剖其心，子胥忠直夫差而诛于属镂⑤。此三子者，为人臣非不忠，而说非不当也。然不免于死亡之患者，主不察贤智之言，而蔽于愚不肖之患也。今人主非肯用法术之士，听愚不肖之臣，则贤智之士孰敢当三子之危而进其智能者乎？此世之所以乱也。

【注释】

① 爵禄：作动词，授予爵位和俸禄。

② 距：通"拒"。

③ 程：衡量，品评。

④ 关龙逄（páng）：夏桀之大臣，因强谏被杀。

⑤ 属（zhǔ）镂（lòu）：宝剑名。

【译文】

英明的君主，按照功劳封爵赏禄，衡量才能进官任事。选拔的人必定有良好的品德，任用的人必定有优秀的才干，贤能的人得以进用，私门的请托就可禁止。有功劳的人得到优厚的俸禄，有能力的人处在重要职位，那么寄养在私门的侠士怎么能不抛掉私勇而去奋力抗敌，靠游说谋取官职的人又怎么能不离开私门而务求保持高风亮节呢？这就是聚集贤能人才而离散私门党徒的途径。现在君主近侍不一定有智慧，而君主因为欣赏某人的智慧而听取了他的意见，反过来却又同近侍谈论其言论。听信近侍的话，却不先衡量他的智力水平，这就成了同愚蠢的人论定有智慧的人。当权的人不一定贤良，而君主在人群中发现贤良的人而加以礼遇，反过来又同当权的人论定其品行。听信当权者的话，而不用贤良的人，这就成了同无德无才的人论定有德有才的人。所以有智慧的人，其主张倒要由愚蠢的人来决断；有德有才的人，其品行倒要由无德无才的人来衡量。这样一来，品德好、有智慧的人便没有机会得到任用，而君主的眼睛就被蒙住了。过去关龙逄劝说夏桀，结果四肢被肢解；王子比干劝谏商纣，结果心脏被剖开；伍子胥忠诚于吴王夫差，结果死于属镂剑下。这三个人，做臣子不是不忠，建议不是不恰当，但是最终不免于死亡的祸患，原因就在君主不明察贤士和智者的主张，而受愚蠢之人和恶人的蒙蔽。现在，君主如果不肯任用法术之士，而要听从没有智慧、没有德才的臣子的话，那么品德好、智慧高的法术之士，谁还敢冒着关龙逄、比干、伍子胥三个人那样的危险，去进献自己的智慧和才能呢？这就是社会动乱的根源。

【品鉴】

虎豹之所以能胜人执百兽者，以其爪牙也，当使虎豹失其爪牙，则人必制之矣。今势重者，人主之爪牙也，君人而失其爪牙，虎豹之类也。

有才而无势，虽贤不能制不肖。韩非认为，人主之所以身危国亡，原因就在于大臣太贵，左右太威。他在许多篇章都不厌其烦地告诫君主："国者，君之车也，势者，君之马也。夫不处势以禁诛擅爱之臣，而必德厚以与天下齐行以争民，是皆不乘君之车，不因马之利，释车而下走者也。"又说："虎豹之所以能胜人执百兽者，以其爪牙也，当使虎豹失其爪牙，则人必制之矣。今势重者，人主之爪牙也。""夫马之所以能任重引车致远道者，以筋力也。万乘之主、千乘之君所以制天下而征诸侯者，以其威势也。威势者，人主之筋力也。"马之所以能负重拉车走出千里之外，是靠筋骨。拥有万辆兵车的大国君主、拥有千辆兵车的中等国家的君主所以能制伏天下并征伐诸侯，是因为他们有权威和势力。权威势力，是人主的筋骨。透过这些形象的比喻说明，韩非说明了"势"对君主的重要性。

人主治理国家最主要的问题是要有权威，君主只有牢牢掌握威势，才能建立霸王之业。"势者，胜众之资也"。韩非作为一个绝对君权主义者，他认为，君主必须专势，而不可使臣下擅势。他说："万物莫如身之至贵也，位之至尊也，主威之重，主势之隆也。"韩非借用了慎到的一个比喻，将君主的权势比作"飞龙""腾蛇"赖以飞行的云雾，他说云雾一旦消散，龙蛇就会变得跟蚯蚓和蚂蚁一样，碌碌无为。一个人有才能而没有权势，即使是贤人，也不能制伏不贤的人。夏桀做天子，能控制天下，不是因为他有贤德，而是因为他权势重；尧为普通的百姓，不能使三户人家以他为表率，这不是因为他不贤能，而是地位太低，权势太小。一尺高的小树长在高山上，就能俯临千仞深的峡谷，并不是因为树高，而是因为位高。

韩非认为，如果把"势"比作君主的马，那么"术"就是驾驭马的技艺。一方面"势"是"术"施行的前提，如果在没有"势"的情况下采用"术"，就会导致大权旁落，"术"就会变得毫无意义；另一方面，"术"又可以强化"势"，有了"术"，君主才能够轻松自如地实现宏图伟业。在"法""术""势"三者之间，"法"是根本，"势"是基本前提，"术"是执行"法"的必要方法。他列举"千钧得船则浮，锱铢失船则沉"来说明"势"的重要，又以"造父御马"等故事为例，说明"法"和"术"的重要，强调"法""术""势"三者缺一不可，相辅为用。韩非"法""术""势"相结合的理论，达到了先秦法家理论的最高峰，为秦统一六国提供了理论武器，同时，也为以后的封建君主专制制度提供了理论根据。

韩非的虎犬"爪牙"论认为，夫虎之所以能服狗者，爪牙也。使虎释其爪牙而使狗用之，则虎反服于狗矣，形象地道出了权力的本质。他直接告诉君主"人主者，以刑德制臣者也"，"今君人者释其刑德而使臣用之，则君反制于臣矣"，意思就是君主要靠刑德来制伏臣下，如果做君主的丢掉刑赏大权，将刑赏之权借于臣子使用的话，那么君主反而会被臣下所控制。历代君主被反制者，不胜枚举。领导者必须掌控好自己的核心决策权，看好身边的人，以免被人利用，造成不可挽回的重大损失。

第五十三

饬　令

饬令,即正肃法令。本文突出反映了韩非对商鞅法治思想的继承和发展。其主要思想是主张对法令本身进行整理修订,提倡要严格执法,有法必依,公正执法。

【原文】

饬令①，则法不迁；法平，则吏无奸。法已定矣，不以善言害法。任功，则民少言；任善，则民多言。行法曲断②，以五里断者王，以九里断者强，宿治者削③。

【注释】

① 饬令：君主使自己的命令公正不偏。
② 曲断：在乡村等基层断案。
③ 宿治：拖延解决。

【译文】

整饬法令，法令就不会随意改变；法令公正，官吏就没有邪恶的行为。法令既经确定，君主就不要以善良言论与法令对立。如果依据功绩任用人，民众就少说空话；如果任用能言善辩之人，那么民众就会崇尚空谈。执行法令，实行乡里断案制度，以五个乡里为断案单位的国家，能够称王天下；以九个乡里为断案单位的国家，能够强盛起来；而案件得不到及时处理的国家就会削弱。

【原文】

重刑少赏，上爱民，民死赏①；多赏轻刑，上不爱民，民不死赏。利出一空者②，其国无敌；利出二空者，其兵半用；利出十空者③，民不守。重刑明民，大制使人，则上利。行刑，重其轻者，轻者不至，重者不来，此谓以刑去刑。罪重而刑轻，刑轻则事生，此谓以刑致刑，其国必削。

【注释】

① 死赏：拼命争取赏赐。
② 一空：一个源头。空：通"孔"。
③ 十空：喻政出多头。

【译文】

刑罚重，赏赐轻，这是君主爱护臣民，臣民就拼死立功求赏；赏赐重，刑罚轻，这是君主不爱护臣民，臣民就不会拼死去争取奖赏。赏赐的唯一来源在君主，这个国家就无敌于天下；赏赐的来源一分为二，军队就只有半数听君主使用；赏赐出于十个地方，民众就不再保护自己的国君。用重刑促使民众明白取舍，用重要的法律制度引导人们为国尽力，对君主就有利。实行刑罚时，对轻罪用重刑，这样轻罪就不会出现，犯重罪的人更不会出现。这叫作"以刑去刑"。要是对重罪用轻刑的话，刑罚轻了，犯法的事就容易发生。这叫作"以刑致刑"，而这样的国家一定被削弱。

【品鉴】

行刑，重其轻者，轻者不至，重者不来，此谓以刑去刑。罪重而刑轻，刑轻则事生，此谓以刑致刑，其国必削。

正肃法令，有法必依。韩非针对儒家的"轻刑止奸"论提出了"重刑止奸"的主张。他认为，因为人性是自私好利的，人在行动时考虑的只是"利"和"害"而已。如果施行"轻刑",犯罪的人得到的利益很大,因此受到的惩罚却很小,那么"民慕其利而傲其罪",所以就根本无法控制犯罪;反过来,如果采用"重刑",犯罪的人得到的利益很小,而因此受到的惩罚却很大,那么"民不以小利蒙大罪",犯罪就会因此得到遏制。他针对儒家的"轻刑爱民"论提出了"重刑爱民"的思想。他说:"今轻刑者,民必易之,犯而不诛,是驱国而弃之也,犯而诛之,是为民设陷也……是以轻罪之为民道也,非乱国也,则设民陷有,此则可谓伤民矣。""不踬(zhì 跌倒)于山,而踬于垤(dié 小土堆)。"轻刑就像小土堆一样,人们容易触犯。如果"犯而不诛",等于鼓励人民去犯罪;而如果"犯而诛之",又等于事先设下陷阱让人民去跳。所以说"轻刑"才是伤民。反之,重刑就像山一样,人民不会轻易触犯,没有人作奸犯科,便不用刑罚,刑罚都不用了,这不就是"爱民"吗?

韩非认为,"重一奸之罪而止境内之邪,此所以为治也。重罚者盗贼也,而悼惧者良民也,故治者奚疑于重?"意思是说,重刑的目的主要不在惩罚犯罪者本人,而在于通过重刑,使之威吓一般民众不至于犯罪,从而收到杀一儆百的效果。在他看来,"夫以重止者,未必以轻止也;以轻止者,必以重止矣。"也就是说,对重罪处以重刑,可以制止重罪,但用轻刑未必能制止得了;如果对轻罪处以重刑,就必定能制止重罪,因为人们连轻罪都不敢犯,当然就更不敢犯重罪了。如果只有重罪才处以重罚,那就等于很少有人遭到法律的严厉制裁,法律似乎与一般人毫无关系,其警示作用无形中被降低了,惩戒作用也就大大地削弱了。而"重其轻",人们就容易改掉这些小错误,法律的警觉性和惩戒性也就得以确立。人们在小心谨慎不犯错的同时自然也就杜绝了大过。人们不再犯罪,制定了法律却不再需要使用法律,从而达到"以刑去刑"的目的。

为了确保法律的权威性,在执法上,必须要做到有法必依、公正执法、"信赏必罚"。韩非将赏罚作为君主治理国家的"二柄",认为赏、罚是法治施行的关键所在。所以,统治者要做到有功必赏、有罪必罚,做到公正执法。他说:"圣人之治国也,赏不加于无功,而诛必行于有罪者也。"否则"赏于无功,使谗谀以诈伪为贵;诛与无罪,使伛以天性剖背","虽国大必危"。韩非曾打比方说,统治者为了做到信赏必罚,国家即使发生饥荒,也不能发放粮食赈济灾民,即使饿死所有的人也要在所不惜。因为在他看来,"夫有施与贫困,则无功者得赏;不忍诛罚者,则暴乱者不止。"(《奸劫弑臣》)所以,不可"有功与无功俱赏",更不可"罪生甲,祸归乙",而必须做到"发矢中的,赏罚当符"。在这里,韩非还特别强调,为了保证执法的权威性,赏罚的来源只能来自君主。他说:"利出一空者,其国无敌;利出二空者,其兵半用;利出十空者,民不守。"同时,还必须要保证"赏誉同轨",即所禁与所利的一致性,所誉与所罚的统一性。"赏者有诽焉,不足以劝;罚者有誉焉,不足以禁。明主之道,赏必出乎公利,名必在乎为上。赏誉同轨,非诛俱行"。相反,如果"利所禁,禁所利,虽神不行;誉所罪,毁所赏,虽尧不治"。(《外储说左下》)就是说本来应当禁止的,反而让其得到了好处,本来有好处的,反而加以禁止,这样,即使是神仙也办不好事情;该惩处的,反而给予奖赏,该奖赏的,反而加以诋毁,这样,即使是帝尧这样的人也治理不好国家。

第五十四

心　度

心度，即民心和法度。本文主要讨论了民心与法度的关系，强调要用法度来服民心。文章认为国君治理百姓，决不能"从其欲"，"从其欲"不是爱百姓；真正爱百姓是对百姓明赏、严刑。韩非指出，国之要务在于统一民心，而治民之本在于明法。只有这样才能发展农战，国富民强。同时，韩非提出的"法与时移，而禁与能变"的思想，具有深远的历史意义和现实意义。

【原文】

圣人之治民，度于本①，不从其欲，期于利民而已。故其与之刑，非所以恶民，爱之本也。刑胜而民静，赏繁而奸生。故治民者，刑胜，治之首也②；赏繁，乱之本也。夫民之性，喜其乱而不亲其法。故明主之治国也，明赏，则民劝功；严刑则民亲法。劝功，则公事不犯；亲法，则奸无所萌。故治民者，禁奸于未萌；而用兵者，服战于民心。禁先其本者治，兵战其心者胜。圣人之治民也，先治者强，先战者胜。夫国事务先而一民心，专举公而私不从，赏告而奸不生③，明法而治不烦。能用四者强④，不能用四者弱。夫国之所以强者，政也；主之所以尊者，权也。故明君有权有政，乱君亦有权有政，积而不同，其所以立异也。故明君操权而上重，一政而国治。故法者，王之本也；刑者，爱之自也⑤。

【注释】

① 本：治民的根本原则，即"法"。
② 刑胜：严刑峻法。
③ 赏告：奖赏告奸。
④ 四者：即务先、举公、赏告、明法。
⑤ 自："鼻"的古字，初始。

【译文】

圣人治理民众，要考虑民众的根本利益，并不以满足他们的欲望为目的，只是期望给民众带来实际利益罢了。所以当君主对民众施用刑罚的时候，并不是憎恨民众，而是从爱护他们的根本利益出发的。刑罚严峻，民众就安宁；赏赐太滥，奸邪就滋生。所以治理民众，刑罚严峻是国家太平的首务，赏赐太滥是国家混乱的根源。民众的本性是喜欢无拘无束。而厌恶刑罚，所以明君治理国家时，要明确地实施奖赏，民众就会被鼓励去努力建功立业；严厉地实行刑罚，民众就会服从法令；民众努力去建功立业，国家的政事就不受侵扰；民众服从法令，奸邪就无从产生。所以治理民众，要把奸邪禁止在尚未发生之时；用兵作战，要使一切服从作战的要求深入民心。禁令能先治本的才有效，用兵能服民心的才能取胜。圣人治理民众，因为先治本，所以能强大；因为先服心，所以能取胜。管理国家大事，要努力贯彻这种务先治本的原则，来统一民众的思想，专行公利来杜绝私欲，奖赏告奸，奸邪就不会产生，明定法度，政务就不会烦乱。能做到这四点的，国家就强盛；不能做到这四点的，国家就衰弱。国家之所以强大，靠的是政治措施；君主之所以尊贵，靠的是权力。所以，明君有权力和政治措施，昏君也有权力和政治措施，结果却不相同，这是因为各自确立的原则有别。所以明君掌握权势而地位尊贵，统一政纲而国家太平。所以，法令是称王天下的根本，刑罚是爱护民众的根本。

【原文】

　　夫民之性，恶劳而乐佚。佚则荒，荒则不治，不治则乱，而赏刑不行于天下者必塞。故欲举大功而难致而力者，大功不可几而举也①；欲治其法而难变其故者，民乱不可几而治也。故治民无常，唯法为治。法与时转则治，治与世宜则有功。故民朴而禁之以名则治，世知维之以刑则从②。时移而治不易者乱，能众而禁不变者削。故圣人之治民也，法与时移而禁与能变。

【注释】

① 几：希望。

② 知：通"智"，巧诈。维：约束。

【译文】

民众的本性是好逸恶劳。安逸，事业就会荒废，事业荒废，政事就治理不好，政事治理不好，国家就要混乱；如果赏罚不能实行于天下，国家就得不到发展。所以想要建立大功而难于吸引民众力量，大的功绩几乎是不可能期望成就的；想要搞好法治却难于改变旧俗，民众的混乱局面几乎是不可能期望治理好的。所以治理民众没有一成不变的常规，只有法度才是治世的法宝。法度顺应时代变化，国家就能治理，统治方式适合社会情况就能收到成效。所以，民众质朴的话，只要用好坏的名声进行控制就可以治理好；社会上有人巧诈的话，只有用刑罚加以束缚才能使人驯服。时代发展了而统治方式一成不变，社会必然危乱；智能普遍提高了而禁令规定一成不变，国家必被削弱。所以圣人治理民众，法制和历史时代要同步发展，禁令和智能水平要同步变更。

【品鉴】

时移而治不易者乱，能治众而禁不变者削。故圣人之治民也，法与时移而禁与能变。

"心度"，即"民心"与"法度"的关系的问题。儒家认为"得民心者得天下",但何为"民心"？在儒家看来,"民心"等同于人的本性,认为人的本性是善的,是讲仁爱的,所以你只要也讲"恻隐之心""羞恶之心""辞让之心"和"是非之心",就能得到天下老百姓的认同,也就是"得民心"了。但在韩非看来,人的本性就是自私自利,好逸恶劳的,那么"民心"必然也是"喜其乱而不亲其法",如果依顺老百姓的本性来治国,必然会政事荒废,天下大乱。因此,"圣人之治民,度其本,不从其欲",而必须"夫国事务先而一民心",即首先要用法治来统一民心。"故治民者,禁奸于未萌；而用兵者,服战于民心"。所以韩非的结论是："故治民无常,唯法为治。法与时转则治,治与世宜则有功。"在韩非看来,"法者,王之本也；刑者,爱之自也"。他强调严刑重法并不是不仁义,而是对民众的爱护。因为严刑重罚只是针对违法犯罪者的,对那些守法和被违法者侵害的人来说,则是必要的保护。即使以法强制民众做"耕战有益之民",也是爱民之举。因为"富贵者,人臣之大利也"。人臣挟大利以从事,是利国利民之举。先秦诸子百家中,儒、墨、道等均持今不如昔的论调,在政治理论上往往言必称三代,主张法先王,只有韩非不仅认为社会历史是发展的,人类社会处于不断的发展变化之中,而且进一步分析了社会历史进步的原因。针对旧贵族"智者不变法而治"的保守论调,韩非提出了"圣人不期修古,不法常可；论世之事,因为之备"的主张。他提出时代变了,社会上的事物也在不断变化,因此,人们要根据变化了的社会新情况来制定相应的制度和措施来解决新问题,"故治民无常,唯法为治。法与时转则治,治与世宜则有功"。他认为那些因循守旧的人就像"守株待兔"的宋人一样的愚蠢。他说："时移而治不易者乱,能治众而禁不变者削。故圣人之治民也,法与时移,而禁与能变。"韩非认为时代有了发展而统治方式一成不变的,社会必然危乱；智能普遍提高而禁令规定一成不变的,国家必被削弱。所以圣人治理民众，法制要和时代同步发展，禁令要和智能水平同步变更。韩非用"郑人买履"的寓言进一步生动地说明了"法与时移"的必要性。说是有个郑国人想买一双鞋，他在家里先量好了自己脚的尺寸，就到市上去。等他拿到了鞋，才发现忘了带尺寸，急忙回家拿。等尺寸拿来了，集市已经散了，卖鞋的人走了，结果没有买到鞋。人家问他："你为何不当场用脚试一试？"他却回答说："我很相信已经量好的尺寸，不相信脚。"这则寓言对于那些只相信已有的法律、制度规定，不知道应变的人来说，是一个辛辣的讽刺。

韩非在强调"法与时转"的同时，并没有忽视法律、制度在一定历史时期应当保持其稳定性。法律一旦制定了，就不应当轻易地加以更改，他说："法莫如一而固之，使民知之。"(《解老》)因此"治大国而数变法则民苦之。是以有道之君贵虚静而重变法。故曰：'治大国者若烹小鲜'"。(《解老》)他认为法令应具有相对稳定性，不能朝令夕改。如果因统治者的私心和私欲不断变更法令，会招致亡国的灾难。其一，"朝令夕改"严重影响管理者的威信。其二，由于决策变动，对决策的执行也会因理解的不同而出现偏差。其三，决策的反复极大地浪费了社会各方面的资源。所以，韩非把朝令夕改看成是一种亡国征兆。"法禁变易，号令数下者，可亡也。"由此可见，"法与时转"与保持法令的稳定性并不冲突。

韩非认为，人类社会的发展本身就是一个不断变化与发展的过程，法律与制度应与时俱进，不断适应社会发展要求，否则将形同虚设，甚至会阻碍社会的发展和进步。所以，制度要有适时性、时代性、合理性。如果始终用一成不变的老方法去处理社会问题，必然会遭遇失败。

第五十五 制 分

制分，即控制好分寸，意指君主实行赏罚时要掌握一定的标准。韩非在总结历史经验的基础上，提出依法治国是国家兴盛的关键，但在依法治国的过程中却有兴衰、存亡，其根本原因就在于是否掌握好以法治国中赏罚的标准与限度。所以，韩非认为君主"宜分刑赏为急"，掌握刑赏的界限，要"法必严以重之"，要"去微奸"，并提出了确立赏罚分寸的基本原则，即鉴别功过，"任数不任人"，"任法不任慧"。

【原文】

夫凡国博君尊者，未尝非法重而可以至乎令行禁止于天下者也。是以君人者分爵制禄，则法必严以重之。夫国治则民安，事乱则邦危。法重者得人情，禁轻者失事实①。且夫死力者，民之所有者也，情莫不出其死力以致其所欲②；而好恶者，上之所制也，民者好利禄而恶刑罚。上掌好恶以御民力，事实不宜失矣，然而禁轻事失者，刑赏失也。其治民不秉法，为善也，如是，则是无法也。

【注释】

① 禁轻：法禁松弛。
② 致：求。

【译文】

凡是国土广大、君主独尊的，从来都是因为法制严厉而可以在天下达到令行禁止的。因此作为君主在划分爵位、制定俸禄标准时，就必须严格执行重法原则，这样国家就会太平，百姓就安定；政事混乱，国家就会危险。法制严厉符合人之常情，法禁松弛会失去政事的实际功效。况且拼命出力，是民众所固有的，他们的心理无非是想拼命出力去满足自己的愿望。而民众喜欢什么，厌恶什么，是君主可以控制的。民众喜欢的是利禄，厌恶的是刑罚；君主掌握百姓这种好恶心理来使用民力，政事的实际功效就不应该失掉。既然如此,那么法禁松弛,政事有失,正是由于刑赏不当。君主治理民众不掌握法度而使他们去恶从善,这样的情形一旦出现,也就等于没有法制了。

【原文】

故治乱之理,宜务分刑赏为急①。治国者莫不有法,然而有存有亡;亡者,其制刑赏不分也。治国者,其刑赏莫不有分:有持异以为分,不可谓分;至于察君之分,独分也。是以其民重法而畏禁,愿毋抵罪而不敢胥赏②。故曰:不待刑赏而民从事矣。

【注释】

① 分刑赏:区分刑赏的界限。
② 胥:同"须",等待。

【译文】

所以根据国家治乱的原理,应把致力于区分刑赏作为当务之急。要治理一个国家,没有哪位君主不实行一定的法制。然而结果却是存亡各异;亡国者,在于法令之中刑赏不分。治理国家的君主,没有哪位实行刑赏时不确定界限的。然而有的君主以不同的标准作为界限,这实际上并不能称作真正的分界。至于明察的君主的刑赏区分,则是以统一的标准作为分界的。因此明君统治下的民众都重视法制并畏惧禁令,既希望于不要触犯法律而犯罪,又不敢妄自取赏。所以说:不需等到用刑赏,民众就已尽心做事了。

【原文】

是故夫至治之国，善以止奸为务。是何也？其法通乎人情，关乎治理也。然则去微奸之道奈何①？其务令之相规其情者也②。则使相窥奈何？曰：盖里相坐而已。禁尚有连于己者，理不得相窥，惟恐不得免。有奸心者不令得忘，窥者多也。如此，则慎己而窥彼，发奸之密。告过者免罪受赏，失奸者必诛连刑。如此，则奸类发矣。奸不容细，私告任坐使然也③。

【注释】

① 微奸：隐蔽的奸邪。

② 规：通"窥"。

③ 任坐：私告、任坐，实行告奸连坐制度。

【译文】

所以，那些治理得好的国家，善于把禁止奸邪作为当务之急。这是为什么呢？因为禁止奸邪的法律和人的本性息息相关，关系到治理国家的道理。既然如此，那么去掉那些不易觉察的奸邪行为要用什么方法呢？关键在于一定要使民众互相窥探彼此的隐情。那么使民众互相窥探的办法又是什么呢？大致说来，那就是同里有罪连坐受罚罢了。假定禁令牵连到自己，同里的人就不得不相互监视，唯恐别人犯罪牵连到自己头上。不允许有奸心的人得到隐匿的机会，靠的就是到处都有人在监视着。这样一来，百姓自己就会小心谨慎而且对别人进行监督，从而告发坏人的隐秘。告奸的人可以免罪受赏，有奸不报的人一定要连带受刑。这样，各种各样的奸邪行为就被揭发出来了。连细微的奸邪行为都不能存在，是靠暗中告密和实行连坐所起的作用。

【原文】

夫治法之至明者，任数不任人①。是以有术之国，不用誉则毋适②，境内必治，任数也。亡国使兵公行乎其地，而弗能圉禁者③，任人而无数也。自攻者人也，攻人者数也。故有术之国，去言而任法。

凡畸功之循约者难知④，过刑之于言者难见也，是以刑赏惑乎贰。所谓循约难知者，奸功也；臣过之难见者，失根也。循理不见虚功，度情诡乎奸根，则二者安得无两失也？是以虚士立名于内，而谈者为略于外，故愚、怯、勇、慧相连而以虚道属俗而容乎世。故其法不用，而刑罚不加乎僇人。如此，则刑赏安得不容其二？实故有所至，而理失其量，量之失，非法使然也，法定而任慧也⑤。释法而任慧者，则受事者安得其务？务不与事相得，则法安得无失，而刑安得无烦？是以赏罚扰乱，邦道差误，刑赏之不分白也。

【注释】

① 数：法术。
② 毋：通"无"。适：同"敌"。
③ 圉：御。
④ 畸功：指靠虚报冒充等不正当手段取得的功劳。
⑤ 任慧：迷信智巧。

【译文】

治国最高明的原则，是使用法术而不是依靠人才。因此有法术的国家，无须使用名扬四海的人，就能无敌于天下，国家也能够得到治理，这都是依靠法度的缘故。被灭亡的国家，让敌兵公开地在境内活动而不能予以防御、制止的原因，在于只凭人才而没有法术。自己放任别国攻打自己，是人为的因素在起作用；能够进攻别国，是法术的力量在起作用。所以掌握治国方术的国家，总是排斥空谈而任用法术。

凡是那些符合立功条例但又不正当的功劳，难以识别；那些在言论中的罪过，难以被发现。因此，刑赏易被这些表里不一的情况所惑乱。所谓依据条例而难以识别的功绩，就是奸功；臣下那些难以被发现的过失，是造成刑赏不当的根源。依据常理不能发现虚功，依据常情发现不了奸情，这样，刑罚和赏赐怎能不双双产生失误呢？因此，徒有虚名的功臣在国内获取声誉，夸夸其谈的说客在国外巧取私利，结果愚妄、怯懦、暴戾、巧诈的人相互勾结、串通一气，用空洞无用的说教迎合世俗、取悦社会。所以那些国法得不到推行，而罪不容诛的犯人得以逃脱刑罚的制裁。这样，刑罚和奖赏怎么会不发生歧异呢？刑赏本来应该有成效，但按常理考察却失去了正确的度量，度量的失误，并不是法制造成的，而是因为尽管法制已确定，但又依靠了个人的智慧。放弃法制而依靠智慧，那么接受任务的官吏怎能知道他的职责呢？职责和政事不相称，那么法制又哪能不失误呢？而刑罚又哪能不烦乱呢？因此，赏罚混乱不堪，治国方法错误百出，是由于刑赏的界限区分不明的原因。

【品鉴】

故治乱之理，宜务分刑赏为急。治国者莫不有法，然而有存有亡；亡者，其制刑赏不分也。治国者，其刑赏莫不有分。

任数不任人，任法不任慧。韩非认为："民者好利禄而恶刑罚。上掌好恶以御民力，事实不宜失矣，然而禁轻事失者，刑赏失也。"又说："情莫不出其死力以致其所欲。而好恶者，上之所制也。"他认为，人的本性就是拼命地满足需要，因此，他主张不仅要用重赏和利禄激励人的欲望，引导人的行为，同时要用严刑重罚以禁止其消极的欲望和奸邪的行为。所以，治理国家的办法，当务之急是确立刑罚、奖赏的界限，也就是说赏罚要有依据，要有尺度，要控制好分寸。"故治乱之理，宜务分刑赏为急，治国者莫不有法，然而有存有亡。亡者其制刑赏不分也。治国者，其刑赏莫不有分，有持异以为分，不可谓分，至于察君之分，独分也"。这里的"分"即区别赏罚的标准，赏罚不分者，即没有标准，该赏的不赏，该罚的不罚，甚至反而行之，该赏的罚，该罚的赏，这是亡国之君的赏罚制度。所以，明君的赏罚标准只有一个，即"独分"。

那么如何才能做到"独分"呢？他说："夫治法之至明者，任数不任人。"他认为对法律制定得极其严明的君主，依靠的是法术而不是人才。有法术的国家，无须使用名扬四海的人，就能无敌于天下，国家得到治理。丧失主权的国家，在于只凭人才而没有法术。所以，他反对把国家的兴亡治乱完全系于所谓的"圣主、贤主"身上，他说"尧、舜至乃治，是千世乱而一治也，今待尧舜之贤，乃治当世之民，是犹待梁（粱）肉而救饥之说也"，这是不切实际的。而且"释法术而心治，尧不能正一国，去规矩而妄意度，奚仲不能成一轮……使中主守法术，拙匠守规矩尺寸，则万不失矣"。

相反，如果君主赏罚没有标准，或设立了难以达到的标准，而去怪罪臣下没有达到标准，臣下就会产生私怨；臣下丢掉特长而去从事难以胜任的事情，心中就会产生怨恨。即使出现像尧舜那样的圣主明君，如果不用法术，办事没个准绳，完全凭"心治"，也是治理不好国家的。

长期以来，对于人治与法治的争论，在我国一直存在。20世纪50年代中后期，一场关于人治与法治大讨论在全国范围内展开。当时，法学家钱端升、王造时提出了法治主张。钱端升提出"人治随人而易，而法治则可以一成不变，实行法治者，有治人可以进步更快，没有治人也可维持相当的标准"。王造时指出，我们有一些司法工作者有时也犯了有法不依的过失，这是人治主义的表现。在写给周恩来的信中，他明确表达了建立社会主义民主法治秩序作为长治久安的百年大计的观点。这一主张，随着1957年反"右"斗争的扩大化和群众运动的兴起而备受打击。因而，在"文化大革命"以前，法律在全党全军乃至全国都没有受到应有的重视。到了"文革"时期，国家已无法律可言。"文化大革命"结束后，在1978年2月，著名学者梁漱溟在政协直属小组会议上就中国法制问题发言时一再强调，在当前中国宪法常常是一纸空文，治理国家老是靠人治，而不是法制。"中国历史发展到今天，人治的办法已经走到了尽头。人们对法制的愿望更加迫切、更加坚决了，中国的局面由人治渐入法制，现在是个转折点"。这一讲话，引起了很大震动。于是就有了邓小平后来对宪法和法律权威性的精辟论述："必须使民主制度化、法律化，使这种制度和法律不因领导人的改变而改变，不因领导人的看法和注意力的改变而改变。"

参考书目

1. 诸子集成 [M]. 石家庄 : 河北人民出版社 .1986.
2. 陈秉才 . 韩非子 [M]. 北京 : 中华书局 ,2007.
3. 张觉 . 韩非子译注 [M]. 上海 : 上海古籍出版社 ,2007.
4. 张觉 . 商君书·韩非子 [M]. 第 2 版 . 长沙 : 岳麓书社出版社 .2006 .
5. 刘乾先 , 韩建立 . 韩非子 [M]. 哈尔滨 : 黑龙江人民出版社 .2003.
6. 任继愈 . 中国哲学史 [M]. 北京 : 人民出版社 .1963.
7. 辛冠洁 , 李曦 . 中国古代著名哲学家评传 [M]. 济南 : 齐鲁书社 .1980.
8. 金良年 . 帝王权谋术 [M]. 上海 : 上海古籍出版社 .1989.
9. 屈小强 . 强者哲学—韩非的智慧 [M]. 成都 : 四川教育出版社 .1996 :450.
10. 刘新 . 中国法哲学史纲 [M]. 北京 : 中国人民大学出版社 .2005.
11. 秦榆 . 韩非子学院 [M]. 北京 : 中国长安出版社 .2006 .

12. 老夫子. 老夫子品评韩非子 [M]. 北京 : 中国电影出版社 .2007.

13. 曹军. 法家的法术管理—领导者的权与势中国 [M]. 北京 : 中国广播电视出版社 .2007.

14. 周广宇. 韩非子智慧讲堂 : 法家之法术势 [M]. 北京 : 中国长安出版社 .2007.

15. 王宏斌. 慧通韩非子 [M]. 北京 : 九州出版社 .2007.

16. 赵怀仁. 先秦诸子思想撷英 [M]. 昆明 : 云南大学出版社 .2007.

17. 刘向. 权谋书 [M]. 南昌 : 江西人民出版社 .2007.

18. 孙立群. 解读大秦政坛双星 [M]. 北京 : 中华书局 .2007.

后记

　　年轻时读诸子，酷爱老、庄，尊崇孔、孟、荀，却唯独不喜欢韩非，尽管自幼对其寓言典故耳熟能详，但对其学说却并不十分欣赏。加之从司马迁到近现代学人对韩非及其思想大都贬多褒少，特别是深受郭沫若所谓"韩非文章，完全是一种法西斯理论，读起来很不愉快"之影响，故未深入研读。但随着年龄的增长和阅历的积淀，以及多年来对中国法律思想史的研究，慢慢领略到韩非学说的独有特质，细细品读，倒也越发品出一些味道。而且知之愈深，愧之愈增。

　　世人对韩非及其思想的误读之深实在是太不可思议了。韩非作为诸子百家的最后一位大师，可谓是他那个时代最杰出的思想家、政治家。他虽以竭力抨击百家为己任，却又自觉不自觉地吸纳百家，从而超越了百家。然而韩非的命运却极其悲惨，他进《存韩》而韩亡，著《说难》而以说身死，壮志未酬身先亡，留下了千古遗恨，难怪司马迁感叹"余独悲韩子为《说难》而不能自脱耳"。他不仅被当时自己的国人误读，又被秦王、李斯等人误读，甚至有意歪曲污蔑和陷害，更为可悲的是一直以来又被后世历代学人误读，以至仍在被今人误读。面对这样一个睿智而孤愤的灵魂，甚感无能为力而不知所措。

　　韩非之所以不招人待见，关键就在于他太实话实说了，而且是一语道尽，读来令人不寒而栗。他不仅敢于直面官场，而且直击人性。道人之所不敢道，言人之所未尝言。他不厌其烦地告诫世人，官场如战场，官场如商场。直言不讳地将人性的本来面目赤裸裸甚至血淋淋地展现在世人面前。但难能可贵的是，韩非虽然师从荀子，却并没有师从其性恶论；韩非虽然反复强调人之好利恶害，却并没有因此就断定好利恶害的人性就是恶。他认为，好利恶害是自然的，不可改变的，所以无所谓善恶。而且，从治理国家的角度讨论人性是善还是恶并无实际意义，善用人者，只要"循天顺人而明赏罚"足矣。这正是韩非人性论与先秦其他学派人性论相区别的根本所在，也正是他超越前人的独到之处。

韩非不招人待见的另一个主要原因还在于，世人皆认为韩非是造成中国人两千多年来种种不幸的始作俑者。因为是他给秦始皇提供了推行极权专制统治的理论基础，是事实上的极权寡头政治的开山祖师，因此，韩非之学，往往被称为帝王之学或帝王术。这也许是不争的事实，但尽管他的着眼点在于为君主出谋划策，而其终极关怀却并不仅仅是为了君主权力，而在于社会的良性运行与社会的稳定秩序。韩非法治思想中最为突出的应该是他的"吏治"思想，他的"法""术""势"其实都只不过是达到"吏治"的手段。他提出的君王"治吏不治民"的政治哲学命题，可谓匠心独运，意义深远。虽然其现实可能性确实微乎其微，但其良苦用心显而易见。可见，韩非法治思想最终真正的目的在于要实现一个所谓"强不凌弱，众不暴寡，耆老得遂，幼孤得长，边境不侵，君臣相亲，父子相保，而无死亡系虏之患"（《奸劫弑臣》）的法治社会。

当然，有现代学者认为，韩非所谓的"法"迥然有异于现代意义的"法"。它的主权不属于公民，而在于帝王；它的制订不是为了保护公民权利，而是为了保护帝王权力；它自身不具备至上性，只有帝王才是至高无上的终极权威。所以，韩非所谓的"法治"实质是作为帝王人治的一种变相手段而已。也就是说，中国古代法家强调的不是法治，而是人治。韩非所说的法，固然在适用对象上存在局限性，但他事实上已把君主的权势限定在法制的框架之中，因为君主只能"抱法处势"，"任法而弗躬"，国君的言行，不能离开法而肆意妄为，如果君主不能明法守法，就会"与危亡为邻"；如果实行"君断"，"舍法而心裁"，国势就会削弱；如果国君随意修改法律，"以私害法"，使"法无度数"，则国家必乱。而且，在执行上，韩非也主张以法权代替君权。这样，实际上也就否定了君主之言就是法律的权力运行方法。

列宁曾说："判断历史的功绩，不是根据活动家有没有提供现代所要求的东西，而是根据他们比他们的前辈提供了新的东西。"我们不可以用现代法治理念苛求中国古人的法治思想，要求他们符合现代法治社会的思想，显然不合情理。用现代法治思想苛求中国古人，则更是有些荒唐。

在此，感谢中国出版集团研究出版社的各位同人的精心策划，感谢学界同人和前辈所提供的大量宝贵资料和启示，衷心感谢责编的辛劳付出，感谢赵卜慧社长和张加才教授为这套丛书的顺利出版所付出的一切努力。

宋立卿

2021 年 3 月于北京·原香小镇